Friedrich von der Trenck

Merkwürdige Lebensgeschichte von ihm selbst als ein Lehrbuch für Menschen geschrieben, die wirklich unglücklich sind, oder noch gute Vorbilder für alle Fälle zur Nachfolge bedürfen

Friedrich von der Trenck

Merkwürdige Lebensgeschichte von ihm selbst als ein Lehrbuch für Menschen geschrieben, die wirklich unglücklich sind, oder noch gute Vorbilder für alle Fälle zur Nachfolge bedürfen

ISBN/EAN: 9783743603127

Hergestellt in Europa, USA, Kanada, Australien, Japan

Cover: Foto ©Lupo / pixelio.de

Weitere Bücher finden Sie auf **www.hansebooks.com**

Des

Freyherrn Friedrichs von der Trenck

merkwürdige

Lebensgeschichte.

Von ihm selbst als ein Lehrbuch für Menschen geschrieben, die wirklich unglüklich sind, oder noch gute Vorbilder für alle Fälle zur Nachfolge bedürfen.

Drittet und lezter Theil.

Wien, 1787.

bei Georg Pihlipp Wucherer, unter den Tuchlauben im Seitzerhof.

An

Seine

Königliche Majestät

von Preußen

Friederich Wilhelm II.

Monarch!

bei dem ich Gnade fand!
Da, wo mich Friedrichs Machtspruch
 kränkte:
Der mir die Lorberkrone wand,
Und meines Schiksals Wendung lenkte.
Herr! dessen Großmuth mir erlaubt,
Der Welt das, was ich war, zu zeigen;
Der mir mein Menschenrecht nicht raubt,
Nicht zwingt, die Wahrheit zu verschwei-
 gen:
Monarch! hier liest die kluge Welt,
Wie Wohlthat reinen Dank erhält.

Wenn meine Feder Fürsten preist,
Dann muß er Fürst zu seyn verdienen.
Wer nur durch Zufall König heißt:
Dem Sultan, dem nur Sklaven dienen;
Bei dem die Tugend Haß erwekt,
Der sich gerecht und gut läßt nennen,
Und was er nie begehrt zu kennen,
Durch Larven Hilfe listig dekt:

Der anders handelt, als er spricht:
Dem schreib ich nie ein Lobgedicht.

Des grauen Dichters Geist wird matt,
Doch warmer Dank wekt reges Feuer.
Wer so, wie ich, empfunden hat,
Der sieht den Weltlauf ohne Schleyer.
Er sieht der Preussen sichres Glük
In Ihrem Edlen W i l h e l m blühen.
Er sieht, daß vorwärts wie zurük
Für sie viel Hofnungsfunken glühen.
Ihn täuscht kein fürstlich Gaukelspiel,
Wer scharf sieht, der sieht oft zu viel.

Gottlob! ich fand hier in Berlin
Das Uhrwerk künstlich aufgewunden;
Für das, was F r i e d r i c h möglich schien,
Hat W i l h e l m Wirklichkeit gefunden.
Was Eigenmacht durch Zwang erwarb,
Erhält nun Großmuth: wahre Güte.
Und da der Held auf Lorbern starb,
Erscheint sein Stammbaum in der Blüte;
Der sicher reife Früchte bringt,
Wenn nur des Gärtners Fleiß gelingt.

Sey glüklich, Herr! in deiner Wahl,
Du findest Stoff, um gut zu wählen;
Die

Die Macht beruht nicht in der Zahl,
Da, wo dem Gegner Köpfe fehlen.
Tritt ein geliebter Fürst voran,
Dann wanken Artarerxens Knechte.
Wer edle Ruhmsucht reizen kann,
Bleibt sicher Sieger im Gefechte.
Dein Volk braucht weder Stok noch
 Strik:
Wo Ehrgeiz spornt, wer weicht zurük?

Will Herrschsucht deine Ruhe stören;
Dann zeige, was ein Cäsar kann!
Den Kriegsgott, den Tyrannen ehren,
Sieht Titus mit Verachtung an.
Durch Frieden wird ein König groß,
Den Mäßigung als Weisen schmüket.
Wohl dem, der in der Ruhe Schooß,
Der Menschen Wohlfahrt nur entzüket!
Wohl dem, der, wo der Friede lacht,
Aus Unterthanen Fürsten macht!

Dies Buch, das ich in Preußen schrieb,
Sey hiermit deiner Huld geweihet!
Dir ist der Wahrheit Zeuge lieb,
Der keine Wahrheitsfolgen scheuet.

Ich

Ich schrieb nur das, was mir geschah.
Könnt ich das, was du thun wirst, schrei-
ben,
Was ich hier für die Zukunft sah:
Mein Buch wird' Preußens Kronik bleiben.
Wo das, was Friedrich mir gethan,
Ein Wilhelm mir erseßen kann.

Hiermit wirft sich zu Füssen

Ew. Königl. Majestät

Berlin, den 1. August
1787.

allerunterthänigster gehorsamster
Vasall
Friederich Freiherr von der Trenck,
Kaiserl. Königl. Major.

Ich fand in Berlin noch die Copie eines Gedichtes, welches ich im Jahr 1762 im Magdeburger Gefängnis Ihro Majestät dem Könige, als damaligen Kronprinzen, durch den Major von Baren zu Füssen legen ließ, und huldreich aufgenommen wurde. Ich glaube, daß es sich hieher schikt, auch bekannt gemacht zu werden verdient. Es wurde bei der Gelegenheit verfertigt, da Friederich Wilhelm Magdeburg verließ, und seinen ersten Feldzug mit dem grossen Friederich mitmachen mußte. Die Folge hat gezeigt, und wird noch zeigen, daß ich diesen Herrn schon damals kannte, und das vorsagte, was die gegenwärtige Welt richtig angewendet findet. Möchte doch der gütige Monarch sich meiner damaligen Lage, auch seines damaligen gütigen Versprechens erinnern, und mir die bisherige Erfüllung dessen ganz empfinden lassen!

So schrieb ich vor 25 Jahren von Ihm:

Reif, edle Frucht gekrönter Ahnen!
Zeuch hin, fleuch hin zu Friedrichs Heer!
Ulisses reicht dir sein Gewehr:
Und Pallas führet deine Fahnen.
Wenn Jupiter dich selber lehrt,
Der Brandenburger Blize führen:
Wenn Wilhelm Friedrichs Lehren hört,
Wer taugt mehr Länder zu regieren,
Als solch ein Schüler, wie du bist,
Der seines Meisters würdig ist?

Die Kinderjahre sind verflossen,
Der junge Prinz tritt in die Welt;
Den Schauplaz schmükt ein neuer Held,
Und pflanzet Ruhm in Tugendsprossen.
Fort Herr! vom Magdeburger Wall,
Der dich bisher als Kind beschirmet;
Nun bist du selbst ein General,
Der stolzer Feinde Schanzen stürmet;
Und diese Stadt, die dich bewacht,
Schüzt nun dein Arm durch eigne Macht.

Du darfst nicht im Virgile lesen,
Was Hektor, was Achilles heißt,
Was man an deinen Vätern preist,
Sind Titus und Trojan gewesen.
Die Muster sind so groß, so schön,
Daß niemand sie wird größer zeigen;
Du wirst in ihren Spuren gehn,
Und ihnen suchen nachzusteigen.
Fürwahr, der Zwek ist niemals klein,
Wer Friedrichs Ruhm will würdig seyn.

Dies

Dies hoft der Preuß von deinen Gaben:
Und diese Hofnung macht ihn kühn,
Sie werden einen Antonin
Nach Cäsars Siegen an dir haben.
Des starken Atlas schwere Last,
Die Friedrich für dich unternommen,
Wird nun mit dir auch angefaßt,
Um leichter an das Ziel zu kommen.
Lauf hin! Ihm nach, zum Arbeitsmeer:
Und schöpf' die Zwietrachts-Sümpfe leer!

Nur fort von hier! Bellona winket,
Sie hält den Lorberkranz bereit;
Beschäme, stürze, was der Neid
Mit falschen Farben fruchtlos schminket!
Es funkelt schon die Heldenglut,
Aus unsres edlen Wilhelms Augen,
Er kommt, Er steht, Er siegt, Er ruht,
Und wird zu Krieg und Frieden taugen.
In dieses jungen Cröfus Schaz
Ist kaum für noch mehr Herzen Plaz.

Wer dich nur sieht, und gründlich kennet,
Sieht dir mit nassen Augen nach;
Ruft herzlich Vivat! heimlich ach!
Weil er dir seine Ruhe gönnet.
Nur du allein zeugst freudig aus:
Du träumest schon von nahen Siegen,
Der alte Adler schüzt sein Haus,
Der junge soll zur Sonne fliegen.
Fleuch hin! vollbring ein Meisterstük!
Und komme bald bepalmt zurük!

Doch Herr! denk im Geräusch der Waffen
An mich bedrängt verlaßnen Mann;
Dein Menschenherz, das fühlen kann,
Wird ja bei meiner Qual nicht schlafen.

Laß

Laß nur die Adern-Dinte *) nicht
Die Feder und Papier besudeln;
Es kann, es will mit Dank und Pflicht
Für deinen Ruhm noch nüzlich sprudeln.
Ich sinke schon: Herr rette mich!
Dann lebt, und stirbt der Trenck für dich.

*   *   *

Gottlob! Ich wurde im Jahr 1763 gerettet. Ich lebe in Freiheit, und habe dieses Buch in Berlin geschrieben, auch druken lassen.

---

*) Weil ich mit meinem Blute das Gedicht geschrieben hatte.

Vorbericht.

Der fast unglaubliche Abgang meiner Lebensgeschichte in ganz Deutschland, besonders in den Oesterreichischen und Preußischen Staaten, ist das sicherste Merkmal ihres erhaltenen Beifalls; und ich wäre ohne Empfindung, wenn nicht reiner Dank allen meinen Ehrgeiz rege machte, um das zu verdienen, was mir von allen Seiten von rechtschaffenen Männern zu meiner Seelenberuhigung geschrieben wurde. —
Auch sogar da, wo die Tadelsucht durch Rezensionen die besten Schriften durchhechelt, blieb ich bisher wissentlich verschont, auch bedauert, wie vielleicht die treue Erzählung meines sonderbaren Schiksals, entweder Mitleiden oder Achtung und Bewunderung verursachten.

Mancher hätte vielleicht dieses Buch unter die Klasse solcher Romane gerechnet, die in erdichteter Einkleidung Vorfälle erzählen, welche nie geschehen, oder aus verschiedenen Gegenständen zusammen gestoppelt sind, um aus Lügen wenigstens einige Wahrscheinlichkeiten hervorzuweben, und denen zu gefallen, die gerne Abentheuer oder Mährchen zum Zeitvertreibe lesen.

An der Wahrheit meines Vortrags hingegen durfte kein Weltkenner, noch Vernünftiger zweifeln, so bald man überzeugend sahe, daß mein Buch wirklich in Wien und Berlin
mit

mit Censur und Privilegio öffentlich gedrukt und
verkauft wurde. Ein sicherers Siegel dieser
durchaus reinen Wahrheit kann wohl kein Buch
erwarten, noch aufweisen, dessen Innhalt sich
auf Thatsachen bezieht, welche beide Höfe ohn=
fehlbar gegründet erkennen müssen, weil mir so
gar zu schreiben erlaubt ist, daß ich nirgends
Gerechtigkeit gefunden habe, und von beiden
mishandelt wurde. Desto mehr Ehre für beide
jezt regierende Monarchen, wenn sie den Be=
drängten dergleichen Schriften allgemein bekannt
zu machen erlauben. Desto mehr Beruhigung
für mich, da ich die Quelle, so wie den Zu=
sammenhang meines ganz besondern Schiksals,
so frei als offenherzig vortragen durfte. Auch
Männer, die mich drükten, oder arm und dem
Staate unthätig machten: Männer, die noch
wirklich in Ehrenstellen leben, durfte ich nennen
oder kennbar schildern. Keiner davon hat sich
noch beklagt: keiner nähere Beweise gefordert.
Sicher kann man demnach glauben, daß ich
alle diese legalen Briefe in Händen habe; sonst
hätte ich dergleichen in die Augen leuchtende
Schilderung nie gewagt, weil ich noch in bei=
den Staaten begütert bin, in beiden meine Kin=
der vertheilt habe, die mit Achtung und vorzüg=
licher Ehre, so wie ihr Vater, aufgenommen
wurden; auch in beiden noch sichern Lohn und
Gnaden zu erwarten haben.

Joseph und Friedrich Wilhelm wissen Ver=
dienste zu schäzen, auch öffentliche Lügner und
verwegene Verläumder zu züchtigen; Ehre und
Genugthuung für mich, wenn sowohl in Wien

als

als in Berlin mein Buch gelesen, gründlich wahr geglaubt, auch mit Eifer und Beifall aufgenommen wird.

Man wird sich wundern, daß noch ein dritter Band unter dem Titel: Lebensgeschichte, hervorkommt, und vielleicht Eigennuz argwohnen. Ich rechtfertige mich aber mit folgenden Ursachen:

1) Eine große Prinzeßin in Berlin, welcher ich das Schiksal des Lieutenants von Schell erzählen mußte, der mich so wunderbar aus dem Glazer Gefängnis rettete, fand dasselbe so intreffant, daß sie mir die Bekanntmachung auftrug. Ihr Wille ist Befehl für mich, und ihre mir erzeigte Gnade wird mir ewige Ehrfurcht einflößen.

2) Da ich im November in Hungarn war, forderten mich alle rechtschaffene Männer auf, ich sollte die Geschichte ihres Landsmannes, des verstorbenen Panduren-Obristen Trenck, für die Nachwelt, auch für die vaterländische und meine Familienehre, deutlicher, als im ersten Bande geschehen ist, bekannt machen. Die besondere Liebe und personal Zuneigung, welche mir diese Nation bezeugte, bewog mich, ihren Willen zu vollziehen. Gott gebe! daß alle redliche Hungarn, welche unter Theresiens Scepter so rühmlich als mein Vetter bluteten, kein solches Schiksal erleben, als das war, welches ihn auf dem Spielberg gefesselt hielt, und anstatt verdienten Lohn als einen Bösewicht verschmachten ließ. Gott gebe! daß meine Schriften, die sie so gerne lesen, auch ihr Herz zu meinem Vortheil lenken, und ich ihre mir so kostbare Freundschaft in allen Fällen verdienen, auch bis zum Grabe erhalten könnte.

Der dritte Beweggrund dieses Bandes entstand aus einigen neuen Entdekungen, die ich bei meinem Auftritte im Vaterlande, sowohl in Berlin als in Preußen zufällig machte, und die zur Erläuterung einiger dunklen Stellen in denen ersteren etwas beitragen. Ich fand auch einige Gedächtnisirrthümer, die ich in diesem verbesserte; glaube demnach, daß auch diese nähere Auffklärung so, wie der ganze Innhalt des Buches, meinem bereits erworbenen Rufe nicht nachtheilig seyn, und daß man vielleicht eine weitere Fortsezung fordern wird, wozu ich noch Stoff genug in Händen hätte.

Den lezten Raum füllet eine Abbitte und Ehrenerklärung an alle diejenigen, welche ich etwa durch meine freimüthige Schreibart beleidiget haben sollte, im Rabnerischen Tone.

Diese hin und wieder beissende Satire wird von Scharfsichtigen gewiß gelesen werden. Dagegen werden aber viele, welche meine ersten zwei Bände bewunderten und schäzten, mit diesem weniger zufrieden seyn, besonders aber werden die Kloster-Bibliotheken denselben schwerlich einkaufen. Er ist aber nun einmal da, und da ich ihn nicht in meiner Studierstube mit Tiefsinn, sondern auf meiner weiten Reise stikweise, nach Gelegenheit, in verschiedener Laune flüchtig, ja sogar ohne Copie, so wie alles in die Feder floß, niedergeschrieben; auch um mein Versprechen zu erfüllen, eilfertig zum Druk befördert habe: so erwarte ich Nachsicht von denen, die meine Lage kennen, und Unterstüzung da, wo ich für meinen grauen Kopf endlich Ruhe bedarf, nachdem ich selbst erkenne, daß meine Schreibsucht mich wirklich bisher gehindert hat, dieselbe zu erlangen, oder zu geniessen. Ich werde vermuthlich bald entweder noch lauter schreyen, als jemals, oder man wird von dem gar nichts mehr lesen noch hören, der durch Stürme den Hafen fand, und den Zwek des ehrlichen Mannes und ächten Weltweisen wirklich erreichet, auch Ursache gefunden hat, entweder denkend, oder seufzend zu schweigen.

Geschrieben in Königsberg in Preußen,
1 7 8 7.

Ich beschloß den zweiten Band meiner Lebensgeschichte mit meiner vorgesezten Reise nach Berlin, wozu mir der großmüthige Friedrich Wilhelm auf mein Ansuchen Seinen Kabinetspaß nach Wien schickte. Gleich war ich freudigst bereit, selbige zu unternehmen: mein allezeit widriges Schicksal warf mich aber auf das Krankenlager, wo wenig Hofnung übrig blieb, mein Vaterland wieder zu sehen, und eine Epoque zu erleben, woran ich 20 Jahre lang mit aller möglichen Vorsicht und Mühe gearbeitet hatte. Beinahe wäre ich mit dem großen Friedrich zugleich begraben worden, und hätte weder den zweiten, noch diesen Band schreiben können; folglich den Sieg nie erfochten, den ich gegenwärtig rühmlich erlebt habe.

Nach vielen überstandenen Hindernissen mußte ich zuerst eine Reise nach Ungarn unternehmen; die mich wirklich erquikte, und eine der angenehmsten meines Lebens war.

Ich fand überall, besonders in Ofen und Pesth, eine wahre Seelenberuhigung, die nur der ehrliche Mann in vollem Gewichte empfinden kann, welcher nur der Redlichen, Aufgeklärten und Rechtschaffenen Beifall zu verdienen sucht. Diesen fand ich daselbst in solchen Merkmalen ächter Freude und Vertrauens bei dieser wirklich ehrwürdigen Nation, daß ich nicht Worte finden kann, um ihnen das Gefühl meiner Seele im wärmsten Wunsche für Ihre Wolfahrt dankbar auszudrücken, und auch meine Erben Ihrer Achtung würdig zu machen. Ueberall wo ich eintraf, oder mich nur sehen ließ, folgte mir das Volk mit einer Art von Liebe und Bewunderung nach, welche gewöhnlich nur

solchen

solchen Männern widerfährt, die unter die würdigen Väter des Vaterlandes gerechnet werden. Meinem allgemein erworbenen Rufe der Art, wie ich meine großen Güter in Sklavonien verloren hatte; vielleicht auch noch den vaterländischen Verdiensten meines auf dem Spielberge im Unglük verschmachteten Vettern; und besonders meinen überall bekannten Schriften habe ich vermuthlich diese Freude zu danken, die mir gewiß ewig unvergeßlich bleiben wird. Eben diese Ehre wiederfuhr mir bey dem größten Theile der Magnaten, auch in der Armee, wo man mich überall mit Freundschaftsbezeugungen und Vertrauen überströmte.

Das sind die Folgen rechtschaffener Handlungen, das sind auch zugleich die sichtbaren Merkmale edler Empfindung bei einem Volke, welches Tugend und Standhaftigkeit zu schätzen weiß. Hab ich nicht Ursache, stolz zu seyn? hiermit laut zu danken? auch zugleich meine Kinder denen zu empfehlen, die vielleicht noch, wenn ich schon im Grabe seyn werde, über ihre mir entrissene Rechte in Ungarn urtheilen sollen, oder ohne Präpotenz entscheiden dürfen. Bis dahin bin ich für mich selbst zufrieden, auch belohnt, wenn ich als ein Martyrer meiner in allen Fällen bezeugten unerschrockenen Warheitsliebe bedauert werde. Gewiß aber sagt Niemand in Ungarn: **dem Trenck ist Recht geschehen**; ausser diejenigen, deren persönlicher Eigennutz leiden würde, falls es mir jemals widerführe, woran ich aber sehr zu zweifeln vollwichtige Ursachen habe. Alles ist bereits verjährt: alte Hofresolutionen fesseln den Richterspruch redlicher Männer, und die Besitzer meiner schönen Güter sind zu mächtig, zu sehr in solche Verbindungen accreditirter Feinde verwebt, daß ich auch nur

die

die mindeste vortheilhafte Aussicht in die Zukunft bemerken, oder Gebrauch davon machen könnte. Ich wünsche, Gott weiß es! mit reinem patriotischen Herzen, daß alle Familien, die durch Trenckische Güter reich worden, dem Staate eben so viel Dienste leisten möchten, auch zu leisten fähig wären, als die arm gemachten, und aus Ungarn verdrängten Trencke geleistet haben, oder noch hätten leisten können und wollen, wenn man ihren Werth, ihre Absichten, ihren besten Willen noch zu rechter Zeit gekannt hätten. Und da ich, allem Anscheine nach, die, welche mich in diesem Lande schäzten, schwerlich mehr in dieser Welt wieder sehen werde: so nehme ich mit diesem Blatte zugleich rührenden Abschied, und werde meine lezten Tage so zu verhauchen wissen, daß ich den besten Nachruf bei einem Volke verviene, dessen Asche ich gerne mit der meinigen vermischt hätte. Gott befördre ihren Wohlstand! und segne alle wahre Freunde Ihres Vaterlandes: behüte auch jeden redlichen Ungarn vor solchen Schiksalen, die ich erleben, auch wehrlos seufzend erdulden mußte!

Merkwürdig bleibt aber dies, die Croaten wurden bisher unter die rohen ungesitteten Völker gerechnet. In Wien hingegen spricht man überall von Aufklärung und Normal=Schullehrern. Indessen kann ich doch meine Leser auf Ehre versichern, daß ich in Croatien allein mehr Pränumeranten auf meine Schriften fand, als im gelehrten Wien, und in Ungarn weit mehr, als in allen östreichischen Erbländern zusammengenommen.

Sichtbares, entscheidendes Merkmal, wohin sich gegenwärtig die Aufklärung lenkt! Sie erscheint auch sicher im hellern Glanze bei einem Volke, welches den Willen hat, sich zu unterrichten, als da, wo man noch dumm genug ist, den Beichtvater zu fragen, ob man aufklärende Schriften lesen dürfe? Das leztere habe ich in Wien am meisten bemerkt, wo viele Pränumeranten die ersten Bände zurück brachten, und ihr Geld wieder forderten, weil ein Mönch gesagt hatte, daß sie höchst gefährlich zu lesen wären. Viele, ja sogar Hofräthe, haben sie für etliche Kreuzer an Büchertändler verkaufen lassen, oder dem Seelsorger zum Verbrennen übergeben; die Ungarn hingegen haben sie begierig gelesen, und mir für den belehrenden Unterricht, für die Aufdeckung mancher Vorurtheile herzlich gedankt. Meine Lebensgeschichte selbst wurde in Wien allein gleichgültig gelesen, und unter die chimärischen Romane gerechnet. Nirgends aber als bei Ungarn allein fand ich ächte Freundschaft, wahres Mitleiden, auch wirklichen Beistand. Hätte eben das ein Engländer in London geschrieben, es wäre nicht beim Lesen und Wünschen geblieben. Der Staat selbst hätte aufgemerkt, gelohnt, Ersatz des Verlustes bewerkstelligt, und Lords und Matronen würden in ihren Testamenten für dessen Ruhe und Unabhängigkeit sorgen, der sie durch sich selbst verdienet hat.

Wir guten deutschen Schriftsteller müssen noch gegen Censur und Kritik kämpfen, wenn wir Warheiten schreiben und Ungerechtigkeiten aufdecken wollen. Und wann das Buch Abgang findet, dann stehlen diebische und niederträchtige Nachdrucker noch dazu, was dem arbeitenden ehrlichen Manne gebühret. Jedermann sucht wohlfeile Preise, und da dergleichen privilegirte Schurken keine Mühe noch Auslagen haben, so ziehen sie den Gewinnst allein vom geraubten Gute, und erscheinen dennoch unter ehrlichen Männern in verbrüderter Gesellschaft; kaufen auch noch wohl Adelbriefe und Diplomata in Wien, von

diesen

diesem so schmutzig, so niederträchtig erworbenen Gelde.... Und die Polizey lacht da gleichgültig, wo man einen Menschen als Dieb bestraft, der, um seinen hungrigen Magen zu füllen, ein Brod gestohlen hat. Da, sag ich, lacht die Polizey, wo man die Wissenschaften mit Zunftarbeiten vermischt: ihren Werth, ihren Einfluß in die wesentliche Macht der Staaten miskennt, und folglich lieber unterdrükt als befördert. Den brauchbaren Schriftsteller arm machen, nicht beschützen, oder seinen Fleiß nicht durch Achtung oder Belohnung aufmuntern, und seiner Arbeit Früchte einem raubsüchtigen Nachdrucker ungestraft überlassen :... das heißt im eigentlichen Verstande, grobe Unwissenheit, Mangel an Staatskenntnissen, oder Gleichgültigkeit in den wesentlichen Hauptstücken eines gesunden Staatskatechismus.

Mangel an Lehrern, verursacht Mangel an Gelegenheit, den Verstand aufzuklären. Zu wenige Unterstützung wirksamer Talente, entfernt brauchbare Geister, die, weil Wissenschaften wenig Achtung erwerben, entweder in stürmenden Leidenschaften verbrausen, oder sich nur mechanisch für ihre Nothdurft beschäftigen müssen. Unbelohnter Fleiß reizt zur Gleichgültigkeit, und da, wo das gelehrte Fach leer steht, werden die Köpfe und Bibliotheken nur mit theologischen Streitschriften angefüllt. Wer gewinnt? Rom. Und wer verliert? Der Staat, dem brauchbare Männer da fehlen, wo Kanonen und Kriegstaktik zwar zernichten und erobern können, aber nicht zu erhalten noch zu benutzen vermögend sind.

Aus gründlichen und praktischen Gelehrten entstehen scharfsichtige Lehrer für Pflanzschulen. Aus diesen tritt nur selten ein angenehmer und fruchtbringender Schriftsteller

steller hervor. Muß dieser aber um das tägliche Brod schreiben, dann sinkt sein Muth, dann schreibt er viel und desto nachläßiger, um mehr Bogen zu verkaufen. Hierinnen eben steckt die Auflösung, warum die Welt mit so viel Büchern und Brochüren überschwemmt wird, warum kurzsichtige Leser so übel zu wählen wissen, warum die großen Herren gar nicht, oder mit Eckel lesen, und warum wirklich gute Schriften dem Verfasser so wenig als dem Staate Nutzen bringen, welcher ihren Werth anzuwenden weiß.

Man verzeihe mir diesen Seitenschritt aus meinem Gleise, und erlaube mir hier noch dieses anzumerken: daß des allgemeinen Tadlers Schriften oder die sogenannten Kritiken den Anfänger niederschlagen: dem wirklich Gelehrten aber nur da schaden, wo richtiges Urtheil fehlt. Indessen gewinnt der Recensent, wie der Verleger dieser Stachelschriften allezeit, wenigstens eben so viel als der gute Schriftsteller; weil der, welcher Gellerts Schriften kaufte, auch gern lesen will, wie weit die Bosheit der Menschen gute Werke lästern könne, oder der Vorwitz reitzt, um auch die Flecken in der Sonne ohne Fernglas zu sehen. Er glaubt sie auch wirklich da zu sehen, wo ein arglistiger Himmelsbeschauer sie beobachtet zu haben versichert. Die Grammatik-Scrupulanten, die Komma-direktoren und Silbenzähler sind die Lächerlichsten für den, welcher nur Gedanken und Lehrsätze schreiben wollte. Indessen muß auch diese Gattung von Insekten Nahrungssaft suchen: und aus dem Unflath eines Schmetterlings, werden Raupen gebrütet, die Blüthe und Frucht abfressen. Wie wäre es aber, wenn deshalb der eigennützige Gärtner den Baum selbst vernachläßigt, und hiedurch
seine

seine ewige Unfruchtbarkeit verursacht. Noch ärger, wenn ihn der Dumme gar ausrottet, und einen Dornzweig an seine Stelle pflanzt. Nach dieser vielleicht auffallenden Anmerkung, die jedem beleidigten uneigennützigen Schriftsteller erlaubt ist, trete ich wieder in die Verbindung meines Vortrages.

Ich reisete den 5ten Januar von Wien, und kam nach Prag.

Hier fand ich beinahe eben das, was mir in Ungarn widerfuhr. Man hatte meine Schriften fast überall gelesen: der Bürger zeigte mir Vorwitz und Mitleiden, auch Liebe, und die Großen des Landes überhäuften mich mit Achtung, Höflichkeit und Freundschaftsbezeugungen. Auch dem schönen Geschlechte daselbst dank ich laut mit reiner Ehrfurcht, für die mir bezeigte Hochschätzung. Diese Art edler Empfindung für einen nunmehr leider nur in Lehrergestalt auftretenden Greis, macht ihren gefühlvollen Seelen Ehre; und ich wünsche dem noch zu wirksamer Liebe, zum Genusse der schönen und reizenden Welt so würdigen, als gefühlvollen Jünglinge von Herzen Glück, wenn er solche Eroberungen zu machen, auch zu erhalten weiß, wo das Herz durch Zärtlichkeit erhalten, und der liebreiche Umgang durch geläuterten Witz seine sinnlichen Vergnügungen befördern, zugleich aber auch seinen Verstand ausarbeiten, seine Sitten bilden, und seine moralischen Tugenden, so wie seine persönlichen Eigenschaften ausbilden kann. Selig ist der Mann, welcher in solche Hände geräth! Seitdem ich Prag kenne, würde ich gewiß zu wählen wissen. Mein Schicksal entfernt mich aber aus einer Stadt, wo ich vielleicht Balsam für meine alten Wunden im menschlichen Umgange gefunden hätte:

und

und die letzten Stunden meines Lebens in einer Gesellschaft verhauchen könnte, wo man aus der Erfahrung solcher Greise, die allen solchen sinnlichen Freuden abgestorben zu seyn scheinen, noch angenehme Vortheile im gesellschaftlichen Leben zu finden glaubt.

Dieses ist meine neue mit Dank erfüllte Schilderung vom gegenwärtigen Prag, wo ich auch im Fache der Staatsmänner, der Landesväter und der Wissenschaften solche Männer gefunden habe, die ich in Prag nicht gesucht hätte. Ich fand sie wirklich; ich verehre sie, und wünsche dem Monarchen Glück, falls er überall so gut zu wählen Stoff findet, auch dergleichen Mitarbeiter erhalten, zu lohnen und zu schätzen weiß.

Nun setze ich, mit Wehmuth nach Prag zurücksehend, meinen Weg nach Berlin fort, nachdem ich meinen Sohn einen hofnungsvollen Jüngling, umarmt hatte, welcher als Lieutnant bey dem zweyten Carabiner-Regimente mit Ehre und Beifall dienet.

Er sahe seinen grauen Vater nebst seinen beiden Brüdern, die für Preußische Dienste bestimmt waren, abreisen.

Er empfand diese Trennung im vollen Gewichte. Ich erinnerte ihn an seine Pflicht für den Staat, dem er dient. Zugleich aber auch an mein, und seines Oheims schaudervolles Schicksal in Oestreich, und an die Besitzer unsrer rechtmäßigen Güter in Ungarn. Er schauderte zurück: ein rührender Vaterblick erschütterte seine Seele.... Thränen füllten sein Auge... Das jugendlich wallende Blut empörte sich... schoß durch die Nase: und seine mit Ungestüm hervorbrechende Worte waren....

Vater! Bei Gott! Ich werde in allen Fällen zeigen, daß

daß ich unsers Namens würdig bin...Wer Sie beleidigt, der soll durch meine Faust bluten... Entzückender Auftritt! Süße Wonne für ein fühlendes Vaterherz, der in seinem Sohne zugleich einen Freund umarmt! Seine Brüder weinten: ich weinte mit. Und hier hatte ich Gelegenheit, Grundsätze einzuprägen, die gewiß eine ewige Richtschnur ihrer Handlungen bleiben werden... Ich erinnere sie hiemit noch an ihre heilige Verbindung, wann sie dereinst diese meine Lebensgeschichte lesen, und ich bereits im Grabe schweige. Jeder Monarch, dessen Dienst sie wählen, kann auf Treue, Diensteifer und wirksame Talente sichre Rechnung machen. Edler Ehrgeiz ist aber ihr Sporn: folglich wird sich keiner verächtlich begegnen noch mishandeln lassen. Und nur in diesem Falle vollziehen sie meine Absichten und Wünsche für ihre Wolfahrt.

Auf der Reise nach Dresden wurde mein Wagen bei Peterswalde von einem Berge bei der Nacht dergestalt hinuntergeworfen, daß der Spannagel los ließ, und die Räder oberwerts zu stehen kamen. Bald hätte ich das Genick gebrochen und Berlin nicht gesehen... Mein Sohn hingegen beschädigte sich am Arme. In Berlin schlug die Rose dazu, und dieser Zufall hinderte, daß ich ihn erst nach vier Wochen dem Monarchen vorstellen konnte.

Kaum war ich in Berlin angekommen, so empfieng mich der weltbekannte große Staatsmann und Minister Graf von Herzberg, dessen Beifall und Achtung ich mir längst bei persönlicher Bekanntschaft in Aachen erworben hatte, mit aller nur möglichen Güte. Wer diesen wirklich auch ohne Titel im innern Werthe verehrungswürdigen Mann so wie ich kennt, der wünscht dem Staate Glück der ihn zu schätzen und zu brauchen weiß. Seine Scharf-
sich-

ſicht in Staatsgeſchäften iſt unbegränzt: Seine ſcholaſtiſche ſowohl als practiſche Gelehrſamkeit, Kenntniß in Sprachen, auch in allen Gattungen erhabner Wiſſenſchaften, ſind bewundernswürdig. Sein mündlicher Vortrag iſt reine Beredſamkeit: ſeine Feder Original; ſein Karakter edel; und ſein Herz gefühlvoll; ſein Eifer für das Vaterland ſo gar aufbrauſend; ſeine Liebe für den Monarchen nicht auf Vorurtheil gegründet; ſeine Arbeitſamkeit unermüdet; ſeine Standhaftigkeit männlich; ſein Betragen im geſellſchaftlichen Leben liebreich, ohne allen Miniſterialſtolz: auch im ökonomiſchen Fache iſt Er gewiß der erſte Kenner, der erſte Haus- und Landwirth in den Preußiſchen Staaten. Er ſpricht im Vorſitze bey der Berliner berühmten Akademie der Wiſſenſchaften eben ſo lehrreich, als mit ſeinem Freunde ohne Zurückhaltung, und mit dem Landmann eben ſo herablaſſend, als mit dem Hülfsbedürftigen troſtreich.

Auf ſein Wort kann ſich auch der Feind ſeines Vaterlandes verlaſſen. Preußens dauerhafte Macht iſt die Zielſcheibe ſeiner Wünſche: aber zur Machiavelliſchen Politik iſt ſein deutſches Herz unfähig. Argliſtigen Gegnern weiß er auszuweichen, drohenden mit Troz zu begegnen, auch drohende Ungewitter durch kluge Vorſicht zu entfernen. Seine ſchweren Amtspflichten erfüllt er alle ſelbſt; ſucht ſeine Größe nicht in prächtigen Gaſtmalen, noch glänzenden Equipagen zu zeigen; bereichert den Staat wo er kann, und iſt gerne ein armer Mitbürger in demſelben, wann er das allgemeine Ganze glücklich ſieht. Sein Landgut Briez bey Berlin iſt kein Chanteloupp, aber ein Muſter für Patrioten, die Wirthſchaft lernen wollen. Hier genießt Er alle Mitwoch ſeine ihm von strenger Arbeit übrigbleibenden Erquickungsstunden. Den Monarchen kostet er jährlich nur 5000 Rthlr. für so wichtige Dienste. Er lebt folglich wirthschaftlich, aber dennoch seinem Stande gemäß, da glänzend, wo es Ehre und Wohlstand fordern. Hierzu hilft sein eigenes selbst erwirthschaftetes Vermögen; nicht, nach Ministerbrauch, der allgemeine Schatz. Er lebt folglich in unausgesetzter Anstrengung seines Fleißes eben nicht beneidenswürdig, und wird auch nicht reich sterben.

Das ist eigentlich der merkwürdige Mann in Preussens Geschichte, den ich hier ohne Schminke schildre. Der Mann, welcher unter des Grossen Friedrichs Scepter so viel gebraucht wurde; so viel zu seiner Größe beytrug; so viel Einfluß in die Europäische Cabinette zu finden wußte; so viel Aufmerksamkeit der denkenden Welt für sich erwekte; und der allein die Ehre und das Vertrauen genoß, bey seinem sterbenden König ein Zeuge seiner letzten Handlungen, und aller seiner Empfindungen zu seyn: der aber in seinem ganzen Leben von eben diesem König alle Gnade und Achtung, aber niemals das mindeste Geschenk erhalten, noch abgebettelt hat. Das ist der Mann, dessen persönlichen Umgang ich zwey Monate lang in Aachen und Spaa täglich allein zu genießen das Glück hatte; dessen Beifall ich mir erwarb, dessen Wohlfahrt meine Seele wünscht, und dessen Erinnerung mir allezeit heilig seyn, und Ehrfurcht erwecken wird. Vollwichtig sey im Vaterlande seine Belohnung! und niemals nage der Neid an seinen Verdiensten, oder beunruhige seinen grauen Kopf dann, wann Er Ursache fühlt, auch endlich für sich selbst zu leben, oder seine Bürde rühmlich abzulegen, die schwerlich ein Nachfolger, so wie Herzberg aufladen, tragen, noch zu erleichtern wissen wird.

In seinem Hause wiederfuhr mir alle mögliche Ehre. Beym Gastmahle, welchem ich beiwohnete, war ich in Gesellschaft der gelehrtesten Männer der Akademie, wo ich alle die kennen lernte, welche Wissenschaften in Preußischen Staaten gemeinnützig, und ihrer Bestimmung Ehre machen: und nichts schmeichelt meiner Eigenliebe lebhafter, als daß sie mich ihrer Freundschaft würdig fanden. Etliche Tage nach meiner Ankunft, wurde ich am Courtage durch den Oberkammerherrn, Fürst Sacken, dem Monarchen vorgestellt; weil es in Berlin nicht der Gebrauch ist, daß ein Fremder von dem Minister seines Hofes, dem er dient, präsentirt wird. Ich erschien also in Kaiserlicher Uniform, als ein gebohrner Preußischer Vasall bei Hofe.

Der Monarch empfieng mich mit sichtbarer Huld; und aller Augen waren auf mich gerichtet. Jeder ohne Ausnahme both mir die Hand; hieß mich willkommen im Vaterlande, und dieser Auftritt war eben so rührend für mich, als merkwürdig für die auswärtigen Minister, welche mit Bewundrung fragten, wer denn wohl der Oestreichsche Offizier sey, den man in Berlin so liebreich, und mit sichtbaren Merkmalen der Freude empfange? Der gütige Monarch selbst bezeigte ein edles Wohlgefallen, da Er mich mit Glückwünschen umringt sahe. Unter andern trat auch der königliche verehungswürdige Generallieutenant der Kavallerie und Chef der Gensd'armes, Herr von Prittwitz, herbei, umarmte mich, und sagte laut:

„Das ist der Mann, welcher, um sich selbst zu „retten, mich unglücklich machen konnte, und „es dennoch nicht gethan hat.

Bestürzt

Bestürzt bei dieser öffentlichen Erklärung, frägte ich um die Auflösung dieses Räthsels, und erhielt zur Antwort:
"Ich habe Sie, mein lieber Trenk, auf dem
"unglücklichen Transporte von Danzig nach
"Magdeburg, im Jahr 1754 als Lieutenant
"führen müssen. Unterweges ließ ich mein
"Commando zurück, und fuhr mit Ihnen wi=
"der meine erhaltene Ordre, ganz allein im of=
"fenen Wagen. Ich gab Ihnen so gar Gele=
"genheit, zu entfliehen: Sie konnten es wirk=
"lich thun, und thaten es nicht. In der Folge
"habe ich erst die Gefahr gesehen, in welcher ich
"war, falls Sie weniger großmüthig gedacht
"hätten. Gewiß aber wäre ich unglücklich ge=
"worden, wenn dem Könige ein solcher Arre=
"stant durch meine Nachläßigkeit entwischt
"wäre, den er so gefährlich, als strafwürdig
"glaubte. Ich danke Ihnen also nunmehro
"hier öffentlich, daß Sie mich damit verscho=
"neten, und bin Ihr verbundener Freund."
Meine Leser dürfen nur auf den ersten Band dieser Geschichte zurück denken, so werden sie in der Erzählung von meiner Arretirung in Danzig, diesen Vorfall ange= merkt finden. Ich wußte aber, da ich dieses schrieb, noch nicht, daß der großmüthige Mann, welcher mir da= mals so wohl wollte, der gegenwärtige General v. Pritt= witz war: daß sich derselbe aber dieses Vorfalls erinnerte, macht ihm desto mehr Ehre, weil er es laut bezeuget. — Ob aber mein damaliges Betragen in einer so kritischen Lage, wirklich aus Großmuth entsprang, dieses werden alle die in Zweifel stellen, welche nicht wissen, daß ich

auch im Kerker hätte entfliehen können, wenn ich die hätte betrügen wollen, die in meine Rechtschaffenheit Vertrauen setzten. In Glatz war ich so gar als Staatsgefangener auf der Jagd; ein Freund lag an meiner Statt im Bette, und ich kam in den Kerker als ein ehrlicher Mann zurück. In Magdeburg kennt man im ähnlichen Falle meinen Karakter ohne Widerspruch. Ich habe überall Proben gezeigt, daß ich auf fremdes Unglück nie meinen Wohlstand gründen wollte. Ob aber damals, da ich nach Danzig geführt wurde, just allein Großmuth wirkte, hieran zweifle ich selbst. Die vertrauliche Art, mit welcher man mir begegnete, machte mich sicher. Mein gutes Gewissen ließ mich keine Magdeburger Fesseln erwarten. — Und kurz gesagt! mein Schicksal wollte es so haben, daß ich zehn Jahre hindurch, im Kerker gemartert werden sollte. Hätte ich dieses vorher gesehen, oder auch nur vermuthen können, dann wäre ich vielleicht entflohen, und der damalige Lieutenant von Prittwitz deßwegen cassirt worden, weil Er mich ohne Commando transportirte, folglich Schuld an meiner Flucht gewesen wäre.

In allen Vorfällen meines Lebens habe ich gewiß eine unbegränzte kurze Entschlossenheit, ja bis zur Verwegenheit in großen Gefahren, erwiesen. Auf dieser Reise allein schlummerte ich ganz gleichgültig, und ließ mich, wie ein dummes verzagtes Lamm, zur Schlachtbank führen. So ist der Menschen Bestimmung verwebt, die dem, welcher die Knoten auflösen will, immer unbegreiflicher in ihren wunderbaren Verbindungen erscheint, und gewiß auch für den Mann ohne Vorurtheile, ein ewiges Räthsel bleiben wird Warum war ich just in dem gefährlichsten Zeitpunkt meines Schicksals so kaltblütig, so unentschlossen?

sen? oder wohl gar leichtsinnig, da, wo ich zwischen Kerker und Freiheit entscheiden konnte? Verzagt, furchtsam war ich gewiß niemals; warum aber eben damals, wo ich gar keine Gefahr hätte scheuen sollen, mir selbst zu helfen?

Der klügste Mann forsche nach der Ursache! Er wird eben so wenig in diesem Gedanken-Labyrinthe Entwickelung entdecken, als ich bisher finden konnte. Warum ist mancher wirklich kühne Soldat, der bey hundert Gelegenheiten allen Gefahren entgegen gieng, zuweilen bey einem ungefähren Zufalle so unentschlossen, als die feigste Memme gewesen, und verlor seine erworbene Ehre in einem ungünstigen Augenblicke? Woraus entsteht die eigentliche bravoure journaliere bey manchem an sich selbst beherzten Manne? Unsre Launen wirken verschieden nach der Beschaffenheit der die Nerven reizenden Säfte — oder vielmehr der Mechanismus des Körpers lenkt unsern Willen so, wie unser Magen diese Säfte verdauet hat. Leidet der Sanguineus an Verstopfung, dann hat er keine Lust zu tanzen. Und schwitzt man im Dampfbade, dann will man weder denken noch kämpfen, oder Sturm laufen.

Dieses sind die mechanischen Ursachen. Was aber im Ganzen genommen nun eigentlich dahin leite, wohin wir bestimmt zu seyn scheinen, dieses ergrüble ein Kopf, der weiter sieht als der meinige, und suche Zuflucht bey seinem Schutzengel, oder bey des Geisterschwärmer Schwedenborgs Mitschwärmern, die sich mit Traumgebäuden und Schattengaukeleyen da zu beschäftigen wissen, wo kein Körper zu denken ist, welcher einen Schatten verursachen könnte. Punktum!

Sobald ich bey Hofe vorgestellt war, beobachtete ich

das gewöhnliche Ceremoniell, und der Kaiserliche Gesandte, Fürst Reuß, führte mich bey allen auswärtigen und einheimischen Ministern und in alle Häuser ein, wo man Visite zu machen pflegt. Ich wurde bei den königlichen Prinzen, bei der regierenden und verwittweten Königinnen Majestät, in allen Pallästen der Königlichen Familie mit solcher Gnade und Achtung aufgenommen, die mir eine ewige Achtung und Dankbarkeit und Ehrfurcht einflößt, und ewig unvergeßlich bleiben wird. Ihro Königliche Hoheit der Prinz Heinrich, der weltbekannte große Bruder des großen Friedrichs, ließ mich zur Privataudienz rufen, unterhielt sich lange mit mir, und ich genoß die Ehre seines warmen Mitleidens für das Vergangene, und die Versicherung seiner Protektion für die Zukunft, wurde zum Privatkoncerte eingeladen, und soupirte bey Hofe.

Im Pallaste S. K. H. des Prinzen Ferdinand genoß ich eben diese Begegnung, wurde auch daselbst sehr oft zur Tafel und zur Abendgesellschaft geladen, wo seine kronenwürdige Gemahlin, Sich an meinen Erzählungen von überstandenen Schicksalen, und meinen praktischen Weltkenntnissen vergnügte, mich auch mit Gnadenbezeugungen überhäufte.

Das Haus dieses Herrn ist ein wirkliches Muster der Erziehung junger Prinzen, und das Vaterland hat die gewissesten Früchte von diesen Herren zu erwarten, die gewiß mehr versprechen, als man gegenwärtig vielleicht von ihnen erwartet.

Sie sind zum Soldatenstande bestimmt, und ihr Leib ist zu allem Ungemach vorbereitet und abgehärtet, die jeder gemeine Gewehrträger in allen Vorfällen erdulden muß.

muß. Sie reiten, schwimmen, sind allen Witterungen ohne Verzärtelung ausgesetzt, und zu allen Kriegsübungen abgehärtet. Ihr Wuchs ist eben deshalb wie die Ceder am Libanon, und ihre Seele ist eben so erhaben gebildet.

Den Fürstenstolz kennen sie nur von den verächtlichen Seiten. Ihr Herz ist für die Freundschaft gebildet, und ihre Seele sehnt sich nach verdientem Beyfall und Ruhm für rechtschaffene Handlungen, die sie gewiß in allen Vorfällen vollziehen werden. Herrliche Aussicht für einen Staat, wo sie ihre Rolle dereinst zu spielen gebohren, und bestimmet sind!

Schmeicheley hat nie meine Feder besudelt. Ich verehre aber die großdenkende scharfsichtige Mutter, welche keine hochmüthige Müßiggänger, sondern brauchbare Prinzen für ihr Vaterland erzogen hat: und mit der königlichen Hoheit zugleich den ehrlichen Mann, den arbeitsamen, wißbegierigen Menschen zu vereinigen wußte.

Ich habe diese Herren sehr oft gesehen, und darf mir auch mit ihrer Achtung schmeicheln. Meine geprüfte Schilderung ist demnach nicht verdächtig. Ich habe noch zu wenig gesagt. Auch die Wahl derer, die Sie in allen Wissenschaften unterrichten, die Ihren persönlichen Eigenschaften ausarbeiten, Ihren Verstand aufklären, Ihre Talente richtig anzuwenden; Ihre Leidenschaften beherrschen; Ihre Einsichten erweitern, Ihre Menschenliebe zu benutzen und zu begeistern bestellt sind, war wirklich die glücklichste, und zeugt von der Scharfsicht der Wählenden sowohl, als von der edlen Absicht Ihrer Bestimmung.

Wie himmelweit ist die Erziehungsart von denen unterterschieden, die ich bey andern Höfen Europens mit Achselzucken und Wehmuth gesehen habe, wo man entweder Weichlinge oder eigensinnige Despoten und Menschenfeinde erzieht.

Und wie lächerlich erscheinen dem Auge des Weisen solche zum Herrschen gebohrne Hoheiten, die den Menschenhaufen, welchen sie, was den innern Werth betrift, nicht würdig sind, die Schuhriemen aufzulösen, mit Majestätischem Stolz mißhandeln, die Backen mit Pavianblicken aufblasen, und sich bei ihrer wirklich pigmäischen Seelengröße, als grosse Herren im Spiegel bewundern.

Wohl dem Staate! wo die Fürsten wissen, daß der Staat nicht ihr Eigenthum ist, sondern, daß Sie für denselben da sind. Würde uns wohl irgendwo die eiserne Peitsche der unbegränzten Eigenmacht als Sklaven geisseln können, wenn nicht blödsichtige Niederträchtigkeit bereits unsre Muttermilch vergiftet hätte, und die Zahl der Klügern so unbedeutend auf den kriechenden Pöbelschwarm wirkte? Geduld! Indessen bleibt es gewiß, daß ein von seinem Volke geliebter Fürst allezeit sich und sein Land glücklicher machen wird, als der mächtigste Tyrann, der bloß gefürchtet seyn will.

Meine Freude ward in Berlin am lebhaftesten gereitzt, wann ich am Courtage nach Hofe fuhr. Ganze Haufen der Bürgerschaft waren am Eingange versammelt, und wann einer ihnen sagte: das ist Trenck; dann rief man mir: Willkommen im Vaterlande! zu; viele reichten mir die Hand, und ihr nasses Auge zeigte mir, daß sie sich mit mir freueten. Wie manche gefühlvolle Scene dieser Art widerfuhr mir nicht in allen Gesellschaften dieser Residenz? Ein begnadigter Uebelthäter hat wol dergleichen
Auf=

Auftritte nicht zu erwarten. Das ist nur der Lohn des Gerechten: und dieses widerfuhr mir gewiß in allen Preußischen Ländern im Vollgewichte.

Welt! betrogene Welt! von der Wahrscheinlichkeit hintergangen, durch Vorurtheile geleitet; was ist dein Lob, dein Tadel? Beide leiten ihre Richtschnur nach der Laune eines unempfindlichen, oder sanftmüthigen Fürsten. Beide schöpfen ihre Quellen aus dem allgemeinen Rufe. Erschien wol jemals auf Erden ein redenders Beyspiel als ich von dieser Warheit? Ich lag in Magdeburg in schweren Uebelthäterfesseln an die Mauer geschmiedet; schmachtete zehn Jahre hindurch nach Gerechtigkeit; litt mehr als glaubliches Ungemach, Hunger, Elend, Kälte, Blöße, Verachtung. Warum? Weil ein König durch Verläumder betrogen, mich strafbar glaubte. Wo noch dazu ein wirklich weiser König mich allein deßhalb so barbarisch mißhandelte, weil Er mich mißkannte. Und weil ein kluger König, nachdem er wirklich seinen Irrthum erkannte, keinen Vorwurf einer Uebereilung dulden wollte: so versteinerte sich sein Herz bis zum Eigensinn, und stieg durch meinen männlichen Trotz gereitzt, bis zur Grausamkeit. Fast jedermann wußte damals schon, daß ich unschuldig litte, und gar kein Verbrechen begangen hatte. Dennoch schrie alles, Kreuzige! warum? Weil das Urtheil von Friedrichs Throne gesprochen ist. Weil Er es haben wollte, so wurde ich als Mißethäter betrachtet. Meine eigenen Blutsfreunde schämten sich sogar, meinen Namen zu führen. Meine leibliche Schwester wurde criminaliter behandelt, weil sie mir im Unglück beistehen wollte; niemand durfte laut sagen, daß er mein Freund sey, daß ich Mitleid verdiene, noch weniger, daß
sich

sich der König geirret habe.... Kurz! ich war der verachtetste und verlassenste Mensch in allen Preußischen Staaten. Wäre ich in diesen Martern gestorben, dann stände auf meinem Grabe die Schandsäule mit der Beyschrift:

„Hier liegt der Verräther und Bösewicht,
„der seines Adels unwürdige T r e n ck.

Nun stirbt der König Friedrich. Auf einmal verwandelt sich die Scene. Ein neuer König besteigt den Thron, und ich erscheine wie ein auf einmal verwandelter Schmetterling in Berlin. Meine Lebensgeschichte tritt mir mit an das Tageslicht; die Augenzeugen meines ehmaligen Schicksals leben noch; sie bezeugen die Warheit laut; sie umarmen mich brüderlich, und die irrig allgemeine Verachtung ist gegenwärtig die Quelle einer allgemeinen Hochschätzung und Bewunderung.

Große des Reichs, die mich vor 30 Jahren, ja noch vor wenig Monaten, da Friedrich lebte, nicht eines Anblicks gewürdigt hätten; die nicht einmal glauben durften, daß ich bedauernswürdig sey, umarmen mich herablassend brüderlich, und wünschen mir Glück, weil mir Friedrich Wilhelm Gerechtigkeit widerfahren läßt, und Friedrich, ohnmächtig es zu verhindern, im Grabe liegt.

Ich bin indessen eben derselbe Mann, der ich vor 40 Jahren war. Nie hatte ich ein Verbrechen begangen. Und nun erzeigt man dem Ehre, welcher noch vor kurzem unwürdig geglaubt wurde, im Vaterlande genannt zu werden.

Bestimmen nun wohl unsre Handlungen den Werth des Mannes? Entscheidet wohl reine Tugend das Schicksal.

fal, den Lohn des Gerechten? Gewiß nicht in solchen Ländern, wo die willkührliche Eigenmacht in der Gewalt eines Fürsten ist.

Friedrich war unstreitig der klügste, der scharfsichtigste dieser Gattung in Europa; aber auch zugleich der eigensinnigste und unempfindlichste da, wo er Widerstand bemerkte, oder die Unfehlbarkeit zu vermänteln möglich war. Dieses war sein Fehler. Allezeit groß für den, welchen das traurige Los traf, ein Gefäß des Zornes für die zu werden, welche durch Gnadenwahl von Ihm zu Beförderung seiner Absichten bestimmt waren.

Mißtrauen ist eine Tugend für Monarchen, die wenigstens weniger als Kurzsichtigleichtgläubige wollen betrogen seyn. Was findet aber bey einem solchen die Verläumdung nicht für offene Wege, der Tugend zu schaden? Ich war stark genug, um alle mögliche Foltern zu ertragen. Ich lebte auch lange genug, um den Tod eines gekrönten Feindes abzuwarten, dessen ungeheuren Kriegesheeren und unumschränktem Willen ich nichts als Geduld und Standhaftigkeit entgegen zu setzen hatte... Wie viele sind aber indessen in Kerkern verschmachtet, die gleiches Schiksal mit mir erlitten, und die gegenwärtig ihre Geschichte nicht mehr erzählen, oder so, wie ich, im öffentlichen Drucke schildern oder bekannt machen können! Wie mancher war noch ein schmähliches Schlachtopfer des Eigensinns, dessen Kinder gegenwärtig zu Gott um Rache schreien, oder nicht einmal laut sprechen dürfen, weil sich der beleidigte Todte nicht mehr rechtfertigen kann, und sein Proceß ohne Protokoll mit der Execution angefangen und geendigt wurde! Wie fürchterlich klang ehmals das Donnerwort Ordre in den Ohren des Bedrängten, dem man keine

Recht=

Rechtfertigung gestattete? Was heißt Ukase in Kurland; oder tel est notre bon plaisir in Frankreich; oder allergnädigste Hofresolution im süßen Tone einer wohlthätigen Landesmutter wohl anders, als Ordre vom Generalkommando in einer militairischen Monarchie!

Verfluchte Wirkung niederträchtiger Hofschmeichler! die ihren irdischen Gott Unfehlbarkeit glauben machen; und ihm den falschen Grundsatz einprägen ... daß ein Monarch über die Gesetze erhaben, daß das ganze Land, welches Er beherrscht, sein Eigenthum sey, und der Unterthan sein Recht nur aus allerhöchster Gnade erwarten, oder kriechend erbitten müße.

Unser zu Gott, in allen rechtschaffenen Herzen, aufsteigendes Gebet, sollte demnach allein zum Gegenstande die allgemeine Wolfart der Menschen, unser Menschenrecht zu erbitten suchen. Wir sollten gemeinschaftlich wetteifern, um denen, die uns beherrschen, die willkührliche Eigenmacht, wo nicht einzuschränken, sie doch gefährlich und verdächtlich zu schildern. Unsre Priester sollten da reine Dankopfer auf den Altar bringen, wo ein wohlthätiger Fürst alle Machtsprüche ungültig erklärt, oder wo in keinem Falle Alexander oder Carl der Zwölfte auftreten darf. Wehe dem Monarchen, welchen der Eroberungsgeist herumpeitscht! Wehe dem Lande, wo ein Don Quirotte Riesen auffordert, und mit den Windmühlen kämpfen will! Wehe dem Volke, welches für Tollkühnheit bluten muß, oder gebraucht wird, um andre Völker unglüklich zu machen! Wehe endlich dem Herrn, der nur von Sklaven gefürchtet sein will, der lieber straft als lohnt, oder nur um seine Lieblingsleidenschaft zu befriedigen, seine Herrengewalt anwendet.

Herrsch-

Herrschsucht und Blutbegierde bleiben allezeit verschwistert. Und ich sage mit vollem Rechte in meinem macedonischen Helden:

> In seinen Augen sind die Menschen seine Bienen,
> Die nur geschaffen sind, um ihm allein zu dienen.
> Sein Wille bleibt ihr Recht. Der edle Heldenmuth,
> Der durch Soldaten herrscht, gewöhnt zuletzt die Wuth.
> Wer mit der Menschenrecht und ihren Körpen spielet,
> Was Wunder, wenn er nichts von ihren Seufzern fühlet?

> Wer wenig Bienen hat, schont, wenn er Honig bricht,
> Wer viele Stöcke raubt, der schont die Bienen nicht.

Anstatt kriegerische Fürsten durch Siegeslieder zu erheben, durch unsern Arm zu unterstützen, sollten wir vielmehr den Friedliebenden suchen und verehren.

Man nenne mir aber gegenwärtig einen Winkel in Europa, wo nicht Ludwig des *Vierzehnten*, Friedrichs oder *Peters* Vorbild zur Nachahmung gewählt wird? Die lettres de cacher, die Ordres, und die Knutpeitsche sind die Dolmetscher aller Gesetzbücher. Die Richter über unser Recht und Handlungen tanzen so, wie dem Tanzbären vorgepfiffen wird, und schlagen lieber tapfer in die Volkskanaille, als daß sie den Prügel auf ihren eigenen Rücken abwarten.

Nicht raisonnirt! so entscheidet der Korporal den Vorwitz des ehrwürdigsten Grenadiers. Nicht raisonnirt! bleibt der Wahlspruch der Justizreferenten, wann Hofresolution schon entschieden hat. Nicht weiter raisonnirt, dummdreister Trenck! denkt gewiß jeder scharfsichtige Leser dieses Buches — wirf lieber die Feder in das Feuer, als daß du selbst im Staatsinquisitionsgerichte als ein Warheitsmärtyrer gebraten wirst.

Ich will diesem guten Rathe treulich folgen. Ein anderer

derer hätte sich, sich die Finger so zu verbrennen, wie ich es bereits empfand, oder lasse erst dann die Produkte seiner Feder drucken, wann er selbst nichts mehr davon lesen und empfinden kann.

Mir fliessen allezeit unbemerkt Nebengedanken in die Feder, und führen mich aus dem Geleise der Erzählung, wann die Erinnerung des Vergangenen das Blut schneller umtreibt, und der gefühlvolle Geist sich solcher alten Wundenschmerzen erinnert, die bey mir niemals zuheilen und benarben können. Ich sollte der Vernunft gemäß, für meine eigene Ruhe dergleichen Zeilen wegstreichen. Doch ach! die Eigenliebe wirkt, ich kann nie Reue und Leid empfinden, weil ich trockene Warheit geschrieben habe. Ich will ein Original von Autor seyn, und das ärgste Uebel ist, daß ich niemals Copien mache von allem, was für den Druck bestimmt ist: hierzu fehlt mir Zeit und Ordnung. Eben deswegen verdienen meine Schriften mit Recht den Tadel aller Buchstabenkritiker sowohl, als meiner Freunde, die mir mehr Mäßigung, mehr Klugheit wünschen, wann die Gedanken in eine ungezäumte Feder fließen.

Auch meine gegenwärtige Lage bleibt demnach noch immer, und gewiß bis zum Grabe, so kritisch als unentschieden. Warum? In Wien verlor ich mein grosses Vermögen durch einen Machtspruch des Hofes, und binnen 36 Jahren, da ich als ein ehrlicher Mann daselbst diene, auch gern wirksamer für den Staat gedienet hätte, ist mir niemals die mindeste Gnade oder Achtung widerfahren. Ich sprach und schrieb dagegen frey, schrie laut, und fand kein Gehör. Was Wunder, wenn man mich unter die Unzufriednen rechnet, und folglich Mißtrauen in mich

mich setzet, da man meinen wahren Karakter, meinen Werth verkennt, meine reine Absicht mißdeutet? Was Wunder, wenn auch der aufgeklärte Kaiser Joseph, dem ich so viel deutliche Merkmale meines warmen Diensteifers in allen Vorfällen zeigte, mich deshalb unbeschützt, unbelohnt läßt, weil ich

1) schon alt bin, folglich invalide scheine, und unter diejenigen Staatsfrüchte gerechnet werde, wovon nur noch die Schalen zum wegwerfen übrig geblieben sind. — Irrig geurtheilt! — Ich fühle noch Säfte, noch Stärke der Muskeln, die in eben dem Staatskörper circuliren und mitwirken könnte: wenn nur die Herzstärkungen gesucht würden, die Maschine in Bewegung zu bringen.

2) Weil die mir widerfahrne Beleidigung so groß ist, daß man sich nicht mehr die Mühe geben will, vollwichtige Genugthuung hervor zu suchen. Man glaubt aber irrig, daß ich nicht auch mit wenigem zufrieden seyn würde, da ich gar zu gut erkenne, daß ich nie alles zu hoffen habe.

3) Weil die Staatsklugheit will, man soll den unterdrükken, welchen man beleidigt hat, und dessen Verstand fähig ist, sich geltend zu machen.

4) Weil Hofwächter den gerne entfernen, der ihnen in die Karten gucken, oder ihre geheimen Entwürfe durch öffentliche Bekanntmachung vereiteln kann.

5) Weil alle Referendarien, Justizpächter, Beichtväter, und privilegirte Hofohrenbläser mich kennen, folglich nie gestatten werden, daß meine Warheitsliebe dem Gerechtigkeit suchenden Fürsten die Wege zeigen könne, welche in die Schlupfwinkel leiten, wo eigentlich

lich die beste Pflanzschule für starke, wohlverdiente Arbeiter im Zuchthause zu finden wären. Ich habe zwar schon einige genannt, noch ehe sie mit dem Besen in der Hand zu ihrer gegenwärtigen Bestimmung gelangten; damals hieß ich ein unruhiger Kopf, welcher sogar die Ehrfurcht gegen allerhöchste Gerichtsstellen freventlich aus den Augen setzt. Ist es aber wohl meine Schuld, wenn ein schlechter Kerl zufällig den Hof, Reichshof- oder Regierungsrathstitel erschleicht: wenn er in der Gerichtsstelle sitzt, wo er mich ungestraft mißhandeln kann, weil er weiß, daß ich ihn kenne. Ist es denn aber wohl ein Verbrechen, wenn ich ihn einen Schurken nenne, ehe der Monarch weiß, oder sehen will, daß er wirklich ein Schurke ist. Ich erwies ja schon vor 16 Jahren, daß der Hofrath Zetto ein Falsarius war. Ich erwies es aus actis et factis in der Gerichtsstube. Dennoch blieb er noch 16 Jahre Referendarius, und ordnete mir einen Curatoren, der von ihm Vollmacht erhielt, mich zu schikaniren. Sollte ich nun wohl deshalb widerrufen, was ich gesagt hatte, weil das Collegium den Schurken noch so lange in ihrer Gesellschaft dulden wollte? Gott behüte mich vor solcher Niederträchtigkeit! — Eben deshalb, weil ich die Quelle meiner Verfolgungen kenne, bleibt mir wenig Hoffnung übrig, und ich bin kein Hase, der gerne dahin zurück kehrt, wo er gesetzt wird, weil er nicht wagt über den Gesichtskreis seiner Geburtsfelder zu laufen.

6) Die letzte und Hauptursache, warum ich wenig erhalten werde, ist wohl diese: weil ich nichts suche oder fordere, auch seitdem ich Gleichgültigkeit bemerkt

merkt habe, gar nichts als Unabhängigkeit wähle, und zu erhalten streben werde; weil mich in diesem Falle, da, wo ich gar keinen Dank schuldig bin, auch gar keine Amtspflichten fesseln.

7) Uebrigens habe ich durch meine Reise nach Berlin allen Verläumdern Stoff gegeben, mich verdächtig zu schildern. Ich lache herzlich über ihre vergeblichen Bemühungen. Mein Betragen daselbst, wo ich in Kaiserlicher Uniform auftrat, hat sie eben so beschämet, als die naseweisen Kundschafter, die im vorigen November, da ich nach Ungarn reisete, an einige Große des Reiches schrieben: Man möchte die Schritte des Trenck in Ungarn beobachten. — Elende! blödsichtige Neider meiner Tugend! Ihr werdet mir kein Haar krümmen, und meinen bereits bis zum 60sten Lebensjahre behaupteten Ruf eines redlichen Mannes gewiß nie zu mindern, noch weniger zu zernichten fähig seyn. Ich schreite vorwärts wie der Elephant unter Heuschrecken. Meine grauen Haare sollen mit keinen Vorwürfen einer wankelmüthigen, verrätherischen, oder rachgierigen Seele besudelt werden. Ich bin und bleibe bis zum Grabe ein guter Weltbürger: und kein Mogul, kein Sophi, kein Sultan, wird mich für seine alleruntertänigsten Dienste anzukörnen vermögend seyn. Ich werde keine von meiner Scharfsicht entdeckte Staatsgeheimnisse deswegen einem andern verrathen, damit er mich in seinem Fache brauchen könne, dem zu schaden, der mich beleidigte. Nein, ewig nein! Ich war nie ein bezahlter Kundschafter, und will auch kein belohnter Schurke seyn. Ich trette an beiden Höfen, in Berlin wie in Wien,

mit

mit der erworbenen Ehre eines Staatsmärtyrers auf, und trage den Kopf stolz empor, wo andre sich hinter Larven vor mir verstecken müssen, will aber weder ein Oesterreichischer noch Preußischer Partheygänger werden, nachdem ich ohne Widerspruch erwiesen habe, daß ich von beiden Höfen Lohn und Achtung verdient habe. Diese habe ich erlangt, der Lohn aber bleibt mir noch zu erwarten übrig, in soweit es meine beschlossene Ruhe befördern wird. Meine Segel sind eingezogen, die Stürme im Weltmeere sollen mich nicht mehr herumschleudern, und ich suche nunmehr den Hafen, wo mein abgenutztes Schiff am Anker vermodern soll.

Muthig also zur Arbeit beiderseits ihr Herren Hofkabalisten! befördert mir diese Ruhe, und steckt dem Teufel ein Licht auf, damit er keine Teufelsstreiche in euren Theatralrollen mache, und nicht gar den Vorhang aufziehe, ehe Hanswurst angekleidet auftreten kann, oder ehe sich Columbine geschminkt, und Pantalon die violette Strümpfe angezogen habe.

Ich lege hiemit einen öffentlichen Eid ab, daß ich mich ewig in keine Welthändel mischen will. Krumm soll meinetwegen ewig krumm bleiben. Ich suche keine Titel, keine Hofstellen; ich will keinen Fürsten aufklären, weder mißtrauisch noch klüger machen; ich will weder im Kabinet noch in der Antichambre gesehen seyn, auf keinem Paradeplatze commandiren, aber auch keines Feldmarschalls unterthänigst gehorsamer Knecht seyn. Ich will in meinem selbstgewählten Winkel ungekannt, nur ein ruhiger Zuschauer unsrer Weltbühne seyn, wo ich unter die Garricke und Schröder gerechnet wurde, da ich noch mitspielte. Auszischen soll mich niemand,

wenn

wenn mich Altersschwächen lähmen, oder verdiente Bequemlichkeit auf dem Lehnstuhle erhält. Ich will nichts tadeln, oder aus Eigennutz loben; sondern nur denen mit treuem Herzen danken, welche etwas zu meiner Ruhe beitragen, und mir in Wien oder Berlin wenigstens einen fühlbaren Lohn für treue Arbeit, oder einigen Ersatz des Verlohrnen rechtmäßig zu Wege bringen, oder aus Gnaden erbitten wollen. Für solche Männer will ich Loblieder dichten, die mir diesen einzigen Wunsch befördern helfen; und nie soll es sie gereuen, sich den Trenk verbindlich gemacht zu haben.

Als ein ehrlicher Mann trat ich jetzt, nach rühmlich besiegten Stürmen, in Berlin auf. Man ist überzeugt, daß ich kein Feind des Vaterlandes war, und meinem Geschlechte, meinen Mitbrüdern Ehre machte. Ich erschien hier in Kaiserlicher Uniform. Auch die Pflichten desselben sind erfüllt. Und nun reiset der in Preussen gebohrne Trenk, nach Oestreich zurück, um Vaterpflicht zu erfüllen, nachdem er auch dort mehr gethan hat, als man von einem beleidigten Manne erwarten sollte.

Nun weiter zur Berliner Geschichte.

Nach einigen Tagen, da ich dem Monarchen vorgestellt worden, und bei der regierenden Königinn soupiret hatte, wo mir derselbe mit besondrer Distinction begegnete: bat ich um eine Privataudienz, und erhielt den 12ten Februar Abends, folgenden Brief:

Votre lettre du 9. de ce mois vient de m'être remise; en rèponse à laquelle, je suis *bien aise* de vous dire, que si vous voulez vous rendre demain après-midi à cinq heures chez moi, je pourrai avoir *le plaisir* de vous voir & de vous parler. En attendant je prie Dieu quil vous ait en sa sainte & digne garde.

Berlin le 12 Fevr. 1787.

Fréderic Guillaume.

P. S. Aprés avoir signé la présente, je trouve plus à ma commodité de vous appointer pour demain matin à neuf heures, de sorte que vous voudrez bien vous rendre vers ce tems marqué dans l'appartement nommé la *Marmor-Kammer*.

Für deutsche Leser lautet dieser Brief so:

Ihren Brief vom 9ten dieses Monats habe ich erhalten, und ist es mir lieb, Ihnen antworten zu können, daß, wenn Sie morgen Nachmittag um 5 Uhr zu mir kommen wollen, ich das Vergnügen haben werde, Sie zu sehen und zu sprechen. Unterdessen behalte Gott Sie in seinem heiligen und würdigen Schutze.

Friedrich Wilhelm.

N. S. Nachdem ich diesen Brief schon unterzeichnet hatte, finde ich's bequemer für mich, Sie auf morgen früh um 9 Uhr zu mir zu bestellen. Sie dürfen Sich also nur um diese bestimmte Stunde in der sogenannten Marmorkammer einfinden.

Man urtheile nun, mit was für Begierde ich diese gewünschte Stunde erwartete. Ich fand diesen wahrhaften Titus ganz allein, und die Unterredung dauerte länger als eine Stunde.

Gott! wie herablassend! wie liebreich ist dieser Monarch! wie groß, wie edel wußte Er mich über das Vergangene zu beruhigen, und wie bemeisterte sich die Versicherung Seiner Gnade meiner ganzen Seele. Er hatte bereits meine ganze Lebensgeschichte selbst gelesen. Er war selbst als Prinz von Preußen in Magdeburg Augenzeuge aller meiner Martern und meiner Unternehmungen zur Flucht. Er erinnerte sich mancher Vorfälle, und hatte
auch

auch schon die noch lebende Augenzeugen gesprochen, welche die reine Warheit meiner Erzählung und mein unschuldiges Leiden bestätigten. Ewig werde ich an diese glückliche Stunde denken. Sie verfloß aber auch. Er verließ mich mit Merkmalen seiner für mich entschiedenen Achtung und Huld. Mein Auge sah zurück, mein Herz blieb aber in der Marmorkammer bey einem Fürsten, der edeler Empfindungen fähig ist, und meine Wünsche für Seine Wolfahrt sind unbegränzt.

Ich habe seitdem den größten Theil Seiner Staaten durchreiset. Wo ist aber wohl jedermann zufrieden? Viele klagten mir über Bedrücknngen, schwere Zeiten, oder unbelohnten Fleiß. Ueberall gab ich aber zur Antwort:

Meine Freunde! Werft euch bey jeder aufgehenden Sonne auf die Knie, und dankt Gott, daß ihr Preussische Unterthanen seyd. Ich bin einer der größten und geübtesten Welt- und Menschenkenner, und ich versichre euch auf Ehre: ihr seyd glücklicher als irgend ein Volk in Europa. Es ist nirgends besser als hier; überall gibt es zuweilen Ursachen zu seufzen: Ihr habt aber einen König, der nicht eigensinnig, nicht herrschsüchtig, weder geizig noch grausam ist. Er wünscht, er will seines Volkes Glück in friedlichen Wohnungen: und falls Er irgendwo irret, dann ist gewiß sein Herz nicht Schuld daran, wenn jemand dadurch leidet.

Dafür verbürge ich öffentlich meine Ehre. Und man weiß, daß meine Feder nie der Schmeicheley beschuldigt werden konnte. So sieht mein forschend Auge: so denkt mein Herz: so schreib ich überzeugte Warheit ohne Schminke und Rücksicht.

Da nun das Augenmerk aller Kabinette Europens gegenwärtig am meisten auf Berlin gerichtet ist; da man überall gerne wissen möchte, ob Friedrich Wilhelm das aufgethürmte Staatsgebäude des großen Friedrichs zu erhalten wissen werde: so will ich hier nicht sagen, was ich glaube, sondern nur melden, was ich gründlich sahe, und ohne Gefahr, dereinst ein Lügner zu heißen, schreiben darf.

An geschickten Architekten, an Zöglingen für Gesellen und Meisterkenntnisse, an gutem Willen mitzuarbeiten, an Materialien zum Baue, an Künstlern zum äußern Schmuke, an Pflanzschulen für Lernende fehlt es in Preussen gewiß nicht. Der wärmste Patriotismus glimmt in allen Adern. Man kennt die Triebfeder des großen klugen Friedrichs in dieser wirklich wunderbaren Kunstmaschine; und wird sie vermuthlich auch nach eben der Richtung zu erhalten suchen. Geschieht dieses unverrückt, dann ist für Babels Thurm keine Sprachenverwirrung zu fürchten; und die ihn zerstören wollen, haben große Schwierigkeiten zu übersteigen. Noch steht alles eben so fest, als zu Friedrichs Zeiten; und gegen große Donnerwetter stehen die metallenen Gewitterableiter überall am rechten Orte.

Im Kabinette arbeitet noch ein Herzberg, welcher eben so denkt, schreibt und handelt, als vor etlichen Jahren. Der König will, daß gegen seine Unterthanen Gerechtigkeit ausgeübt werde, und wird schwerer strafen, als man von seiner Güte vermuthet, wo er betrogen wird. Die Schatzkammer ist gefüllt. Die Armee ist noch die alte, und allen Aussichten nach wird Reichthum, Industrie und Bevölkerung nicht fallen, sondern steigen. Man beförbre nur den Handel durch wohlbedachte Kommerztraktate mit fremden Völkern, wecke Industrie durch Belohnungen, verbanne alle Monopolia, sorge für geringe Preise der Lebensmittel, unterstütze Fabriken, plündre den Arbeiter nicht durch schwere Auflagen, lohne Fleiß und Tugend, strafe mit Gerechtigkeit, zeige überall Sanftmuth und Güte, dulde keinen Gewissenszwang, befreye alle Fremde von der Rekrutirung, halte heilig Wort im Versprechen, dann öffne man alle Gränzen. Nur die Taugenichts und Bösewichte werden hinauslaufen, und gute Menschen werden ihren Büttel fliehen, ihr Vaterland verlassen, und in die Preussischen Staaten eilen, wo der treue Arbeiter seines Lohnes, seines Eigenthums versichert ist.

Was den Monarchen selbst betrifft, so ist seine Schilderung diese. Sein Wuchs ist groß und schön, Sein Ansehen majestätisch, und alle Seine persönliche Eigenschaften würden Ihn in die Zahl der liebenswürdigsten Männer erheben, wenn Er auch nicht König wäre. Er ist freundlich ohne Falschheit; liebreich, angenehm im gesellschaftlichen Umgange; groß wo er zeigen muß, daß er König ist. Sein Herz ist der edelsten Empfindungen fähig; Sein Ton nicht gebieterisch; Seine Sprache sonorisch; Sein Gang fest und männlich, und seine Seele ganz Güte, ganz zum Wohlthun geneigt, um Glück in dem Glücke zu empfinden, das Er andern bereiten kann.

Er ist freygebig, aber kein Verschwender, und weiß, daß ohne ordentliche Wirthschaft der Preussische Staat seine Macht nicht erhalten kann. Er hat keinen Eroberungsgeist, will niemanden schaden, wird sich aber auch
gewiß

gewiß nichts nehmen lassen, oder vor Drohungen zurück weichen.

Daß er im erforderlichen Falle Soldat, auch ein grosser Feldher sey, hat Ihm sein grosser Lehrmeister und Vorgänger schon das Zeugniß gegeben. Er weiß auch, wie nothwendig es ist, daß der König in einem kriegerischen Staate auch ein Soldatenfreund seyn müsse.

Der weise Friedrich, welcher Wissenschaften liebte, auch selbst gelehrt war, hat sie dennoch in seinen Ländern nicht befördert. Der Deutsche hätte unter Ihm die deutsche Sprache vergessen können; die französische Litteratur schien Ihm besser. In Königsberg, wo fast der ganze nordische Adel ehemals studierte, fehlen jetzt Professores und Studenten. Die ersten sind nicht geachtet, und werden schlecht bezahlt, und die letztern gehen nach Göttingen und Leipzig. Allem Anscheine nach wird aber der jetzige Monarch, der kein Gelehrter ist, die Lehrsäulen besser versorgen, damit Er keinen Mangel an geschickten Leuten für Feder und Justitz empfinden müße; besonders da der Adel ohne Ausnahm in der Armee dienen muß, und wenige für die Wissenschaften übrig bleiben, denen es wirklich an Mitteln und Gelegenheit fehlt, ihren Verstand auszubilden. Mit dem Degen in der Hand allein spielt man aber eine verächtliche Rolle im Kabinette, und Friedrich Wilhelm will sein Volk nicht mit dem eisernen Zepter allein für die Schlachtbank bilden. Er will nicht Sultan unter Sklaven seyn. Furcht und Peitsche, Dummheit und Aberglauben stützen nur den Despoten. Er will nur Monarch und zwar ein guter Monarch seyn, folglich wird Er aus Ehre und Liebe die ächte Vaterlandspflichten zu wecken suchen. Hierzu gehört

hört Aufklärung. Diese folgt aus Verbreitung der Wissenschaften: folglich werden Preussens Academien bald wieder zu blühen anfangen, die Friedrichs Militairsystem ganz herabgesetzt hatte.

Uebrigens ist dieser König ein vollkommener Menschenfreund. Er wird gewiß keinen Menschen martern, noch in Gefängnissen schmachten oder mißhandeln lassen. Die Knutpeitsche wird nie den Preussischen Rücken in das Sklavenjoch biegen. Sogar bey den Soldaten verabscheut er die barbarische Stockprügel. Seine Officier werden nicht kreutzweise geschlossen; die knechtische Subordination ist verbannt, und der Adel des Herzens wird die Vorzüge zu Ehrenstaffeln bestimmen. Wer einen solchen Fürsten betrügt, der muß gewiß ein schlechter Mensch seyn, und ist doppelter Züchtigung werth. Gott gebe! daß Seine Fürstenseele überall Nahrung für ihre Beruhigung finde! Gott gebe! daß Sein Volk immer einen solchen Befehlshaber verdiene, und Ihm würdig lebe. Gott gebe! daß Er noch lange regiere, und daß die Wahl Seiner Mitarbeiter allezeit auf ehrliche und aufgeklärte Männer falle! Dieses ist mein treuer Wunsch. Das ist die Schilderung eines Monarchen, den ich nicht verehre weil Er Monarch ist, sondern weil Er Monarch zu seyn verdiente, um Tugend und Verdienst zu lohnen, und gute Menschen glücklich zu machen.

Nach dieser ersten Audienz ließ Er mich noch einmal rufen; sprach sehr viel mit mir, und bestärkte die erhabenen Begriffe, welche mir die erste Unterredung von Ihm eingeflößt hatte. Ich bin auch überzeugt, daß ich Ihn auf allen Seiten ohne Vorurtheil kenne.

Den 11 Merz präsentirte ich Ihm abermals bey
einer

einer Privataudienz meinen Sohn, welchen ich für seinen Dienst bestimmt hatte. Er ernannte ihn sogleich zum Offizier bey dem Posadowskyschen Dragoner-Regimente, welches ich mir besonders ausbat. Nun ist bekannt, wie selten ein Anfänger im hiesigen Dienste sogleich Offizier werden kann, ohne vorher Fahnenjunker gewesen zu seyn. Es war also eine besondre Gnade und Distinction, und er hat mehr zu erwarten, weil mir der gütige Monarch seine Beförderung versprochen hat.

Ich habe gewiß auch schon das Vergnügen, ihn bey der Revue in Welau vor seinem Zuge zu sehen, und seine Staabsoffizier hoffen viel von seinem Diensteifer: ich habe also nunmehro einen Sohn bey dem zweyten Oestreichschen Carabinier- und den andern in Preussen bey dem ersten Dragoner-Regimente in wirklichen Diensten angebracht, und Vaterpflicht erfüllt. Die Zeit wird lehren, in welchem Lande der Trenckische Name mehr geachtet, oder welcher von beiden zuerst einen Theil meines verdienten Lohnes erhalten wird. Wo dieses geschieht, dahin wird der andere folgen. Und den dritten kann meinetwegen der Großsultan nehmen, wenn er weiß, wozu man meine Zöglinge brauchen kann, und ihm Gerechtigkeit wiederfahren läßt, die ich an keinem Hofe in Europa für mich selber finden konnte. Uebrigens sind alle meine Kinder ganz freygeborne Menschen, und keines Monarchen Vasallen. Ihr Vaterland ist die freye Reichsstadt Aachen. Verpflichtet, gefesselt, ist demnach ihr Wille nicht, den Staat zu wählen, wo sie Ehre und Brod verdienen wollen.

Ich

Ich selbst habe in Oestreich nichts Gutes genossen. Man nahm mir alles, was zu nehmen möglich war, und ließ mir nichts, als das, was man mir gar nicht nehmen konnte. Ich war Capitain gewesen, eh ich in diese Dienste trat, und nach 36 Jahren heiße ich Herr Major. Weniger konnte ich also auch nicht werden. Ich habe weit mehr als meine Pflicht erfüllt, und mein grausames Unglück im Gefängniß erlitten, nicht weil ichs verdiente und durch meine Schuld, sondern weil ich von Oestreichschen Residenten, Gesandschaftsverräthern, und Wiener Feinden verrathen, geplündert und verkauft wurde. Ersatz, Lohn, und Achtung habe ich nie erhalten. Meine beste Lebensjahre sind fruchtlos aufgeopfert, die mir kein Monarch wiedergeben kann: und auch für meine Kinder ist bis hieher nichts geschehen, das mich verbindlich machen könnte. Alles hat sich ungestraft in meine Güter getheilt: ich mußte noch dazu beständig gegen Verfolgung, Personalhaß, Betrüger, Verläumder, Pfaffenarglist, Curatoren, Referendarien, Advokaten und accreditirte Bösewichte kämpfen und meine Lebenszeit in Nahrungssorgen, Kummer und Gefahren zubringen; wovon man die überzeugenden Beweise in den ersten Bänden dieser Lebensgeschichte mit Erstaunen wird gelesen haben. Das beste Siegel der Warheit ist dieses, daß sie in Wien selbst mit Censurfreyheit gedruckt, öffentlich verkauft, und ohne Widerspruch begierig gelesen werden. Auch in Berlin, in meinem Vaterlande, führen meine Schriften eben dieses Siegel: sie sind privilegirt, und durchaus als gerechte Vertheidigung meiner Ehre geschätzt. Verschiedene Augenzeugen leben noch, und noch gegenwärtig könnte ich vor dem allerstrengsten Kriegsrechte

rechte ohne Widerspruch erweisen, daß ich unschuldig ge=
litten habe, und allein durch übereilten Machtspruch ver=
urtheilt wurde.

Wunderbar ist dieses gewiß, daß innerhalb 42 Jahren
von denen acht Offizieren, welche im Jahr 1745 mit mir
bey der Einzigen Esquadron Garde du Corps dienten,
nur einer gestorben ist. Obristlieutenant Graf v. Blu=
menthal lebt in Berlin, Herr von Pannewitz ist Komman=
deur des Johanniter=Ordens; beide haben mich mit
Freundschaft und Höflichkeit umarmt: beide wissen alle
Umstände, wie mich Jaschinsky bey dem Monarchen un=
glücklich machte. Herr von Wagnitz ist Generallieutenant
in Cassel. Dieser war mein Zeltkamerade; wußte und
sahe alles, was mir geschehen ist; Kalkreuter und Grot=
husen leben noch auf ihren Gütern, und Jaschinsky selbst
lebt auch noch in Königsberg, aber gekannt, verachtet,
und als ein abgelebter Greis im Lehnsessel von Vorwür=
fen und Krankheiten gefoltert. Ich habe ihn nicht besucht,
glaube auch nicht, daß Er mich zu sehen wünsche. In=
dessen hat Er anstatt verdienter Strafe, seit 40 Jahren
1000 Rthl. Pension genossen, folglich dem Staate 40000
Rthl. gekostet. Ich hingegen habe durch ihn mein väter=
liches Erbgut verloren, 42 Jahre hindurch die Einkünfte
entbehrt, und noch bis dato keinen Ersatz erhalten.

Das ist der Welt Lauf. Friedrich nahm dem brauch=
barsten redlichsten Staatsbürger sein rechtmäßiges Gut:
und fütterte mit einem Theile davon den Verläumder des=
selben Jaschinsky.

Ich bin demnach gegenwärtig in Berlin nicht als ein
begnadigter Uebelthäter aufgetreten, sondern als ein
Mann, dessen gerechte Sache nunmehr vor den Augen
Euro=

Europens aufgedeckt, gedruckt, und erwiesen ist. Der großmüthige gegenwärtige Monarch hat meine Rechtfertigung durch Seine mir öffentlich bezeigte Gnade besiegelt. Er erwies, daß Er ohne Eigensinn gerecht ist; alle Herzen waren für mich gestimmt; aller Augen auf den Märtyrer von Friedrichs Irrthum gerichtet: und so erschien gekrönte Standhaftigkeit im Vaterlande auch ohne Triumphwagen siegreich, ohne Wiedererstattung des verlornen, reich genug, um alle Vergnügungen einer innern Seelenberuhigung zu genießen.

Der Zeit, und dem edeln Gefühl eines scharfsichtigen Monarchen, bleibt das, was mir noch fehlet, überlassen. Er ist freygebig: ich bin zu rechtmäßig stolz, um mit Hülfsbepürftigen zu betteln. Friedrich, mein Verfolger, liegt im Grabe, und kann mir nichts mehr von dem wiedergeben, was Er mir mit Grausamkeit nahm. Meine Geschichte würde der Seinigen unauslöschliche Flecken anhängen, wenn ich mich an Todten rächen wollte: und die Welt weiß, daß er, als der klügste König, dennoch zuweilen Sich von Leidenschaften beherrschen ließ, und von der Wahrscheinlichkeit da betrogen werden konnte, wo Er glaubte, es lohne die Mühe nicht, für eines Menschen Recht weitläufige Untersuchungen anzustellen. Freilich erkannte Er den Irrthum; sein Herz ließ mir Gerechtigkeit widerfahren: Er bedauerte mich aber vielleicht nur, weil die Sache schon zu weit gekommen war, und seine Ehrsucht sich nicht bis zum Widerruf erniedrigen konnte. Schrecklicher Grundsatz für einen Herrscher! der sich schämet, da Gerechtigkeit widerfahren zu lassen, wo Er durch Uebereilung beleidigt hat: oder der Befehle, Gesetze und Entwürfe, die wirklich dem Staate, oder einigen Mitgliegliedern nachtheilig sind, aus Eigensinn allein deßhalb nicht abändern will, um nur beym blöden Volke unfehlbar zu scheinen: oder der sich schämet, sich selbst des Mangels an reifer Ueberlegung in Dingen zu beschuldigen, deren Folgen kein Menschenverstand vorzubauen noch vorherzusehen fähig ist. Der unversöhnliche Friedrich da, wo Er seinen Ehrgeitz beleidigt glaubte, liegt aber nunmehr ohnmächtig im Grabe, Er konnte mir zwar auch im Leben die Bekanntmachung meiner Geschichte so wenig, als das Urtheil der ohne Brille forschenden Welt verhindern. Hier durfte mich niemand nennen, niemand sagen, daß er mein Freund war. Alle Fürsprache war fruchtlos, und die meisten glaubten mich wirklich strafbar, weil ich Strafen eines Uebelthäters erlitten hatte. Nunmehr ist aber der Vorhang aufgedeckt; und Friedrich Wilhelm freuete sich, da seine Unterthanen mich mit offenen Armen und heiterem Gesichte bey Hofe empfiengen. Er kennt auch nunmehr meine ganze Seele: und wird gewiß ein gütiger Monarch für meine Kinder seyn, die ich für seinen Dienst bestimmt habe. Für mich selbst suche ich nichts, und will meinen Feinden keine Ursach zur Verläumdung, wohl zur Reue eigener Schande, und Bewunderung geben. Niemand soll jemals sagen können... Der Trenck hat aus Eigennutz für sich Vortheile genossen: In Berlin hieß ich ehmals ein Ueberläufer, der ein Oestreichisches Herz im Busen trägt. In Wien hingegen sagten die Hofohrenbläser und Beichtväter, denen an Unterdrückung meiner Person, und Entfernung vom Vertrauen des Monarchen viel gelegen war... Der Trenck ist gut Preußisch gesinnt.

Ich

Ich war aber überall ein ehrlicher Mann, der niemals schaden wird, wo er nicht nützen kann. Kein Vortheil, keine Ruhmsucht soll mich irgendwo reitzen, eine Parthey zu wählen. Ich habe Volksvertrauen, der grossen Männer Achtung in beiden Staaten gewonnen. Dieses sey meine Zielscheibe, meine Ehre, auch mein Lohn, und von beyden unabhängig, und geschätzt will ich in der Gesellschaft der todten Redlichen erscheinen: folglich wird man da, wo meine Knochen begraben werden, gewiß keine Schandsäule finden: und meine Grabschrift wird heißen:

„Schade! daß man den ehrlichen T r e n ck zu
„spät für ihn, zu spät für uns gekannt hat!

Seitdem ich nun in diesen Ländern lebe, und nichts als ächte Freundschaftsbezeugungen geniesse, haben nun die Herren Zeitungsschreiber, vermuthlich aus den besten Absichten, oder um mir Gefälligkeit zu erzeigen, in ganz Deutschland lauter Neuigkeiten von mir geschrieben, die alle nicht wahr sind.

Man schrieb: ich habe eine große Pension in Berlin erhalten; und ich versichere auf Ehre, daß ich nie eine gesucht habe.

Es hieß sogar, meine älteste Tochter sey Gouvernante der jungen Herrschaften bey Hofe geworden. Vermuthlich war es Satyre eines scherzenden Correspondenten; denn meine älteste Tochter ist erst 15 Jahr alt, und bedarf noch selbst einer Gouvernante. Vielleicht mag man hin und wieder irrig glauben, daß ich niederträchtig genug sei, um für baare Bezahlung von falscher Prahlerey gereitzt, gedruckte Lügen ausbreiten zu lassen. Vielleicht glaubt mancher Zeitungsfabrikant mir hierdurch einen Gefallen zu erzeigen, wenn er
wenig-

wenigstens das, was eigentlich geschehen sollte, als wirklich geschehen ankündigte. Vielleicht geschah es aus Schalkhaftigkeit, Neid, Anstiftung oder Begierde, mir zu schaden, vielleicht aus gutem Wunsch und Willen. In allen Fällen ist mir aber kein Gefalle geschehen; und es wäre mir weit lieber für meine Ruhe und Wolfahrt, wenn ich weniger beobachtet würde, um der Mißgunst auszuweichen, und im Stillen meine Vortheile zu erhaschen, ehe sie von bösen Menschen verhindert und vereitelt werden können: welche allezeit nach Kräften da entgegen arbeiten, wo der aufrichtige und zugleich aufgeklärte Mann das ganze Vertrauen des Fürsten zu erhalten droht.

Ich bitte aber alle die, welchen daran gelegen ist, beweglich, mir in meinen Privatabsichten deßhalb nichts in den Weg zu legen, weil ich heiligst versichere, daß ich diese Ehre niemals suchen werde. Beneiden werd ich auch dessen Glück nie, der lebenslang ängstlich sorgen muß, das zu behalten, was er ohne Verdienst erschlichen hat. Der Protektor unwürdiger Menschen fesselt seine Sklaven nach Belieben, die seinem Stolze Opfer schuldig sind. Ein Mann meiner Gattung bleibt himmelweit von der Schmeicheley entfernt; und wer den Monarchen nur trockene Wahrheiten sagt, oder ihren Lieblingsleidenschaften nicht das Wort spricht, der baut gewiß kein Nest bey Hofe, wo nur junge Habichte für wehrlose Tauben ausgebrütet werden; wo schädliche Sperlinge liebliche Sänger heissen, und die edle Nachtigall nur im Käfig ihre Klaglieder pfeifen darf.

Ich begnüge mich mit dem guten Bewußtseyn meines innern Richters, und will nur im innern Werthe ehrwürdig big seyn. Diese Zufriedenheit habe ich erlebt, und mehr als viele wirklich grosse Männer genossen.

Fast täglich erhielt ich Glückwünsche und Briefe aus allen Deutschen Provinzen. Schöne Briefe von Unbekannten, worinn das Herz spricht — Briefe, die einen ganzen Band füllen würden, und bekannt gemacht zu werden verdienten. Meine bekanntgemachte Lebensgeschichte hatte allgemeine Aufmerksamkeit erregt. Ich danke allen Herren Recensenten, welche mir ohne Scheelsucht Gerechtigkeit widerfahren ließen; und die Zweifler oder Tadler werden von selbst beschämt, und mit Verachtung gelesen werden, wann die Folge erweiset, daß ich nichts als reine Warheit geschrieben habe. Daß aber meine Geschichte manche Unwahrscheinlichkeiten erzählt; daß sie mehr einem erdichteten Roman, als einer unpartheyischen Biographie ähnlich scheint, dieses ist nicht meine Schuld, wenn ich dergleichen seltsame Vorfälle erleben, also laut erzählen mußte. Ich schrieb sie noch dazu selbst: folglich kann mich Eigenliebe und Autorstolz da verdächtig machen, wo man die wahre Ursache dieser Unternehmung nicht kennt oder mit Vorurtheilen gegen einen Schriftsteller in propria causa eingenommen ist. Ich wäre aber ein Nichtswürdiger, wenn ich durch Unwahrheiten ein Publikum hintergehen wollte, bey welchem alle meine Schriften, so wie mein Betragen, bereits allgemeinen Glauben und Beyfall erworben haben.

Nur ein gelehrter Schuft sucht seine Leser zu berücken. Ein Windbeutel erzählt, um groß zu scheinen, ein Hungriger schreibt, um vom Buchhändler Brod zu erhaschen. Ein Bösewicht, der mit Recht gezüchtigt wurde, will ehrlich scheinen und seine Schande verlarven. Mich reitzte

keine

keine von diesen Ursachen zum Schreiben, und eben deshalb wünscht man mir von allen Seiten Glück.

Unter der großen Zahl dieser Zuschriften, erlaube man mir folgende hier nebst meiner Antwort einzurücken, die ich von dem gelehrten und würdigen Herrn Professor Bahrdt aus Halle erhielt.

Hier ist sie ....

Zuschrift des Herrn Professoris Bahrdt aus Halle, 1787 den 10ten April.

Mann! der mit wahrer Riesenkraft
Gelebt, gekämpft, gesiegt:
Des Seele aus sich alles schaft,
Vor Großen nie sich schmiegt!

Empfange, edler deutscher Mann!
Den glühendheißen Dank
Von dem, der manchen Kampf begann,
Wie du mit Leiden rang.

Auch mich traf einst der Menschheit Pest
Und tödtete mein Glück:
Auch mich trieb oft der Pfaffen Wespennest
Von meiner Bahn zurück.

Auch meine Hitze führte mich
In manches Labyrinth:
Und edler Stolz hat oftmals sich
Zu meinem Fall entzünd't.

Auch ich war Feind der Heuchelei
Und sagte Warheit dreist:
Auch ich floh Speichelleckerey,
Die Fürstengunst verheißt.

Von Stadt zu Stadt, von Land zu Land,
Trieb mich die Priestertück:
Ich lebte groß und weltbekannt,
Beym dürftigsten Geschick.

In Friedrichs Staaten floh ich dann
Und suchte Ruh und Schutz:
Doch hier auch stand der schwarze Mann
Und tobte, mir zu Trutz.

Acht Jahre hab ich unter Last
Und Sorgen nun verlebt,
Und ohne Ruh und ohne Rast
Nach Nutzbarkeit gestrebt.

Blos — blos durch meines Geistes Kraft
Und unaussprechliche Gebuld
Hab ich mir Brod und Ruhm verschaft,
Doch nie — Ministerhuld.

Denn, auch in Friedrichs Staaten war
Der Pfaffen Haß mein Fall:
Und jener Orthod — oxen Schaar
Mein Unglück überall.

Verkannt, in falsches Licht gestellt,
Lebt ich, stets unterdrückt.
Gelegenheit zum Dienst der Welt
Ward schändlich mir entrükt.

Jezt — da ich abgezehrt und krank
Mein Schicksal übersann
Und ganz mit Harm und Sorgen rang
Vernimm — was da begann.

Dein Leben — Deutscher Männer Zier!
Gerieth in meine Hand.
Ich las — las wieder und — Heil mir!
Da war es, wo ich Balsam fand.

Da sah ich Leiden ohne Zahl
Und Seelengrösse, die,
Selbst bei der ausgesuchtsten Qual,
Dir Trost und Muth verlieh.

Da stärkte mich Dein großes Bild,
Beseelte mich mit Muth.
Da fühlt ich meine Leiden mild
Und — meinen Stolz in Gluth.

Da wacht' in mir die Hoffnung auf,
Die nie Dein Herz verließ.
Da gab ich allen Kummer auf,
Der sonst mein Herz zerriß.

Empfange — edler Deutscher Mann,
Den glühendheissen Dank!
Du bleibst, so lang ich dichten kann,
Mein Lied und mein Gesang.

Stehst einst vor Deinem König Du
Im glücklichen Moment,
So sprich dieß Wort zu meiner Ruh:
„Dort schmachtet das Talent! —

„Dort lebt im Dunkeln und verkannt,
„Ein Mann von Kraft und Fleiß;
„Herr König, reich ihm Deine Hand
„Und trokn' ihm Thrän' und Schweiß."

Ich seh's, in Deiner Seele glüht
Der edle Entschluß schon!
Ein Menschenfreudenschöpfer sieht
In sich den süßten Lohn.

Antwort an Herrn Professor Bahrdt in Halle.

Dein Brief, mein Freund, hat mich gerührt:
Denn wo das Herz die Feder führt,
Da fühlt ein Mann, wie ich Vergnügen,
Kein Eigendünkel blendet mich
Ich fühle, was Du fühlst für Dich,
Und lehrt mein Vorbild Helden siegen,
Dann hat mein Rennlauf das vollbracht,
Was Menschen groß bey Weisen macht,
Die nie im Drangsal unterliegen.

Mehr wollt' ich nie; dieß ist mein Lohn:
Den fand ich auch vor Wilhelms Thron,
Viel Ehre — nichts was ich verloren.
Der Hofmann kriecht für Gunst und Geld:
Wer Recht sucht, hat den Weg verfehlt,
Wer trotzt, vor dem schließt man die Ohren.
Was bleibt mir? — Ruhm für meinen Kampf.
Und meinen Erben? Hoffnungsdampf:
Der Thor ist nur zum Glück geboren.

Zum Wohlthun, auch fürs Vaterland,
Wo ich der Klugen Beifall fand,
Muß Herz und Wunsch in Ohnmacht trauern
Am Throne glänzt kein Wahrheitsfreund;
Wer so wie ich, vor ihm erscheint,

Auf den wird jeder Schurke lauern.
Er wird entfernt — sucht er Gehör,
Dann suchet ihn der Fürst nicht mehr;
Und höchstens wird man ihn bedauern.

So gehts mir wirklich überall,
Mein Freund! Der Ruf ist nur ein Schall,
Den Zeitungsschreiber falsch verbreiten.
Ich fand für mich in keinem Staat,
Ein fruchtbar Feld für meine Saat,
Wo alle Elemente streiten;
Und werd auch hier verkannt und klein,
Mir und Bedrängten unnütz seyn,
Hoff' auch umsonst auf beßre Zeiten.

Du klagst auch über Priesterlist;
Wer weiß ob Du nicht Ursach bist?
Wer ihre Herrsch-und Habsucht störet,
Wer gegen Vorurtheile spricht,
Der kennt den Zweck des Mannes nicht,
Der manchen klugen Kopf bethöret.
Sein Eigennutz wirkt, was er thut,
Und den trift frommer Rache Wuth,
Der einen schwarzen Schelm entehret.

Er lenkt der blöden Fürsten Herz;
Er fühlt nie Schmerz bey fremdem Schmerz;
Die Tugend muß ihm sklavisch dienen.
Monarchen sind ihm unterthan;
Was Wunder? wenn der große Mann,
Stets kleinen Fürsten klein geschienen?
Ists möglich? flieh ihr Wipergift,
Eh Dich der Ketzer Urtheil trift,
Sonst kann Dein Glücksbaum niemals grünen.

Was nutzt uns, wagt man die Gefahr:
Die Welt bleibt immer, was sie war,
Der Pöbel will im Irrthum wühlen.
Wer blöde Menschen zweifeln macht,
Der wird zum Danke ausgelacht,
Und wird der Kirchen Bannstrahl fühlen.
Ein Hund bellt, weil er wachen soll:
Der Räuber sagt: — der Hund ist toll.
Klug schweigen hilft den Zweck erzielen.

Geduld! Mein Ziel ist bald erreicht.
Ein Mann, der still zum Grabe schleicht,
Der kann dem Neide nur entweichen.
Mich traf das Loos der Ruhe nicht;
Im Weltmeer rudern ward mir Pflicht;
Und Stürmen muß kein Starker weichen.
So hab' ich wie ein Cook geschifft,
Bis mich auch Cookens*) Schicksal trifft;
So geht es uns, und unsres gleichen.

Was ist des Lebens Gaukelspiel?
Wer alles hat, der hat nicht viel
Im Traumgebäude zu verlieren.
Wer dieses kennt, schläft da nur gut,
Wo Leidenschaft und Seele ruht,
Kein Irrwahn kann ihn schüchtern führen.
Ich lache! Lach Du auch mit mir!
Und klopft der Tod an unsre Thür,

Denn

—————

*) Cook, der berühmte Schiffahrer, der neue Entdeckungen suchte, wurde auf den Sandwichs-Insuln von einem Wilden ermordet.

Dann wird uns Todten Recht gebühren.
Das Recht, das uns die Welt versagt,
Macht im Verlust den nie verzagt,
Den selbst verdiente Palmen zieren.

Schakoulacki, bey Königsberg in Preussen,
den 30 April 1787.

Fr. Freyhr. v. d. Trenck.

P. S. Lesen Sie in dieser Antwort die Sprache des Herzens, werther Herr Professor, auf Dero mir zugesandtes Lobgedicht; so lassen Sie derselben Gerechtigkeit wiederfahren, wenn Sie glauben, daß ich eben so denke und handle, als ich schreibe. Folglich ist mein Einfluß bey Hofe eben so unbedeutend in Berlin als in Wien und Konstantinopel.

Unter allen Zuschriften dieser Art hoff ich meine Leser nicht zu ermüden, wenn ich noch eine bekannt mache, die vielleicht seine und meine Absicht erreichen kann, wenn sie da zufällig gelesen wird, wo eine wohlthätige Seele das, was ich wagen darf, in Erfüllung bringt, und für einen wirklich Hülfsbedürftigen spricht, dessen Schreibart einen Mann von großen Talenten entdeckt.

Ich erhielt einen Brief von einem Ungenannten. Dieser forderte mich auf, für seinen Freund in Berlin zu sprechen, und schloß mir acht Briefe bey, die ihm eben dieser Freund zugeschrieben hatte, mit der Bitte, sie nicht bekannt zu machen, um dem Manne nicht zu schaden, und nur in der Berliner Zeitung drucken zu lassen; daß ich die Briefe von einem Ungenannten aus Schlesien richtig erhalten habe,

habe, und in der Sache selbst nichts thun könne. Dieses ist aus erheblichen Ursachen durch die Zeitung nicht geschehen. Es wird mir aber von ihm nicht übel gedeutet werden, wenn ich drey davon in diesem Buche zu lesen gebe, die ihm gewiß nicht schaden können, zugleich aber ein Opfer des Schicksals schildern, welches in seiner Art neu ist, und vielleicht dem Bedrängten Vortheile oder thätige Hülfe erwecken kann.

Geschiehts, so kenne ich den Mann persönlich, welcher mir seinen Namen verbergen will, und werde ihn zu finden wissen, um ihn zu unterstützen, wenn man mir Hülfe für ihn zuschickt, oder ihn kennen will. Geschiehts nicht, dann hat man doch rührende, gut geschriebene Briefe gelesen, die wenigstens Mitleiden da erregen werden, wo meine eigene Lage mir nicht gestattet, Fürsprecher eines andern zu seyn, oder Unglückliche zu erquicken.

Der Erste dieser Briefe dieses Unglücklichen, den ich zur Bekanntmachung wähle, ist folgender:

Neuland, den 12 Febr. 1787.

Freund.

Ich dachte Dich durch mein leztes so beruhigt zu haben, daß ich mir schmeichelte, in einem ruhigen Besitze meiner Sorgen mit meinem Ideenkrame ungestört forttändeln zu können, und siehe da, Deine unbegränzte Menge von Gegengründen, von Vorstellungen und Vorwürfen, greifen mich so unvermuthet an, daß ich fast geneigt wäre, ohne Streit zu fliehen, und Dich im Besitze des Schlachtfeldes zu lassen. Da aber Feigherzigkeit, wie Du weißt und öfters überzeugt wurdest, eben nicht die schwache Seite meiner Seele ist: so muß ich mich mit Dir noch einmal einlassen, Du möchtest sonst urtheilen, daß mich Jahre, überstandnes Ungemach, sowohl an Verstandskräften als an Nerven geschwächt, und unter die zahllose Reihe von verzagten Weichlingen gedrängt hätte. Zu den Waffen also!

Den Herrn Baron Trenck, diesen gleich mir die möglichste Verbindung menschlicher Schiksale durchwanderten Mann; diesen Mann unter ächten, diesen viel umfassenden Geist, welcher den Zeitpunkt erlebte, da zu glänzen, wo er verworfen, da bewundert zu seyn, wo Verachtung seine Begleiterinn, da lautsprechend gehört zu werden, wo ehmals jedes Wort von ihm Mißdeutung war — diesen Mann wählest und achtest Du für den Feuerhaken, welcher mich der wütenden und alles verzehrenden Flamme entreissen soll. Freund, Du schwärmest! Hast Du vorher eine Vergleichung zwischen ihm und mir gemacht? Hast Du die verschiedenen Umstände unserer Lebensgeschichte mit dieser Vergleichung so durchwebt, daß sie treffend werde? Und wenn ich Dir auch alles dieses geschehen zu seyn nachgeben müßte, so entsteht dennoch diese wichtige Frage: Hast Du die Kraft untersucht, welche hier wirken soll? Ich lernte diesen Dulder, diesen angenehmen Gesellschafter im Jahr 1764 zufällig in Wien persönlich kennen. Seine euffere gute und männliche Bildung verspricht nach dem Sokratischen

Wink

Wink eine schöne Seele, und diese glaube ich auch, daß sie ihm ganz eigen sey. Aber dieses ist auch alles, was ich von ihm denke; aber erwarten kann ich von ihm nichts.

Laß mich einige Züge zur Erläuterung der Dir oben vorgelegten Fragen machen: denn ausführlich mag und will ich nicht seyn, sonst müßte ich meine Lebensgeschichte schreiben.

Baron Trenck war soviel ich weiß, ein vermögender junger Mann, dieses und sein jugendliches Feuer, durch schmeichelhafte Hoffnung berühmter und damals mächtiger Verwandten angefachet, machten Ihn gegen seinen König, dem er damals diente, kühn: und diese einzige Handlung war die Grundursache vieler übeln, nur Jammer und Elend über ihn verbreitender Folgen.

Ich hingegen, ein Sohn eines vermögenden Schlesischen Edelmannes, erbte nicht die Tageslöhnung eines Soldaten, denn unser Vermögen wurde noch in meinen Kinderjahren ein Raub der ungerechten Gewalt, und der sich hinter die scheinheilige Tugend verbergenden Rache. Dir ist das Schicksal meines Vaters bekannt. Du weißt es, in welcher Achtung er bey der grossen Kaiserinn Theresia stand: weißt aber auch, wie wider ihn erdichtete Wunder seinen Fall bewirkten. Er wurde von seiner mit Mühe und Arbeit errungenen Höhe, in die Kluft des Bedürfnisses geschleudert; bis ihn bey Anfang des siebenjährigen Krieges ein königlicher Unterthan dem Oestreichischen Hofe als einen gefährlichen

chen Vertrauten Schwerins, den er doch niemals gekannt, schilderte. Man griff den 60jährigen Greis in Jägerndorf, schleppte ihn auf die Vestung Grätz in Steyermark, reichte ihm zwar dort seine nothwendige Nahrung; er sahe aber aus seinem Kerker in sieben Jahren die Sonne weder auf- noch niedergehen. Kaum wurde ich Jüngling, da dieses vorgieng. Die gewisse Unschuld meines guten Vaters machte mich verwegen, um sein Vertheidiger vor dem Throne der sonst gerechten Monarchinn zu werden. Man erhörte mich aber nicht: ich erhielt nur Erlaubniß und Vermögen, für ihre Rechte im Soldatenrock zu bluten: und in diesem Stande lernten wir uns beide kennen: in diesem umarmten wir uns beide das erstemal als stimmende Freunde, allein diesem Stande entrissen mich nicht meine, sondern die Feinde meines Vaters. Was mir die Monarchinn schenkte, entrissen mir Ihre Regierer. Bey Nacht und Nebel wurde ich ohne jemandes Wissen, ohne Befragen oder Prozeß gefangen, und mit noch zwey andern Opfern der Ränke, auf erwähnte Vestung Grätz gebracht. Hier saß ich sechs volle Jahre in der Blüthe meiner Jugend, unter einem fremden mir beigelegten Namen, wie ein Uebelthäter mit sieben Schlössern verwahret. Nach wieder hergestelltem Frieden wurde Trenck, mein Vater und ich, doch auf verschiedne Weise entlassen. Ersterer erhielt seine Freyheit auf Ansuchen Theresiens: und auch diese sorgte sogleich für ihn. Wir hingegen wurden vermöge des Ausdrucks von Amnestie

Amnestie in Friedenstraktaten als gewesene Staatsverbrecher, ohne die geringste vorhergegangene Untersuchung ob es wahr oder falsch sey, auf dem Auslösungsplatze in Oedenburg vorher zur Schau aufgeführt und dann entlassen. Noth, Dürftigkeit und die bitterste Armuth waren die Folgen unsers unschuldig überstandenen Leidens. Ich hatte nicht nur die Gesundheit verloren, ich war ein Krüppel geworden, weil ich durch den Skorbut einen Kinnbacken verloren hatte. Dem Grossen Friedrich schickte ich die unläugbarsten Beweise meiner ausgestandenen Drangsale, meines unheilbaren Zustandes, in den ich seinetwegen gerieth und bat um Brod, um nicht nebst meinem Vater zu verhungern, aber auch hier blieb der sonst wohlthätige König unempfindlich. Einen Grafen von Sellhorn, welchen man nach der Einnahme von Breslau gleichfalls als einen Staatsgefangenen nach Grätz geschickt hatte, erweckte die Vorsicht zu meinem Erretter. Er hatte während seiner Gefangenschaft dennoch den allgemeinen Ruf von meinen Leiden und meiner Unschuld gehöret, kaum erfuhr er meine Freyheit, so reichte er mir auch seinen unterstützenden Arm. Er wurde mehr als mein Freund: er wurde mein Wohlthäter, mein Ernährer und schenkte mich der menschlichen Gesellschaft wieder, der ich abgestorben war.

Ich muß die Ausführung dieses Briefes bis zum nächsten Posttage verschieben: die Wiedererinnerung zurück gelegter Tage des Schmerzens, ritzt die

die Wunden auf: sie bluten noch, hindern mich aber nicht, Dich zu versichern, daß ich ewig bin
Dein Freund.

Zweiter Brief.
Vom 24sten Februar 1787.

Freund!

Da mich Gründe auf die Erfahrung gestützt, daß alles vergänglich sey, wieder beruhigen: so muß ich, um Wort zu halten, den Faden meiner Erzählung wieder anknüpfen.

In Ansehung persönlicher Leiden und Duldung, so denke ich wenigstens, nicht weniger gelitten zu haben, als Trenck. Ich weiß die seinige nur aus unbestimmten Erzählungen, und diesen sey meine traurige Erfahrung an die Seite gesetzt. Vier Jahre war mein Gesellschafter ein Königlich Preussischer Obrister von Hallasch. Er war im Gehirne verrückt, und glaubte, er sey der tausendjährige Weltheiland; nährte meinen Geist mit Narrheiten, die ich beständig anhören, mitbilligen, oder gewaltige Thathandlungen von ihm erdulden mußte, weil er stärker war als ich. Alles was mich belehren, trösten, beschäftigen oder aufmuntern konnte, jeder Blick nach Menschen, jedes Buch war mir verbothen und verweigert. Noch jetzt betrachte ich es als ein Wunder, daß ich nicht selbst in des Narren Gesellschaft verrückt wurde. Vier harte Winter durchlebte ich, ohne von den Sonnenstrahlen, vielweniger durch die Wärme
eines

eines Ofens die mindeste Linderung wider Kälte und B.öße zu erhalten.

Ein wirklich verrükter Mann fühlte mehr Menschheit, als der gesunde Verstand meiner Bewahrer. Hallasch, dieser fühlbare Narre, lieh mir seinen Mantel zur Decke, da mir jene ein Bund Stroh versagten: ungeachtet mir Hände und Füsse bereits unempfindlich waren.

Man nannte unser Behältniß ein Zimmer, und es war ein Kloack. Der dampfende Wust durchdrang endlich mein Blut, vergiftete dasselbe, und ich verlohr den größten Theil einer Kinnbacke, durch die Hände eines ungeschickten Wundarztes, nachdem er mich mit lachenden Gesichtszügen drei Viertel Jahre als einen Preußischen Verräther und Staatsverbrecher täglich gemartert hatte. Auch wir wurden durch eine viertelstündlich brüllende Schildwacht in der nächtlichen Ruhe gestöhret, und öfters durch das Geschwirre der eröfneten Schlösser und Riegel von der eintretenden Wache erschreckt.

Schottendorf war unser Commendant und Tyrann. Ein Mann, der mir die in dem Hause meiner Aeltern genossene Wohlthaten mit Grausamkeit vergalt. Die Sichel der Zeit hielt ihn für reif, und schnitt ihn ab. Er ist jetzt verfault; und ich lebe noch. Tormentini und Galer folgten ihm in der Würde und Gewalt, nicht aber in der Unempfindlichkeit und in dem Bauernstolz. Wir wurden unter ihnen zwar mit Behutsamkeit, jedoch mit sorgsamer Achtung behandelt. Unentgeldlich genossen wir nun

Luft:

Luft: auch reines Wasser. Und sie wußten jeder heimlichen Kränkung, die der Gefangene mit seinem täglichen Brode einschlucken muß, Einhalt zu thun, auch unserm Leiden Schranken zu setzen. Ewig wird mir das Andenken dieser beyden würdigen Männer theuer und heilig seyn. So sehr ich aber auch ihre Tritte segne, so sehr übertraf sie dennoch in gewissen Verstande Kettensteiner der Staabs-Profos.

Ohne Erziehung, ohne andre Grundsätze als die, welche natürlicher Menschenverstand gewähret, sahe er die ihm anvertraueten Gefangenen als seine Kinder an; und anstatt sich an ihnen zu bereichern, erwies er ihnen Wohlthaten. Ich selbst genoß sie noch 2 Jahre, nachdem Hallasch entlassen worden; hätte doch auch dieser redliche Mann auf einer seiner Denkart angemessenen Stufe stehen können.

Ich schildere hier, Freund! in flüchtigen Federzügen Leiden, vor denen der sie zufällig sehende Monarch zurück beben würde, wenn auch Blutart des Wüterichs in seinen Adern flöße.

Theresia wollte es gewiß nicht so: und doch geschah es. Allein sie war Mensch, und konnte nicht, wie die Gottheit, alles sehen.

Aus der Dir hier vorgelegten Schilderung des Trenck, und meiner selbst, wirst du nun wohl den Grund des Unterschiedes sehen, der in unsern beiden Geschichten zu zwei sich ganz entgegengesetzten Wirkungen führen mußte.

Trenck

Trenck trat aus dem Kerker, unter ein ihn vor Mangel und Verachtung deckendes Schild. Der Tag seiner Freyheit, war auch der Tag seines Sieges. Ich hingegen wurde den Stürmen der Armuth, und aller möglichen Schmach Preis gegeben.

Der im Kerker niedergebeugte Geist des Trenck erholte und erhob sich wieder, da ihn keine Nahrungssorgen in seinem Fluge hemmten, nicht im gesellschaftlichen Umgange beugten, sondern vielmehr erhoben: nicht von seines Gleichen hinwegdrängten, und zu Reichen hinstieſſen, die ihre Mittheilungen nur für mühsame Arbeit, von Speisen, mit denen sie nur Ihren Stolz mästen, verkaufen. — Freund! ich durchwachte Nächte, nicht in wollüstigen Empfindungen, sondern in mühsamen Arbeiten, um an dem wieder auflebenden Tage nicht betteln zu dürfen, hier arbeitete ich für Richter, die weder Geseze kannten, noch der natürlichen Billigkeit in ihren bösartigen Herzen zu wirken, Raum gestatteten. Dort berichtigte ich Rentrechnungen, in denen man in jedem Titel den Herrn, welchem sie vorgelegt wurden, als einen betrogenen Dummkopf erkannte. An diesem Orte bezahlte mir der Kenner eine mit Fleiß verfertigte Zeichnung mit Groschen: und in jenem füllte mir ein im Goldzählen Gelehrter die Hand mit Golde für ein Geschmiere. Der auſſerordentliche Fall in Olmüz nöthigte mich endlich ein Weltpriester zu werden. Ein hier in Schmeichlerkünsten glänzender Bischoff, sahe meinen Kopf für das Medusenhaupt an: drückte mich in mein geliebtes

tes Vaterland zurück; tanzte auf den Trümmern meiner zernichteten Hoffnung und rühmte sich dennoch mein Freund zu seyn. Hier in meinem Vaterlande sind nun meine Handlungen, meine Denkart, meine erlebte Drangsale bekannt. Dürfte ich hier beschreiben und nicht vergleichen, so würdest Du, wie jeder, den Knecht mit dem Freyen verwechseln; Du würdest meinen Geist in vollkommener Freyheit, und meine Glieder in Fesseln sehen. Folgt nun aus dem hier gesagten nicht in natürlicher geprüfter Ordnung dieses: — Trenck erinnert sich seiner Trübsale nur noch, um aus denselben Vortheile für sich und die Seinigen zu ziehen. Ihn drückte nur Elend, von Menschen abgesondert, niemals war er aber meines Wissens in Freiheit von Noth und Nahrungssorgen niedergeschlagen. Er wurde bedienet, nicht aber, so wie ich, in die Nothwendigkeit gedrängt, bösartigen Geitzigen, Dummen und Stolzen, demüthig aufzuwarten. Der erste Tritt in seine Freyheit war im Aufsteigen, und er durfte vor denen nicht kriechen, die Verachtung verdienen, sich auch vor denen nicht bücken, die jeden gekrümten Rücken als den Tragsessel ihrer Hoheit betrachten. Bey Menschen nicht um Brod betteln, die den Flehenden verschmähen, wenn er auch in jedem Verstande mehr innern Werth, als sie selbst haben, besitzet. Denke Dir nun, bester Freund! diesen Trenck und mich ihm gegenüber; und dann frage die Erfahrung; sie wird Dir antworten. Jeder sorge für sich: niemand suche für einen andern, wenn er noch

für

für sich selbst zu suchen hat. Kein Mensch stehe bei einem Fürsten für den Dritten! Sey demnach zufrieden, so wie ich)! Bedaure mich)! Gib mir aber keinen Rath solcher Art: denn er stützet sich auf Menschen, die im Wohlthun ihre Wollust empfinden; und diese hoft man vergebens zu finden. Man wünscht — aber beym Wunsche bleibt es. So sehr ich aber auch der Wünsche satt bin, die auf mich selbst Bezug haben, so bin ichs doch in denen nicht, Dir thätig zeigen zu können, daß ich für Dich eine dankbare Seele habe.

Dein Freund
N. N.

Dritter Brief.
Von ebendemselben.

Deine stets für mich bezeigte Freundschaft erneuert jeden Augenblick ihr thätiges Seelenvermögen, und wird einem wahren Wucherer ähnlich, der sich des kleinsten Gewinstes mit jedem begierigen Blike bemeistert; du suchest wie ein Schazgräber in jedem Vorfalle mit Mühe, eine für meine übertragene Leiden würdige Vergeltung. Glaubst Du aber nicht, daß der schlaueste Wucherer vom Scheine betrogen, mit erwucherten falschem Gelde seine Sammlung häuft; und zuweilen eben so wie der Schatzgräber zur Vergeltung seiner fruchtlosen Arbeit, anstatt den gesuchten Kasten zu finden, sein Haus zusammen stürzen sieht, dessen Grundveste er unvorsichtig, von Golddurst betäubt durchwühlte.

Erlaube mir diese Vergleichung auf mich anzuwenden, mir wenigstens scheint sie sehr treffend. Erblikst Du sie aus einem andern Gesichtspunkte, so ist vielleicht die Ursache hierin verdekt, weil ich zu fürchten, Du hingegen viel zu hoffen für mich findest. Die Zeit, mein würdiger Freund, stellte mich von den mir durch fühllose Menschen gemachten Wunden vor der Welt in solcher Gestalt wieder her, daß die, welche mich nur in der Oberfläche betrachteten, den in diesen Wunden noch wütenden Eiter nicht erblikten. Würde der durch eusserlichen Glanz, durch Schmeichler, durch unempfindliche Rathgeber, nur zum Sinnlichen gewohnte Begriff der Grossen, von denen meine Leitung, meine Unterstützung abhängt, seinen eigenen Einsichten, nicht mehr als meinen Vorstellungen, als jedem fremden Berichte von meinem Zustande Glauben beymessen? würde mich nicht, um deutlich zu reden, sein nur ohngefehr auf mich geworfener Blick einer Unwarheit beschuldigen? würde wohl meine unternommene Arbeit etwas anders seyn, als ein Traumgebäude, in welches mich der Kitzel eitler Hoffnung geleitet hätte? Ich würde nicht nur eben so wie bisher, den Druck des Mangels dulden, sondern noch dazu unter der Last einer mich schmähenden Zurükwerfung liegen müssen.

Freund! Du kennest mein weiches, fühlbares aber zu jeder Erduldung, auch der kleinsten Beschimpfung, unbändiges Herz. Und dennoch willst Du mich zu einem Schritt bewegen, ja gar dazu auffordern, welcher, wenn ich ihn thäte, mich, wo nicht in einen Abgrund stürzen, doch zu einem Fall verleiten könnte,

dem

dem ich durch kluge Zurükhaltung und Geduld wenigstens ausweichen kann.

Ich glaube nunmehr, mein Bester, Dir erwiesen zu haben, daß die dir versprochene Vergleichung ächt und treffend sey. Laß mich nun noch einige Worte von meiner Furcht und deiner Hoffnung sagen. Du hoffest, weil Dir bereits verschiedene Aussichten in die unsichere Zukunft glükten: Ich hingegen fürchte, weil mir bisher nichts gelang. Du lenkest den Gesichtskreis Deiner Wünsche gegen einen bestimmten Punkt: und es beruht auf deiner Willkühr, wo Du diesen hinstellen willst. Ich hingegen stehe auf dem Punkte, welchen der Mathematikus ein Zero nennt, wenn er von unbegreiflichen Kleinigkeiten reden will. Fällst Du, so kannst Du aus Deiner Grundlinie, gewiß aber nicht aus Deinem Zirkel fallen, ich aber würde immer in ein fremdes Gebleth fallen müssen und vielleicht in die Gewalt eines Tyrannen gerathen, der mich von neuem geisseln, als einen Staatsverbrecher brandmarken, und mit allen Empfindungen möglicher Marter eines langsamen Todes sterben lassen würde.

Die Stimme der Tugend tönet zu leise, mein Freund, als daß sie durch das wellenartige Geräusch bey Hofe bis zum Ohre des Selbstherrschers dringen könnte. Ich fürchte zu keiner Zeit die auf mich stürmende Macht gewaffneter Feinde. Aber ich fürchte die geistliche Geissel. Auch die Sultane stehen unter derselben. Wer sollte also wohl einen milden guten Fürsten bewegen, für mich einige Worte des Heils niederzuschreiben? Ist wohl Trenck in der Lage, daß er sich

in fremde Händel mischen, oder für Bedrängte sprechen kann? Gewiß nicht. Wir haben also beide geträu-
met. Du in guten Gesinnungen und ich, indem ich mich
hierüber mit Dir in einen Briefwechsel einließ. Wäre er mein Freund, wie Du, vielleicht könnte seine
grosse Weltkenntniß Wege finden, um mich zur Veru-
higung zu leiten; um desto leichter, weil ich wenig bedarf. Verbirg ihm also meinen Namen, bis er dich befragt. Schweigt er? so ist es ein sicheres Zeichen seines
Unvermögens, denn wer ihn kennt, zweifelt gewiß
nicht an seinem besten Willen. Wenigstens schade mir
nicht durch fehlgeschlagene Entwürfe, und störe meine
Seelenruhe nie durch leere Hofnungsträume; wetteifern wollen wir auf unsern bereits angebauten Feldern.
Lebe wohl. Liebe mich! ich verdiens.

N. N. G.

Diese Briefe hab ich hier eingerükt, um einem bedrängten Manne, dessen Feder Menschenverstand entdekt, auf irgend eine Art nüzlich zu seyn, falls jemand
meiner Leser Gelegenheit suchte, Wohlthaten einem
Hülfsbedürftigen zu erzeigen. Ich werde ihn schon zu
finden wissen, wenn ich Ursache habe, ihn zu suchen.

Noch eine Zuschrift muß ich hier beifügen, die ich
gestern aus Pohlen gleichfalls ohne Unterschrift erhielt.

Reschow en Gallicie le 30 Avril 1787.
Monsieur!

Tous les cocurt sensibles, qui ont eu l'avantage de
Vous connoître durant votre séjour en Autriche, pren-
nent la part la plus épurée à la justice qu'on Vous rend,

&

& aux diftinctions marquées dont on Vous comple à la Cour de Berlin, & que nous apprenons par la voie des feuilles publiques. Il eft bien confolant, Monfieur, pour l'humanité de voir, que les reffources de confolation Vous viennent du même endroit, où la barbarie la plus effrainée d'un deftin inconcevable fit naitre l amertume de vos fouffrances, fi naïvement détaillées dans l'Hiftoire de Votre Vie, qui fe trouve déjà dans les mains de tout le monde fenfé dans notre canton des ours : & qui a été arrofé de mes larmes en la lifant à trois reprifes confécutives. J'efpere d'avoir bientôt la continuation écrite aux bords de la bienfaifante Sprée. Ah, Monfieur il faudroit être cuirafié comme le bremier Navigateur dont parle Horace, pour ne pas être pénétré d'eftime & de compaffion à l'égard d'un honnêt-homme littérateur éclairé, brave Militaire, & bon citoyen, en réflechiffant fur les maux que Votre fermeté unique favoit braver & furmonter. Vous meritez qu'on trace fur Votre tombe & portrait les lignes que ma mufe m'infpire dans ce moment:

 La mort même a fes maux fouvent inexorable
 Voulut les prolonger, en arrêtant fa main.
 Il ne put expirer ... non ... l'hiftoire & la fable
 Ne nous ont point offert de plus cruelle deftin.

Permettez que je Vous communique en même tems, ce que je répondis à la Princeffe Czatoryska, Dame d'un mérit fupérieur, lorfqu'elle me demanda une efquiffe cathégorique de Votre Hiftoire imprimée.

 Jouet d'un fort affreux, fans l'avoir mérité
 Trenck fut intéreffer les ames refpectables.
 La conftance l'arme de l'intrepidité

Pour

Pour le placer au rang des hommes respectables.
On eut la cruauté de lui ravir ses biens :
La calomnie offrit ses trames les plus viles.
Son coeur & son esprit furent les seuls soutiens,
Qui le font triompher en dépit des Zoiles.
Il dut d'un Iaschinsky, d'un Borck, d'un traitre d'O.
Souffrir sans offenser la criante avanie.
Le malheureux talent d'un Krügel d'un Zetto
Parut mettre le comble à son ignominie.
Ils ont passés, ces Monstres reconnus :
Rien ne peut rétablir leur indigne mémoire.
Leur victime survit : & le droit des vertus
Lui fait atteindre enfin au temple da la gloire.
Tout finit ici bas, la joie & la douleur.
Ami de la sagesse, il résiste au malheur.
Le mépris de ses coups & son plaisir unique :
Hélas ! n'envions pas ces mortels couennneus !
Pour eux très rarement il existe un azyle.
Aux conseils d'un Impie sans cesse ils sont livrées
Une injuste sentence est funeste & facile.

Je vous conjure, Monsieur, d'agréer l'assurance sincére d'un homme qui Vous reste inconnu, & qui vous admire avec l'elite de nos Polonois éclairés, cette assurance d'une considération respectable qu'on n'accorde qu'au vrai mérite & avec laquelle je suis

    Votre ami sans me nommer.

Diesen Brief hab ich hier eingerükt, um demjenigen laut zu danken, welcher mir seinen Namen verborgen hat, um keine angemessene Antwort auf eine so schmeichelhafte Zuschrift zu fordern.

Ich empfinde den Werth edler Seelen im vollen Gewichte, und falls die Prinzeßin Czatoryska diesem Zeugnisse geglaubt hat, so wird Sie in meinen Blättern das lesen, was mein gefühlvolles Herz für erhabene Seelen empfindet, die mich und mein Schiksal bedauern.

Mit Briefen solcher Art könnte ich mehrere Bogen füllen, sie gehören aber für eine andre Sammlung. Ich fand in Berlin noch verschiedene alte Freunde und Freundinnen. Unter andern kam ein alter Invalide zu mir, welcher im Jahre 1746, da ich zu Glaz im Arrest saß, und mich, wie bereits im ersten Bande erzählt, auf eine verzweifelte Art durch die Wache schlug, eben vor meiner Thüre auf der Schildwacht gestanden hat, und den ich die Treppe hinunterwarf.

Ein andrer Invalide besuchte mich, der mir im Magdeburger Kerker geholfen hatte, Sandsäcke heraus zu schaffen.

Nun rükte aber die Zeit heran, daß ich Berlin verlassen mußte, um meine Reise in das Vaterland nach Preußen anzutreten. Am Vorabend dieser Abreise genoß ich noch das Glük, über zwei Stunden bey Ihrer Königl. Hoheit der Prinzessin Amalia, Schwester des grossen Friedrichs, zuzubringen. Diese wirklich große Frau, welche wegen ihrer Scharfsicht allein die Ehre genoß, Friedrichs ganze Liebe, und sein unbegränztes Vertrauen zu besizen, die mich in allen Drangsalen meines Lebens schüzte, und mich mit Wohlthaten überhäufte—die auch im Grunde das meiste zu meiner Befreiung beigetragen hatte, und mich während meines jetzigen Aufenthaltes in Berlin nicht als einen fremden Offizier, sondern als einen alten Patrioten und Freund aufnahm, und distinguirte—l sahl mir, ich sollte sogleich an meine Frau schreiben, und ihr

auf=

auftragen, daß sie nebst ihren beiden ältesten Töchtern im Junio nach Berlin kommen sollte. Sie versprach mir die Versorgung dieser Töchter; auch im Testament an meine Frau zu denken.

Bei dem Abschiede sogar fragte Sie mich mit den liebreichsten Merkmalen einer gefühlvollen Seele: ... Ob ich zu meinen gegenwärtigen Reisen auch mit Geld versehen sey? ... Meine Antwort war: Ja. Ich bedürfe jezt nichts, empfehle aber meine Kinder. ... Dieser mit sichtbarer Empfindung vorgebrachte Ausdruck erschütterte.... Die edle Fürstin gab mir Zeichen, daß Sie mich verstände; nahm mich bei der Hand mit den Worten: Kommen Sie bald zurück, Freund! Ich will sie gern bald wieder sehen... Hiermit eilte ich fort... Vielleicht fühlte ich eine gewiße Wendung, die mich noch etliche Tage in Berlin hätte zurück halten sollen, wo ich ohnfehlbar große Vortheile für meine Kinder durch meine Gegenwart befördert hätte. Mein übler Genius trieb mich aber fort. Und fünf Tage nach meiner Abreise wurde diese edle Fürstin vom Tode überrascht: folglich mein ganzer Entwurf, die Hauptabsicht meiner Reise vereitelt.

Ist dieses nicht ein neues Merkmal, daß mein Schiksal in seinen Tüken gegen mich bis zum Grabe fortwüten will. Man lese nur meine Geschichte mit Aufmerksamkeit. Es erhebt mich bis zum höchsten Gipfel der wahrscheinlichsten Aussicht in eine glükliche Zukunft: und wenn ich glaubte, nun sey es Zeit, den Anker zu werfen, und im Hafen der Ruhe zu genießen, dann schleuderte mich ein neuer unerwarteter Sturm in das Meer der Sorgen zurük! ... Vermuthlich habe ich demnach für die Zukunft eben das zu erwarten. Und wenn mir gleich jeder scharfsichtige Menschenfreund diese endlich verdiente Ruhe bey grauen Haaren wünscht; so wird es doch wohl wahrscheinlich überall bey dem Wunsche bleiben. In Wirklichkeit etwas Gutes für mich zu vollziehen, hat der heilige Geist noch bisher keinem Fürsten eingeflößt, keinen guten Geist zu bewerkstelligen bewogen. Und wann Freunde die mir wohlwollten, den wirklichen Vorsatz gefaßt hatten, mich zu unterstützen, oder auch nur nach dem Tode zu begünstigen, dann wurden sie durch arglistige Menschen zurük gehalten, oder verschoben den besten Willen bis sie, ohne denselben zu vollziehen, vom Tode überrumpelt wurden. Ich könnte in meiner Geschichte noch manche ganz besondre Fälle dieser Art erzählen, wo besonders bei manchem die Herrn Beichtväter mir allezeit die tödlichen Streiche versezten. Bey diesem lezten war es aber wohl allein meine Schuld. Ich hätte den günstigen Zeitpunkt besser benuzen sollen. Die Gefahr war da; die Gelegenheit war auch da, sie zu benutzen. Ich war aber zu sicher, oder zu saumselig, oder zu blöde, oder vielmehr zur Unzeit zu großmütig um eigennüzig zu scheinen. Geschehene Dinge sind nicht zu ändern. Ich muß glauben, die Vorsehung habe mir kein Glük bestimmt. Und das ist der beste Trost für den der viel glaubt. Da ich aber in die Zahl der Zweifler gehöre, so bin ich überzeugt, daß ich manche Gelegenheit zur Wolfahrt durch unzeitige Zurükhaltung versäumt habe. Satan ist wenigstens nicht Schuld daran. Denn er weiß, daß mich kein Vorfall auf Erden bis zur Verzweiflung bringen kann. Er erhascht also meine geplagte Seele durch dieses Mittel nicht, und stärkt nur meinen Muth in großen Trübsalen. Hat Gott es aber so beschlossen, daß mir auf Erden gar kein Glük begegnen soll, und daß ich mich allein mit Hofkomplimenten mit dem allgemein erworbenen Beifalle und Mitleiden geistig begnügen muß, und von der besten Monarchen Großmuth für mich allein nichts zu erwarten ist; dann will ich mich in mein Verhängniß schicken, und mit der Ehre zufrieden seyn, daß ich glüklich zu sein verdient hätte.

Gehöret aber Reichthum, thätige Unterstützung dazu, um glüklich zu sein? so bleibt mir gewiß wenig zu erwarten übrig, weil mein Winter keinen Frühling mehr zu erwarten hat, und ich meinen Glauben als ein verstokter Zweifler nicht mehr unter den Gehorsam einer unsichern Hofnung gefangen nehmen kann. Um aber neue Entwürfe für einen nach Welt und Schulregeln entworfenen Plan auszuführen, ist meine Zeit zu kurz; mein Rüken für Hofkomplimente zu steif; mein Kopf zu eigensinnig, und meine Seele zu stolz auf ihren innern Werth. Indessen ruhe der Geist Amaliens in Frieden. Genug ihr Wille war gut: ihr Verstand scharfsichtig, und es würde mir nicht an Stoff fehlen, Anmerkungen über Friedrichs Biographie zu schreiben, wenn ich erst etliche Jahrhunderte in ihrer Gesellschaft jenseits des schwarzen Styx werde zugebracht haben, wo man geschehene Dinge mit wenigem Rükhalt, und ohne Gefahr auf die Finger geklopft zu wer=

werden, schreiben darf. Bis dahin wird wohl wahrscheinlich meine Feder bei der Hand ruhen: es sei dann, daß besondre Ursachen noch einmal meinen Ehrgeiz empörten, mir durch neue Warheiten, neue Verfolgungen zuzuziehen. Und hievor behüte mich unser lieber Herr Gott, der gewiß an der Unruhe seiner Geschöpfe keinen Gefallen haben kann, und der noch lebenden Fürsten Herz so zu lenken wissen wird, daß sie mir endlich auch etwas Gerechtigkeit widerfahren lassen.

Nun weiter zur Geschichte.

Ich reisete von Berlin den 22sten März nach Königsberg, hielt mich ein paar Tage bei dem regierenden Marggrafen von Brandenburg-Schwedt auf, der mich mit Gnaden und Achtung empfieng, mir auch im Magdeburger Kerker Wohlthaten erzeigt hatte. Von da kam ich bei Soldin nach Schildberg, zum Herrn von Sidau, welcher die Tochter meiner geliebten Schwester, eben der von Waldau, geheurathet hatte, von welcher ich im ersten Bande so viel erzählet habe. Ich fand einen rechtschaffenen Mann, der die Tochter dieser durch mein Schiksal unglüklich gewordenen Schwester glüklich macht; wurde mit offenen Armen empfangen; und sahe seit 42 Jahren zum erstenmale Blutsfreunde und Verwandte.

Ehe ich dahin kam begegnete mir eine unvermuthete Freude in — wo der Generallieutnant von Kowalsky mich umarmte. Dieser ehrwürdige Mann war im Jahr 1746 bei der Glazer Garnison Lieutenant, und Augenzeuge, als ich die Capriole vom Walle heruntermachte.

machte. Er hat meine Geschichte gelesen, und da ihm Hauptvorfälle davon bekannt waren, so empfieng er mich mit untrüglichen Merkmalen einer wahren Hochschätzung, die man nur von einem Manne seiner Gattung erwarten kann, welcher reine Wahrheit geschrieben hat. Also abermals ein untrüglicher Augenzeuge meines Schiksals, auf dessen Beifall ich sichre Rechnung machen und diejenigen hinweisen kann, die an meiner treuen Erzählung von meinen Glatzer Unternehmungen vielleicht nur deshalb gezweifelt haben, weil sie sich eben nicht geneigt fühlen, im gleichen Falle eben das auszuführen zu wagen, noch zu erzählen. Von hier kam ich nach Landsberg an der Warthe; hier fand ich meinen Schwager, den Obristen von Pape, Commandeur des Götzischen Dragoner-Regiments, der meine verstorbene Schwester zur zweiten Ehe geheirathet hatte. Auch hier fühlte ich einen Freudentag. Im ganzen Lande wo ich durchreisete, wurde ich mit Bewunderung angesehen, liebreich empfangen und alle wünschten mir herzlich Glük, zur rühmlichen Wiederkehr ins Vaterland.

In den meisten Garnisonen der Städte fand ich Verwandte: überall sollte ich mich aufhalten. Und gewiß ist es, daß noch kein Mensch auf Erden mehr Ehre genoß, mehr Achtung in einer ganzen Monarchie erworben hat als ich. Mein allgemein bekanntes unschuldiges Leiden hat mir eine unbegränzte Hochschätzung zu Wege gebracht, und meine Seele wäre undankbar, wenn sie unempfindlich bei solchen Begegnungen bleiben könnte.

Das

Das ist mein Lohn: mein fühlbarer Lohn für rechtschaffene Handlungen. Ein Lohn, welcher nicht aus Fürstengnade, sondern aus selbst verdientem Beifall stammet. Ein solcher Lohn, den ich wirklich erlebt, und im vollen Gewichte empfunden habe. Ein Lohn sag ich, den mir auch des mächtigen Friedrichs Haß zwar verschieben, aber nicht hindern konnte, weil ich stark genug war, ihn zu erleben. Lege ich nun diesen, gegen alle überstandene Drangsale, die mich seit 42 Jahren trafen, in eine Wagschale, so überwigt die gegenwärtige kurze Ehre und Freude, alle Schmach und Schmerzen des Vergongenen. Und ist es mir wirklich lieb, daß mich das Schiksal mit solchen Wunden schlug, die ich nun geheilt sehe und mit Narben prangen kann, die den Werth des Helden im Siege bestimmen.

Ich diene nunmehr dem Vaterlande zum Lehrer und Muster. Ahmet mir im gleichen Schiksale nach, Brüder! Erzählet euren Kindern meine Geschichte zum Vorbilde! saget laut, daß meine Knochen eine Grabstelle bei unsern Vätern verdienet hätten, und da mich mein Schiksal von diesen ehrwürdigen Gräbern entfernet; da ich unter euch meinen grauen Kopf nicht bis zur Grube tragen kann und vermuthlich da sterben werde, wo Neid, Verläumdung, Blödsicht und Habsucht den besten Staatsbürger mißhandeln: so sey euch meine Asche heilig: mein Herz geopfert und mein Andenken werth. Ich lasse meinen Sohn zurük: sehet in ihm meine Rechtschaffenheit fortgepflanzt und unterscheidet ihn von den Kindern solcher Väter, die nichts im Vaterlande gelitten oder verloren haben.

Schwerlich

Schwerlich werde ich da, wo ich den größten Lohn verdiente, jemals eben die Ehre genieſſen, die mir in Preuſſen wiederfuhr. Man betrachtete mich dort aus einem falſchen Geſichtspunkte, und ich fühle keinen Trieb mehr, mir die Mühe zu geben, da, wo man mich bisher verkannte, in ſolcher Geſtalt aufzutreten, wo mich niemand mehr mißhandeln kann. — Auch dort iſt der groſſe Haufen mir perſönlich eben ſo geneigt als hier. Ich werde bewundert aber nicht geſchätzt; bedauert aber nicht unterſtützt: geehrt aber nicht belohnt. Die Mächtigen allein haben den Staar für mich und wollen nicht ſehen, meinetwegen aber ſchlage ſie Gott mit ewiger Blindheit: genug, daß ich ſie ſehe, kenne und verachte, auch allenfalls ihren Ferngläſern nur in Zwerggeſtalt erſcheinen werde.

Gellert ſagt:

>Wer iſt der Groſſe, der dich ehrt?
>Sprich! kennt Er der Verdienſte Werth?
>Setz ihn im Geiſt aus ſeinem Stande!
>Vielleicht fällt Dir ſein Beyfall klein,
>Vielleicht hältſt Du ihm werth zu ſeyn,
>Nunmehr für eine Schande.

Ich machte in Berlin auch eine Entdeckung, die mich aufklärt, einen Irrthum zu widerrufen, den man auf der erſten Seite im erſten Bande dieſer Geſchichte findet. Da ich dieſes ſchrieb, war ich durch falſchen Bericht der Meinung, der ehmalige General-Poſtmeiſter von Derſchau in Berlin, ſey meiner Mutter Bruder und eben der geweſen, welcher im Jahr 1742 Oberamtsrath in Glogau und nachher Präſident in Oſt-
friesland

frießland war. Ich habe gefehlt, dieser Derschau, meiner Mutter Bruder, ist noch gegenwärtig am Leben und Präsident zu Aurich in Ostfriesland — der Generalpostmeister war aber ein Sohn des sogenannten Alt-Derschau, der als General starb und nur ein weitläuftiger Vetter meiner Mutter war; der sogenannte Jung-Derschau, der ein Regiment in Burg hatte, war auch nicht der Bruder, sondern Geschwister Kind mit meiner Mutter: eine ihrer Schwestern hatte den Obristlieutnant von Ostau geheirathet, dessen Sohn, der Präsident Ostau jetzt auf seinen Gütern zu Lablack in Preussen wohnt.

Dieses habe ich hier anmerken wollen, um einen gewissen Mann zurecht zu weisen, welcher wegen dieses an sich selbst unbedeutenden Irrthums, da ich seit 45 Jahren vom Vaterlande entfernt lebe, das alberne Vorurtheil faßte, meine ganze Lebensgeschichte müsse erdichtet seyn. Gleichgültig über seinen Tadel oder Beyfall, bessere ich nach näherer Aufklärung diesen Fehler: und glaube, daß kein Derschau Ursache hat, sich zu schämen, mit der Trenckischen Familie verwandt zu seyn, die in Preußischen Staaten seit 300 Jahren mit den ältesten Geschlechtern verbunden, auch in der Geschichte den wahren Adel des Herzens erwiesen hat.

Auch habe ich geirret, da ich in der Erzählung von meiner Glatzer Flucht einen gewissen Lieutnant von Mollinie in Verdacht hatte, als habe er mich damals in Braunau ausgekundschaftet, und dem General Fouquet verrathen. Nein! der rechtschaffene Mann lebt noch

noch als Capitain im Brandenburgischen, er war über diesen Verdacht empfindlich; hat sich bey mir vollkommen gerechtfertiget. Ich bitte ihn hiermit um Verzeihung; wir sind vollkommen verglichen und verstanden, er war und blieb mein Freund. Und der, welcher mich damals eigentlich ausgekundschaft hatte, ist der Capitain von Nimschofsky, vom Fouquetschen Regimente, mein eigner Vetter gewesen, welcher mich in Braunau unter Freundschaftslarve besuchte und mich eigentlich verrathen hatte.

Ich erhielt auch einen wunderbaren Brief von einem gewissen Lieutenant Herrn von Brodowsky. Dieser sonderbare Mann findet sich beleidigt, daß ich seine Mutter in meiner Geschichte genannt habe und fordert Widerrufung: aber lieber Gott! Widerrufen habe ich wohl nie, wo ich Warheit schrieb, die niemand beleidigen kann, und vor Drohungen aller Art, habe ich noch nie gezittert.

Bescheidene Leser sehen wohl, daß die Ehre der damaligen Madame Brodowsky in Elbing, gewiß nicht beleidigt ist, wenn ich erzähle, daß ich ihr nicht gleichgiltig war.

Herr Samuel Brodowsky, war mein Instruktor in meines Vaters Hause, wurde Auditeur bey dem Golzischen Regimente in Elwing, dort fand ich ihn im Jahr 1747, wo er mir als ein rechtschaffener Freund beystand, mich in sein Haus aufnahm, auch bis zu meiner Mutter selbst mitreisete, um mir thätige Hilfe zu holen. — Nie war also wohl meine Absicht, diesen ehrlichen Mann im Leben, vielweniger im

Grabe

Grabe zu beleidigen. Seine Frau war jung, feurig und schön; der Mann alt, gleichgiltig und ein mürrischer Gelehrter.

Wer Welt, Menschen und Leidenschaften kennt, der wird gewiß nie behaupten wollen, daß auch nur eine fürstliche Familie auf Erden lebe, deren Mütter alle bis zum achtzehnten Geschlecht hinauf keine fremde Reiser in ihren hohen Stammbaum gepflanzt haben. Ich habe auch noch nie gehört, daß es einen Sohn beleidigen kann, wenn seine Mutter liebenswürdig war, und neben ihrem alten Manne einen Freund liebte. Meine Mutter hatte auch einen Liebhaber, aber ich will nach 40 Jahren weder untersuchen noch behaupten, daß sie ganz unempfindlich seyn konnte.

Nur ein schlechter Mann spricht von todten Freunden übel. Und die Elbingische gegenwärtige Matronen, welche vor 40 Jahren die Madame Brodowsky noch persönlich gekannt haben, werden schwerlich ein Jurament ablegen, daß sie niemals verliebt war. Es muß denen, die sich hierüber aufhalten, auch unbewußt seyn, was ich damals wegen dieses Hauses für eine ernsthafte Verdrüßlichkeit mit dem Herrn General Golz hatte, der mit mir mehr, als mit Herrn Brodowsky, zu eifern schien. Um desto sonderer ist die Aufforderung seines Herrn Sohnes zum Widerrufe.

Gerechtigkeit laß ich allezeit sowohl dem Vater als der Mutter wiederfahren. Sie waren meine Freunde: folglich wünsch ich aufrichtig Gelegenheit zu haben, ihren Namenserben gefällig zu seyn. Ich werde aber ewig und in keinem Falle erklären, daß etwas erdichtet oder falsch sey, was ich einmal in meiner Lebensgeschichte als Warheit geschrieben habe.

Ein vernünftiger Mensch kann gewiß nicht aufgebracht seyn, wenn jemand sagt — Deine Mutter hat mich geliebt. In diesem Falle hätten wir alle viel zu thun, wenn wir als Don Quischotte für die Keuschheit der Großmama mit Windmühlen Tourniergefechte anstellen wollten. Zum Prozeß kommen dergleichen Händel auch nicht. Die Augenzeugen sind alle todt, oder sahen nichts: ich selbst leide schon am Staar, Madame Brodowsky hat sich nie beleidigt geglaubt, wenn ihr jemand sagte, daß ich ihr Hausfreund war. Vierzig Jahre sind verflossen, die Präscription ist wirklich da. Und ich habe ja auch in meiner Erzählung selbst nicht gesagt, daß meine damalige Freundin eine Ehebrecherin war, oder daß ich le moment du berger benuzt habe.

Die Ehre einer Familie steckt nicht in der gerühmten Keuschheit unserer Ahnen. Ich bin auch nicht Schuld, daß Eva in den Apfel biß. Isaak war dennoch ein hochgelobter Patriarch, ob gleich Sarah, seine Mutter, viele Nächte im Serail des Königs Abimelech zubrachte. Man liefet auch nicht, daß er jemals mit dem Kronprinzen dieses Abimelechs einen Prozeß geführt habe, ob gleich in Abimelechs Kronik stehen soll, daß Modame Sarah ihn lieb hatte. Vielleicht hatte auch Joseph andre Ursachen als ich; den Mantel bey der schönen Potiphara im Stiche zu lassen. Und welche Geschichte erzählt wohl, daß jemals ein junger Potiphar dem Joseph oder seinem Geschichtsschreiber einen

einen Prozeß habe machen wollen, weil ihn die Frau Mama lieber hatte, als den alten Potiphar. Der Sohn des Herrn Brodowsky, meines jugendlichen Lehrers, der ohnedies ein strenger Theolog war, und mir folglich die Geschichte Abrahams und des keuschen Josephs so erbaulich auslegte, wird demnach von mir keine Beweise fordern, wo man selten Augenzeugen sucht noch findet, und mit meiner Erklärung zufrieden seyn, wenn ich auch hiermit das bekräftige, was ich im ersten Bande von seiner Mutter schrieb, die ich selbst unter die rechtschaffene Frauen rechne, und als meine Freundin noch im Grabe hochschätze. Genug, ich habe ihre Tugend nie auf Proben gesetzt, oder in Zweifel gestellt, und schrieb auch nie aus thörichter Prahlsucht, daß ich meinen Mantel im Stiche ließ. Freundschaftspflichten erfüllte ich allezeit sogar mit Skrupel. Dies wollte ich eigentlich auch in diesem schlüpfrigen Falle von mir sagen. Nur Pariser Windbeutel rühmen sich mit Gunstbezeugungen auch da, wo sie mit Nasenstüber abgewiesen werden. In dieser Lage war ich Gottlob! nie. Ich fand überall, wo ich suchte, erzählte aber nie, wo ich fand.

Herr Brodowsky hat ja mit mir nie geeifert. Warum sollten es dann seine Kinder thun. Er sahe nichts: und sie werden noch weniger sehen können, was geschahe, ehe ihnen die Mutter ein paar Augen nebst dem ganzen Leibe und Kopfe an des Tages Licht gebahr. Gleichgiltig ist es aber allezeit dem Gebornen, wer ihm eigentlich die Augen gemacht hat.

Dieses habe ich auf den mir zugeschickten Brief antworten wollen. Und für die Einwohner der Stadt Elbing will ich eben keinen Traktat schreiben, um zu erweisen, daß in Elbing nie ein Mann Hörner getragen habe. Vielleicht verklagen mich in diesem Falle sogar Burgermeister und Rath, als ob ich ihre Mütter und Großmütter beleidigt hätte, weil sie weder nach Pariser Geschmack, noch so keusch als die Mademoiselle Maria Magdalena gelebt hätten, die doch als eine wirklich grosse Heilige auch in Elbing verehrt wird.

In Puncto Castitatis spreche ich selbst, was meine Person betrift, die Madame Brodowsky heilig. Ich will aber selbst dabey den Geruch der Heiligkeit verdienen, weil ich bey einem liebenswürdigen heiligen Weibchen, meine eigene Heiligkeit durch Enthaltsamkeit verdient habe. Von dieser Heiligkeit werde ich mich aber wohl durch keine Marter, vielweniger durch Drohungen abschrecken lassen, die vernünftige Leser meiner Schriften vielleicht nur in Elbing gegen mich aufbringen können. Wollte aber auch ein Elbingischer Schriftsteller sich hierüber in Controvers = Schriften mit mir einlassen: so finde ich den Gesichtskreis, wo ich Beifall suchen soll, für mich zu enge. Die grosse Welt, die mich gelesen hat, würde diese Schriften schwerlich kaufen. — Und wenn man in Elbing allein an der Wahrheit meiner Erzählung zweifeln sollte, werde ich gewiß keine Schutzschriften deshalb drucken lassen, und bin bei Tadel gleichgiltig, den ich nicht verdiene, noch jemals ahnden will. Genug also zur Antwort auf den erhaltenen Brief.

Nun

Nun habe ich auf speziellen Befehl eines grossen Herrn noch etwas in diese Blätter einzurücken, was ich im zweiten Bande übergangen hatte, weil ich die Leser durch zu viel Weitläufigkeit in meinen Gefängnißränken nicht müde machen wollte. Dieser Herr war Augenzeuge in Magdeburg da der Vorfall geschah. Er ist wirklich lustig, und mich wundert es selbst, daß ich ihn anzumerken vergessen habe. Es war die vorletzte Unternehmung zur Flucht. Die Umstände sind folgende:

Weil es auf keine Art mehr möglich war, Sand und Erde aus meinem Kerker heraus zu schaffen, so machte ich nach abermals durchgebrochenem Fußboden und Fundamenten ein Loch gerade in den Graben hinaus, wo alle drey Schildwachen standen. Dies geschahe in einer stürmischen Nacht; und konnte durch den feinen Sand leicht in ein paar Stunden geschehen. So bald ich hinaus gegraben, zog ich allen Sand still hinein, nahm einen Pantoffel, und warf ihn an die Palisaden hinaus, als ob ich ihn im Ueberspringen verloren hätte. Diese Palisaden von 12 Schuh hoch waren quer über den Hauptgraben gesetzt, und innerhalb dieser waren meine Schildwachen eingeschlossen. In der Ecke aber, wo ich ausbrach, stand kein Schilderhaus.

So bald dieses geschehen, kroch ich in mein Gefängniß zurück, und machte mir unter dem Fußboden ein anderes Loch, worin ich sitzen und lauern konnte. Hin=

Hinter mir aber füllte ich den Kanal zu, so daß mich niemand sehen konnte.

Der Tag bricht an; die Schildwachen sehen das Loch. Es wird gemeldet: der Offizier läuft bestürzt herbey: man sieht den Pantoffel, folglich war der Trenck glücklich auch über die Palisaden gekommen, und nicht mehr da.

Gleich kommt der Kommandant aus der Stadt mit der ganzen Litaney; die Allarm-Kanonen werden gelöset; die Nachsetzer sprengen im Lande herum; alle Vestungswerke und Souterrains werden visitiret. Nichts half; ich war glücklich entwischt. Unmöglich konnte ich dieses ohne Vorwissen der Schildwachen unternommen haben. Die ganze Wache, auch der Offizier wurde arretirt, und das Erstaunen war unbegränzt.

Ich saß indessen in meinem Loche, hörte jedes Wort: mein Herz pochte vor Freude, und der Ausgang meines Anschlags schien mir schon gewiß. Unfehlbar hätte man in der folgenden Nacht keine Schildwachen mehr vor meinen Käfig gestellt: dann wäre ich im Ernst aus meinem Loche hervorgekrochen, und gewiß glücklich nach Sachsen entflohen. Mein Schicksal war aber grausam genug, auch diese Hofnung zu vereiteln, da bereits alles überstiegen zu seyn schien.

Alles ging gut, und nach Wunsch: die ganze Garnison kam in die Sternschanze, um das Wunder anzu=

ſtaunen. Dieſes dauerte bis Nachmittags gegen 4 Uhr. Endlich kommt ein Fähndrich von der Landmilitz, ein Kind von 15 bis 16 Jahren, der ſehr klein und ſchwächlich war, hingegen mehr Witz als alle andre beſaß. Dieſer ſteigt in das Loch hinunter, betrachtet die Oeffnung nach dem Graben hinaus, und findet ſie zu klein; verſucht durchzukriechen. Es war unmöglich. Gleich entſchied er, es könne nicht ſeyn, daß ein ſtarker Mann meiner Gattung durch dieſe Oeffnung herausgekommen ſey, und läßt ſich ein Licht geben.

Nun hatte ich dergleichen Vorfall nicht vermuthet. In meinem Loche wurde mir die Luft zu warm, und ich hatte unter dem Fußboden den zugeſtopften Kanal geöffnet. Kaum hatte der Fähndrich Licht unten, ſo erblickte er mein weißes Hemd: ſahe näher, griff zu, und erhaſchte mich bey dem Arm.

Hier war der Fuchs im Baume gefangen. Es entſtand ein Gelächter, ein Triumph. Wie mir aber dabey zu Muthe war, da ich mich ſchon wirklich in Freiheit glaubte und von neuem ohne Hoffnung in meine Feſſeln geſchmiedet wurde, dieſes läßt ſich denken, aber nicht mit der Empfindung ſchildern, die meine Seele erſchütterte.

Die Erfindung gefiel beſonders denen, die mir einen glücklichen Ausſchlag gewünſcht hatten und eben dieſe haben mich bewogen, die Erzählung im gegenwärtigen Bande nachzutragen.

Nun

Nun zum abgebrochenen Zusammenhange.

Ich setzte nun meine Reise nach Preussen fort und traf den 4ten April in Königsberg ein, wo mich mein Bruder mit Sehnsucht erwartete. Man kann sich denken, wie lebhaft die brüderliche Umarmung nach einer zwei und vierzigjährigen Abwesenheit aus dem Vaterlande war; von 4 Geschwistern, die ich hinterließ, fand ich noch diesen, der im Wohlstande auf seinen Gütern lebt und Menschenpflichten erfüllt: dessen Kinder aber alle im Grabe liegen. Mit vollkommener Herzensberuhigung, lebte ich mit ihm und seiner würdigen Frau 14 Tage in Königsberg, dann aber noch 6 Wochen auf seinen Gütern.

Diese Tage gehören unter die glücklichsten meines Lebens, täglich umringt mit Blutsfreunden, Enkeln und Urenkeln aus der Nachbarschaft, mit Vettern und Verwandten, die mich alle bewillkommeten, genoß ich eine Zufriedenheit in meiner Seele, die nur der Edle nach besiegten Stürmen im Hafen der Weisen empfindet. Hier sah ich überzeugend wie ruhig der Alte da leben kann, wo sein Name unter die ersten des Landes gehöret und die meisten Familien mit ihm verschwägert oder verwandt sind. Man ist wirklich nirgends besser als zu Hause bey gewissen Jahren: wenn man zuvor die Menschen in fremden Ländern so wie ich, kennen lernte, und in ihrem Umgange ächte Freundschaft suchen wollte. Hier erfuhr ich nun erst gründlich, was während meiner Abwesenheit vorgegangen war.

war. Der Zorn des groſſen Friedrichs hatte ſich auf alle meine Geſchwiſter verbreitet; mein älterer Bruder nach mir war im Jahr 1746, da ich unglücklich wurde, Standartenjunker bey dem Kiowſchen Küraſſier=Regimente, er diente 6 Jahre, wohnte 3 Battaillen bey, und weil er Trenck hieß, blieb er im Avancement zurück, endlich müde des Wartens nahm er den Abſchied, heirathete und lebte auf ſeinem Gute Meicken, wo er vor drei Jahren geſtorben iſt, und zwei Söhne hinterlaſſen hat, die dem Trenckſchen Namen Ehre machen. Er ſelbſt war nach allgemeinem Zeugniſſe ein Mann, der dem Staate gewiß gute Dienſte in ſeinem gewählten Fache geleiſtet hätte, er war aber mein Bruder, deshalb allein wollte der König nichts von ihm wiſſen. Mein jüngſter Bruder hatte ſich auf Wiſſenſchaften gelegt, wurde vom Miniſter zu einer Civilcharge als ein beſonderer Mann vorgeſchlagen, der König ſchrieb aber auf den Bericht:

Es iſt kein Trenck zu etwas nutz.

So hat meine ganze Familie durch meine unſchuldige Verdamniß leiden müſſen. Dieſer Bruder wählte nun das Landleben, und lebt unter den erſten im Königreiche, wohlhabend, zufrieden, geachtet und unabhängig.

Auch auf meine Schweſter, die den Sohn des Generallieutnants von Waldow geheirathet hatte, und ſeit 1749 als Wittwe lebte, erſtreckte ſich der Haß des Monarchen.

Ich

Ich habe bereits in meiner Geschichte öfters Gelegenheit gehabt, sie zu nennen. Die gute Frau wurde, wie bereits erwehnt, von dem kaiserlichen Gesandschaftssekretair Weingarten im Jahr 1755 verrathen, daß sie mir im Kerker zu Magdeburg Hilfe geleistet hatte. Deßhalb litte sie Bedrückungen solcher Art, die sogar ihre Kinder unglücklich machten.

Sie besaß die schöne Hammerische Güter bey Landsberg an der Warte. Dort wurde von den Russen alles in einen Steinhaufen verwandelt. Sie flüchtete mit ihren Effekten nach Küstrin. Dort wurde bei der Belagerung alles verbrannt. Und die preußische Armee selbst verwüstete die schöne Waldungen.

Nach dem Kriege unterstützte der König alle ruinirte Familien im Brandenburgschen. Sie allein erhielt nichts, weil sie meine Schwester war. Sie wandte sich an den König, und erhielt zur Antwort: Sie sollte sich an ihren lieben Bruder halten.

Sie starb im Kern der Jahre, nachdem Sie kurz vorher den jetzigen Obristen von Pape zur zweiten Ehe gewählt. Auch ihr Sohn ist im vorigen Jahre als Hauptmann des Götzischen Dragonerregimentes gestorben.

So litten alle meine Geschwister nur deswegen, weil ich ihr Bruder war. Was kann mir wohl auf Erden alle traurige Folgen meines Schicksals ersetzen, die

die meine unschuldigen Verwandten traf. Sollte man wohl glauben, daß der grosse Friedrich sich eben so wie der grosse ergrimmte Zebaoth an Kindern und Kindeskindern rächen könnte! Was geht es mich an, daß Adam vom verbotenen Apfel aß. Fand Friedrich nicht Stof genug, mich allein zu quälen. Warum war ihm denn sogar der Name Trenck bis zum Grabe unausstehlich! Man durchdenke meine ganze Lebensgeschichte: so wird dieses Räthsel unbegreiflich bleiben.

Ich wollte die Ruthe, die mich unschuldig stäupte, nie niederträchtig küssen. Ich suchte ihr eigenmächtig auszuweichen. Dies allein war mein Verbrechen.

Im Jahr 1753 wandte sich ein gewisser Rittmeister von Derschau, Halbbruder meiner Mutter, subreptitie an den König, gab fälschlich vor, er sey mein nächster Verwandter und Lehnfolger, und bat, ihn mit dem mir confiscirten Gute Groß-Scharlack zu belehnen.

Der König forderte von der Kammer in Königsberg Bericht. Man meldete, daß noch wirklich zwei Brüder von mir am Leben wären. Scharlack sey ein altes Familien-Stammgut, und gebühre meinen Brüdern, aber nicht dem Derschau.

Meine beiden Brüder meldeten sich nun als die nächsten Lehnsfolger, und der König schenkte ihnen mein Gut Scharlack, nach Lehnsrechten zu besitzen.

In Gefolge dieses wurde mein Gut licitirt. Der jüngste Bruder kaufte es, zahlte den andern Bruder

baar

baar aus, den Schwestern gleichfals; bezahlte auch auf speziellen Hofbefehl die Schulden, welche sich meldeten, und die eigentlich falsch und erschlichen waren; weil ich meines Wissens nichts schuldig war, und im neunzehnten Jahre meines Lebens ja noch wirklich unter der Vormundschaft stand, da mir mein Gut konfiszirt wurde. Quo iure also Schulden bezahlt wurden, ist mir ein Räthsel; fordern konnte damals ein jeder leicht, weil ich nicht befragt werden konnte. Eben so ging es ohnfehlbar auch mit der Uebergabe der Vormundschaft an den Fiskus, wiewohl ich meine Herren Vormünder als rechtschaffene Männer kenne und verehre. Dieser hat es auch 8 Jahre lang besessen, aber bey der Uebergabe an meinen Bruder gleichfalls keinen Groschen berechnet.

Die Frage ist nur diese: Der gegenwärtige Monarch hat mich durch ein gnädiges Rescript an seine Regierung, mit Aufhebung der Konfiskation wieder in Posseßion meines Gutes gesetzt. Ich fordre dieses nun zurück. Mein Bruder sagt: ich habe gekauft und ausgezahlt, bin in Posseßione legitima, habe meliorirt, und Scharlack ist jetzt drei= auch viermal mehr werth, als da es konfiszirt wurde. Der Fiskus zahle mir den jetzigen Werth, dann kann es nehmen, wer da will. Ich kann dabey nichts verlieren, wann der jetzige König dir das zurückziebt, was mir der Hochselige verkaufte.

Dies ist nun die Frage, die noch in Berlin entschieden werden soll. Mein Bruder hat keine Kinder,
und

und giebt ohnedies Groß-Scharlack nach seinem Tode meinen Kindern zurück. Folglich erzeigt mir der Monarch jetzt keine Gnade oder Gerechtigkeit dadurch, wenn mein Bruder wirklich hierzu gezwungen werden könnte. Ich verlange auch auf solche Art keine Restitution des Verlornen, weil es mir ohne königliche Gnade von selbst zufällt. — Hebt der edeldenkende König deshalb die Konfiskation auf, weil Er überzeugt ist, daß mir Gewalt und Unrecht geschah; dann kann ich auch de iure um die durch 42 Jahre verlornen Einkünfte bitten. Diese aber habe ich nicht von meinem Bruder, sondern von dem Fiskus zu fordern.

Will mir der Fiskus aber den damaligen Kaufschilling meines Gutes ersetzen, so geschieht mir das größte Unrecht, weil alle Güter in Preussen seit 1746 drei- auch vierfach im Werthe gestiegen sind.

Soll dasselbe aber erst nach meinem Tode meinen Kindern zufallen, so geschieht mir weder Recht noch Gnade im gegenwärtigen: denn ich erhalte hiedurch für mich nichts zurück, und muß noch dazu die jetzt laufenden Einkünfte bis zu meinem Tode entbehren, da mein Bruder dieses Gut um 4000 Fl. verpachtet hat, und man ihm dasselbe de iure nicht abnehmen kann, da er titulo emtionis die Acquisition gemacht hatte. Nach seinem Tode giebt es aber der König meinen Kindern nicht wieder, weil mein Bruder selbst per testamentum, da er keine Erben hat, ihnen sein erworbenes Vermögen hinterläßt.

In

In dieser Lage ist nun meine Sache in Berlin.

Die Folge wird zeigen, wie sie der gütige Monarch entscheiden wird. Ich habe gebeten, der Fiskus möchte Groß-Scharlach schätzen lassen, meinen Bruder befriedigen und mit dasselbe in natura gegenwärtig restituiren. Mein Bruder besitzt noch andere Güter und kann sodann bey seinem Tode disponiren wie er will.

In allen Fällen ist aber dennoch der Zweck meiner Reise erreicht. Mein Bruder ist mein Freund, und Vater meiner Kinder geworden. Mein Sohn dient bereits dem Könige und ist hier versorgt. Meine Ehre ist im Vaterlande gerechtfertigt und der Sieg über mein Schicksal wenigstens in Preussen entschieden.

Edeldenkender Leser! wünsche mir Glück und lerne aus meiner Geschichte, daß im Uebel selbst noch ein Preis stecke, wenn man ihn nur zu finden weiß. Schon im neunzehnten Lebensjahre verlor ich alles, was ein Mensch auf Erden verlieren kann, nur allein die Ehre und mein standhaftes Herz nicht, welche mir keine Fürstenmacht rauben konnte. Ich habe mein Gut 42 Jahre entbehrt: ich empfand die bittersten Folgen des Mangels ohne Niederträchtigkeit begangen zu haben; und war im Ueberflusse bis zur Verschwendung unvorsichtig: betrogen ward ich sehr oft, ich betrog selbst aber niemand. Die sich in meine grossen Güter getheilt haben, müssen sich vor mir schämen. Ich hingegen trage den Kopf auch bey Hofe empor. Ich schreibe

trockene

trockene Warheiten ohne Rückhalt, ohne Ansehen der Personen, die mich beleidigten, und meine Schriften sind geduldet und privilegirt. Ich war verachtet, verworfen, verurtheilt, und erhielt sogar im Kerker, im tiefsten Schlamme menschlicher Erniedrigung die Achtung, den allgemeinen Beyfall der klugen Welt. Monarchen mishandelten mich, weil sie mich nicht kannten, jetzt kennen Sie mich und ich finde Gehör, Schutz, auch Ehre und Gnade.

Gott! der unser Schicksal lenkt! Du hast mich durch Stürme zum Hafen geführt. Reiner Dank durchglüht meine gefühlvolle Seele; behüte jeden Menschen vor dergleichen Schicksal, wie das meinige war: wenn es ihn aber treffen muß, dann gieb ihm eben die Waffen, womit ich endlich meinen Sieg errungen habe. Behüte alle europäische Staaten vor Machtsprüchen! und entferne die orientalische Eigenmacht von unseren Gränzen. Stürze, beschäme, zernichte den Menschenfeind: gieb allen Justizverdrehern, allen Hofräthen, die Schurken sind, hier auf Erden den Zuchthausbesen in die Hand; in jener Welt schicke er sie aber dahin, wo fromme Bösewichte niemanden schaben können. Dieses Buch, meine traurige Geschichte, diene dem Verwegenen und Bedrängten zur Lehre, stärke die Verzagten und erschüttere das Herz der Monarchen. Dem Tode trete ich nunmehro lachend entgegen, meine Pflichten sind erfüllt, mein Zweck ist erreicht, meine Ruhe ist verdient, mein Herz ist vorwurfsfrey meine Nachwelt wird mein Andenken segnen, und nu der Fühllose, der Bösartige, der Hofgaukler, der Betrüger und Mönch, wird über meine Schriften schnarchen. Jede Stunde, die ich noch zu leben habe, sey der Menschenliebe gewidmet: für mich selbst bedarf ich wenig. Mein Kopf sehnt sich nach Ruhe und habe ich diese auch vielleicht erst jenseit des Grabes zu hoffen, so will ich doch bis dahin weder murren noch klagen; ich will still, aber gekannt dahin schleichen, wohin ich im Jugendfeuer sturmlaufen wollte. Hilf, gütiger Gott! daß ich den heutigen Vorsatz auch bis zum Tage, wenn ich zu seyn aufhöre, vollziehen möge. Und das sey das Ende meiner Lebensgeschichte.

Franz Freiherrn von der Trenck

kaiſ. königl. Obriſten, Partheigängers und erſten Anführers der ſogenannten Panduren,

wahrhafte Lebensgeſchichte

ſummariſch geſchrieben

von

Friedrich Freih. von der Trenck

als

eine Beilage zu ſeiner Biographie.

Franz Freiherr von der Trenck wurde im Jahr 1714 zu Calabria in Sizilien gebohren, wo damals ſein Vater Obriſtlieutenant und Kommandant war, welcher nachher zu Leitſchau in Ungarn als Obriſter und Kommandant im Jahr 1743 ſtarb, und die Herrſchaften Preſtowaz, Pleternitz und Pakratz, in Sklavonien, auch ein anſehnliches Vermögen in Ungarn beſaß. Er hieß Johann, und war meines Vaters leiblicher Bruder, folglich in Königsberg in Preuſſen geboren, wo unſre Familie bereits ſeit den Zeiten der Deutſchen Ordensritter bekannt und begütert iſt.

Seine Mutter war eine von Kettler aus Kurland, es iſt mir aber unbekannt, aus welchem Hauſe ſie abſtammete. Genug, dieſer Trenck, deſſen Geſchichte ich hier ſchreibe, war von Vater= und Mutterſeite ein ſtiftsfähiger alter Edelmann, und wir hatten beide einen Großvater in Preussen. Folglich war er nicht, wie seine Feinde in Wien ausgesprenget hatten, eines sklavonischen Räubers Sohn. Denn sein Vater, welcher dem Hause Oestreich 68 Jahre mit Distinktion gedienet hatte, starb in Leitschau als Obrister, und nahm benarbte Wunden als ein rechtschaffner Soldat in das Grab.

Dieser hinterließ nun seinen einzigen Sohn Franz, der zu der Zeit, da er starb, auch schon Obrister war, und gegen Theresens Feinde mit weitbekannter Distinktion dienete.

Von seinen Jugendjahren schreibe ich nichts. Seine Lebensgeschichte, die er im Jahr 1747 im Wiener Arrest herausgab, ist mit solchen Kleinigkeiten angefüllt, und so elend geschrieben, daß ich hier nur sehr wenig davon sage: ich trage nur das vor, was ich von glaubwürdigen Zeugen von seinen Feinden selbst gehöret, oder selbst geprüft und gesehen habe.

Der alte Vater war nur Soldat, in den einzigen Sohn verliebt, und dabey im höchsten Grade geizig. Seine Erziehung wurde folglich versäumt, und alle seine Leidenschaften blieben ungezäumt.

Da ihm nun die Natur wirklich ausserordentliche Talente mitgetheilet hatte; da sein Vater für damalige Zeiten reich war, und der feurige Jüngling sich ungefesselt fühlte: so mußten auch nothwendig grosse Ausschweifungen erfolgen. Alle Arten von Mäßigung blieben ihm unbekannt, und ein entschiedenes Glück folgte ihm in allen Unternehmungen. Diese waren aber unbegränzt, durch gar keine Grundsätze der

Tuged

Tugend und Menschenliebe geleitet, oder einge=
schränkt. Geld= und Ehrgeiz bestürmten seine ganze
Seele; weil ihm alles gelang, so erlaubte er sich auch
alles, und da seine kriegerische Neigung mit der Unem=
pfindlichkeit eines wirklich bösen Herzens vereinigt
war, er auch in einem Zeitpunkt auf die Weltbühne
trat, wo allein Blut und Schwerd das Schicksal der
Völker entschieden; so wurde der Befehlshaber räube=
rischer Völker durch ganz natürliche Folgen ein gefühl=
loser Menschenfeind und Wüterich: ein gefährlicher
Feind, und treuloser Freund.

Sein Temperament war cholerisch=sanguinisch,
folglich zur Wollust so wie zum Ehrgeize und zur Ta=
pferkeit geneigt. In grossen Gefahren kurz entschlos=
sen, sich in allen Fällen gegenwärtig, und da die Cho=
lera herrschte, unempfindlich und bis zur Raserey grau=
sam, unversöhnlich, habsüchtig, arglistig, erfindungs=
reich, immer mit grossen Aussichten beschäftigt; nur
dann aber, wenn das Sanguinische vorschlug und zur
Freude reizte, war er eigensinnig, verliebt, liebreich,
zärtlich, anhaltend, aber durch Stolz gereizt sogar krie=
chend um seinen thierischen Zweck zu erreichen. Jede
Eroberung machte aber eine neue Sklavin seiner unbe=
gränzten Herrschsucht, und wo er standhaften Wider=
stand fand, da hörte er sogar auf, geizig zu seyn. Eine
vernünftige Frau hätte demnach allein diesen beson=
dern Mann für Tugend, Rechtschaffenheit und Men=
schenliebe bilden können. Sein Wille war aber schon
in zarter Kindheit nie gebändigt worden: alles, was er
unternahm, war geglückt, folglich glaubte er auch

G 2 nichts

nichts unmöglich. Deßhalb war er ein verwegner Soldat, der alles zu unternehmen fähig war, und aller Gefahr lachend und trotzig entgegen ging. Um desto höher stiegen seine Entwürfe zur Grösse, da Ruhmsucht die Zielscheibe aller seiner Handlungen wurde: um so gefährlicher war er bey jeder möglichen Hinderniß, wo alles seinen Absichten weichen mußte, ihm auch jeder Weg seinen Zweck zu erreichen gleichgiltig schien. Wehe demnach seinem Gegner, der durch Bitten oder Demuth sein Mitleiden rege zu machen glaubte.

Er hatte von seinen Kinderjahren an nur rohe ungesittete Kroaten gekannt, die damals raubbegierig und blutdürstig waren, und nur durch Zwang und barbarische Prügel im Zaum gehalten werden konnten. Der beständige Umgang mit solcher Gattung von Menschen bildete demnach aus ihm einen wahrhaften Tyrann, um so mehr da er unternahm, sie durch thierische, knechtische Furcht zur militarischen Subordination zu leiten, und aus Räubern Soldaten zu bilden.

In seiner körperlichen Gestalt hatte die Natur alle ihre Wohlthaten verschwendet. Seine Grösse war sechs Schuh und drei Zoll, mit wirklich riesenmäßiger vollkommener Proportion. Sein Wuchs schön, seine Gesichtsbildung angenehm und männlich, seine Stärke fast unglaublich: denn er hieb dem stärksten Ochsen mit seinem Säbel den Kopf ab, hatte es auch in der türkischen Uebung so weit gebracht, daß er Menschenköpfe wie Rüben abhieb. Dabey war sein Ansehen in den lezten Lebensjahren fürchterlich, weil er im Baierischen Kriege bey einem feuerfangenden Pulverfasse halb gebraten, und sein Gesicht so verbrannt wurde, daß es voller schwarzer Flecken blieb.

Im gesellschaftlichen Umgange war er der angenehmste Mann in der Welt, sprach sieben Sprachen sehr geläufig, liebte Scherz, besaß eine besondere Gegenwart des Geistes für witzige Einfälle, verstand die Musik, hatte eine angenehme Stimme, sang künstlich, so daß er auf dem Theater hätte sein Brod verdienen können, und wußte einnehmend auch gefällig zu seyn. Hingegen da wo er gebieten konnte, war er ein Ungeheuer.

Sein Auge entdeckte dem Kenner bald eine arglistige Seele, und sein Zorn war Wuth, ohne Mäßigung. Sein mistrauischer Karakter wirkte bey allen Vorfällen, weil er andre so beurtheilte, wie er selbst für sie dachte. Eigennutz und begierige Habsucht blieben aber immer seine Hauptschwächen; da, wo etwas zur Vermehrung seiner Schätze zu hoffen war, wirkte weder Tugend, Religion, Menschenpflicht noch Ehre; und im ein und dreißigsten Lebensjahre, da er gegen zwei Millionen im Vermögen besaß, gieng sein Geiz schon so weit, daß er täglich nicht einen Gulden verzehrte, und sich selbst die Nothdurft abbrach. Da er nun im Kriege allezeit die Avantgarde führte, folglich in feindlichen Ländern überall offene Gelegenheit zum Nehmen war; da er zum Raube geneigte Völker führte, so waren die bekannten Folgen in der Plünderung von Baiern, Schlesien und Elsaß ganz natürlich. Er allein kaufte von allen seinen Leuten den Raub für geringen Werth, und schickte beladene Schiffe auf seine

Güter

Güter. Erhaschte irgendwo einer seiner Offiziere eine gute Beute, dann war er schon sein gewisser Feind, und er wurde so oft in das feindliche Feuer geschickt, bis er endlich todtgeschossen, und der Herr Obriste Universalerbe wurde, der sich alles mögliche selbst zueignete.

In allen militarischen Wissenschaften kannte ihn jedermann als den ersten Meister. Er war ein grosser Ingenieur, und sein Adlerblick wußte sogleich das Terrain zu durchforschen, auch jede Höhe und Entfernung richtig zu beurtheilen. Hieraus erwuchsen seine kriegerischen Vortheile, die ein guter Partheygänger am beßten benutzen kann, wenn er die Gegenden genau kennt, abwägt und untersucht, wo der Krieg geführt wird. Ueberall blieb er der Erste. Sein Leib war abgehärtet, um alle mögliche Beschwerden leicht zu erdulden. Keine Gelegenheit entwich seiner Wachsamkeit, alles wurde benuzt, und was Tapferkeit nicht hatte entscheiden können, das wurde durch die schlaueste Arglist bewerkstelligt. Verbindlichkeit gestattete ihm sein Stolz nicht; er war deshalb nach Grundsätzen undankbar, weil sich alle Triebfedern edler Handlungen, auf seinen Eigennutz zurückzogen, er selbst aber der Mittelpunkt für die Absichten der ganzen Schöpfung blieb. Da nun ein entschiedenes Glück zugleich alle seine Unternehmungen begünstigte, so schrieb er nothwendig auch alles das, was nur von ohngefähr geschah, seinen persönlichen Verdiensten zu: wußte keinen Freund zu suchen, zu schätzen, noch zu erhalten folglich blieb er auch gleichgiltig verlassen, wo er Hilf bedurfte.

Indessen

Indessen war er doch allezeit in seinem Fache ein brauchbarer und vorzüglicher Mann im Staate. Seine Liebe und Ehrfurcht, sein Diensteifer für die grosse Theresia waren unbegränzt, und allein in dem Falle, wo er den Ruhm ihrer Waffen ausbreiten konnte, war er wirklich vermögend sich selbst, und alle seine Lieblingsneigungen aufzuopfern. Hiervor kann ich Bürge seyn, weil ich ihn genau geprüft habe: wenn gleich die wahre Geschichte von Theresens Kriegen seinen verdienten Ruhm vermänteln wollte. Ein Geschichtsschreiber meiner Art, hält sich nicht bey unbedeutenden Kleinigkeiten auf. Er schildert zuerst den wahren Karakter seines Gegenstandes, seine Tugenden, Fehler und Neigungen ohne Schminke. Und dann erzählt er erst Thathandlungen, die sodann der Leser richtiger abwägen kann, wenn er ihre Quellen im Manne selbst zu finden weiß.

So sollten auch die Biographien unsrer Helden und Monarchen geschrieben werden, damit ihre Nachfolger aus dem vorgelegten Spiegel sich selbst beurtheilen, auch ihre Fehler verbessern könnten. Schmeicheley, Eigennutz oder Gefahr und Obergewalt sind aber die Hindernisse aller lauten Warheit. Die Absichten des Schriftstellers sind auch oft auf Habsucht und Bogenzahl gegründet, um ein dickes Buch theurer zu verkaufen. Man erzählt deshalb Kleinigkeiten weitläuftig, und weicht vorsätzlich von einem konzentrirten Vortrage ab, wo mit wenig Worten viel gesagt werden kann.

Meine

Meine Art Lebensgeschichte zu schreiben, gleicht keinem Romane, und setzt die genaue persönliche Kenntniß dessen voraus, der mein Gegenstand ist. Wie wenige kennen aber den Herrn gründlich, den sie nur nach Zeitungsberichten, oder für den Geschmack des grossen Haufens schildern wollen.

Ich schreibe eigentlich von Trenck aus folgenden Ursachen: Er hat die Ehre genossen, der erste Bilder und Anführer regulierter sklavonischer Völker zu werden. Unter seinem Kommando erwarben sie Ruhm, und stützten die Macht des östreichischen Staates. Die Kroaten bluteten: er selbst blutete verschiedenemal mit ihnen auf dem Schlachtfelde, und diente als ein rechtschaffener Soldat eben so furchtbar, als eifrig und redlich.

Durch die Verfolgungen niederträchtiger Feinde in Wien, mit denen er seine Beute nicht theilen wollte, verlor er Ehre, Freiheit, auch nicht nur sein eigen erworbenes Vermögen, sondern sogar auch unser Familienerbtheil in Ungarn. Er starb als ein unrechtmäßig verurtheilter Bösewicht wirklich im Kerker; und Schurken hatten sogar ausgesprengt, und Dummköpfe glauben noch wirklich, er habe den König von Preussen gefangen gehabt, und ihn gegen Bestechung wieder heimlich freigelassen. Auch Ungarn könnten demnach argwöhnen, daß ein Ungar, ihr Landsmann, wirklich ein Verräther gewesen sey.

Diese rechtschaffene Nation will ich demnach durch meine Feder und gründliche Beweise überzeugen, daß der Trenk Ehre, Mitleiden und Achtung im Vaterlande verdienet hat. In den ersten zwei Bänden mei-

der

ner Geschichte ist dieses bereits geschehen, auch gut geheissen worden, weil ich mich erboten habe, die Beweise dessen, was ich gesagt habe, durch Acta und Protokolle legaliter zu erweisen: falls der Monarch gereizt würde, die wahren Umstände dieses jedem ehrlichen Manne verabscheuenswürdigen Vorfalles untersuchen zu lassen, und eben so zu verfahren, als gegenwärtig für meine Ehre und Rechtfertigung in Berlin geschehen ist. Der todte Trenck kann zwar nicht sprechen. Ich aber, der ich die reine Wahrheit vertheidige, lebe noch wirklich, und bin zum Beweise erbötig.

Trenck schrieb zwar seine Lebensgeschichte selbst, da er während des Prozesses im Arsenal zu Wien im Arreste saß, und hatte in den letzten zwey Bogen trocken weg erzählt, wie man im sogenannten Kriegsrechte unter seinem ärgsten Feinde, dem Grafen Loewenwalde mit ihm verfahren war. Dieser fand aber zu mächtige Freunde, und diese Blätter wurden in Wien aus dem Buche gerissen, und öffentlich durch den Nachrichter verbrannt. Vertheidigen konnte er die Wahrheit damals nicht, weil er unter der unbegränzten Gewalt seiner Gegner seufzte. Ich hingegen habe eben diese Blätter im ersten Bande meiner Geschichte buchstäblich eingerückt; und bin noch gegenwärtig erbötig, aus seinen in Händen habenden Prozeßacten, und aus den gerichtlichen Protokollen zu zeigen, daß alles, was er hiervon schrieb, wirklich wahr gewesen ist. Er wurde damals auf den Spielberg geschickt, weil man von einem beleidigten Manne viel befürchtete,

welcher

welcher alles zu unternehmen fähig war. Er starb auch wirklich wehrlos als ein Schlachtopfer ungerechter Richter. Er ist todt, und kann seine Ehre nicht mehr vertheidigen.

Eben dieses ist meine Pflicht, ob er gleich als mein ärgster persönlicher Feind und Urheber aller meiner erlittenen Drangsale gestorben ist. Ein Mann seiner Gattung verdiente in einem Staate, dem er so grosse Dienste geleistet hatte, ein ganz anderes Schicksal. Gegen denselben hatte er kein Verbrechen begangen, und alle seine rechtschaffene Landsleute sollten ihm Ehrensäulen bauen. Seine Feinde die ihn stürzten, liegen bereits verächtlich im Grabe. Man hat sie alle kennen gelernt, aber zu spät, für den unglücklichen Trenck; und die, welche seine Güter theilten, ihn aber als ein Mastschwein schlachteten, um seinen Speck zu geniessen, hätten besser gethan, wenn sie Juden geblieben wären, die keinen Speck fressen dürfen. Gott gebe ihnen gute Mast! Es wuchsen viel Eicheln auf den sklavonischen Gütern, schwerlich wird ihnen aber eine so fette Nahrung einen gesunden Menschenverstand, noch weniger ein edles gefühlvolles Herz wachsen machen. Wenigstens bis hieher hat man in ihren Geschlechtern noch keinen Trenckischen Kopf für den Staat hervorkeimen gesehen, und von dem Adel ihres Herzens werde ich schwerlich etwas vom bereits Genossenen zurück erhalten. Proficiat Ew. Excellenz in fürstlichen Gnaden! und hohen Magnaten — Alle diese Titel sind aus Trenckischer Casse bezahlt worden. Mir blieb

vom

vom rechtmäßigen Gute nichts übrig. Aber die Ehre meines Vetters im Grabe zu retten, blieb mir vorbehalten, und dieses Recht allein hat mir alle eure Kabale und Familienprotektion, euer Reichthum und accreditirter Wohlstand bey Hofe nicht verhindern können.

Ich habe frey geschrieben, und erwiesen, daß der Trenck von euch geplündert wurde; daß er dem Hause Oestreich als ein ehrlicher Mann mit Treue und Eifer gedienet, und nicht auf dem Paradeplatze, nicht in der Gerichtsstube, sondern mit dem Degen in der Faust für das Vaterland die Soldatenrolle rühmlich gespielt hat, und daß er eben so wenig den König von Preußen als den Kaiser von Marocco gefangen hatte, folglich nicht als Landesverräther auf den Spielberg verurtheilt wurde, sondern ein wirkliches Opfer des Neides und der Obergewalt solcher Leute war, die man nie bevollmächtigen sollte, über Verdienste und Rechtschaffenheit zu urtheilen.

Es ist aber geschehen. Er ist todt — Wer aber noch auf Erden lebt, und mir unter die Augen mit dem Vorwurfe treten darf, daß jemals der Ungarische oder Preußische Trenck der Verrätherei fähig war, oder in Wien und Berlin Strafe verdiente, der darf mich nicht lange suchen, um a priori sowohl als a posteriori Beweise zu sehen, daß uns beiden Unrecht geschehen ist. Nach diesem vorläufigen Vorberichte schreite ich erst zum Zusammenhange der entworfenen Geschichte.

Trencks Vater war ein abgelebter geiziger Greis und guter Mann. Der Sohn hingegen ein ungebändigter feuriger Jüngling, der Geld brauchte, um nach

seinen

seinen Lüsten zu leben. Er machte viele lustige Streiche, und diente als Fähndrich bei einem mir unbekannten Infanterieregimente.

Hier ging er zu einem Beamten der Güter seines Vaters, und forderte Geld. Er weigerte; und Trenck spaltete ihm den Kopf. Es erwuchs ein Prozeß, er wurde beigelegt, und da im Jahr 1736 der Krieg zwischen Rußland und den Türken ausbrach; so warb er mit Erlaubniß des Wienerhofes eine Esquadron Husaren, und trat mit derselben in rußische Dienste, so ungern auch der alte Vater seinen einzigen Sohn vermissen wollte.

In diesem Kriege diente er nun mit ganz besonderem Vorzuge, und gewann die vollkommene Protection des Feldmarschall Münnichs; machte so glückliche als verwägene Partheygängerstreiche gegen die Tartarn, daß er bald in der Armee berühmt, und nach dem Feldzuge Major wurde.

Bey einer Gelegenheit, wo die Türken vor der Fronte herum schwärmten, und das Regiment aufmarschirt war, erblickte er einen Vortheil und rief dem Obristen Pumin zu, er sollte mit dem Regimente sogleich einhauen, und die sichtbaren Vortheile benuzen.

Der verzagte Obrist gab zur Antwort — Ich habe keine Ordre dazu. Trenck bath um Erlaubniß, nur mit seiner Esquadron einzuhauen, und erhielt sie nicht. — Gleich gerieth er in Wuth, weil er bisher keinen Widerspruch oder Unterwürfigkeit gekannt hatte, und rief dem Regimente zu — Wer ein braver Kerl ist, der folge mir nach. Ungefähr 200 Mann prellten vor; er

sezte

sezte sich an die Spize, verursachte ein empfindliches Blutbad, schlug den Feind, und kehrte von Freude trunken mit Köpfen und Gefangenen siegreich zurück.

Sobald er vor die Fronte des Regiments kam, sprengte er auf den Obristen los; hieß ihn einen Rußischen ꝛc. und prügelte ihn mit der Karbatsche, ohne daß er sich zur Gegenwehr stellte.

Die Sache wurde angeklagt. Trenck arretiret, und ihm der Criminalproceß gemacht.

Hier wurde er verurtheilt arquebusirt zu werden, und sein Todestag war bereits bestimmt. Am Tage vor der Execution ritt aber der Feldmarschall Münnich zufällig oder vorsezlich dem Zelte vorbey, wo er geschlossen und gefangen saß. Trenck erblickt ihn, drängt sich vor, und redet ihn auf folgende Art an.

Erlauben Euer Excellenz doch nicht, daß ein fremder Cavalier hier deßhalb schimpflich sterbe, weil er einen feigen Russen geprügelt hat. Gestatten Sie mir, daß ich mein Pferd sattlen lasse und den Tod von den Händen bewafneter Feinde mit dem Säbel in der Faust suchen darf. — (Die Tartarn waren eben im Scharmüzel mit den Vorposten beschäftigt) Der Feldmarschall zuckt die Achseln und schweigt. — Trenk redet ihn nochmal beherzt an, und sagt: wenn ich allein drey Köpfe zurück bringe, habe ich Pardon, Euer Excellenz? Die Antwort war: Ja! — Gleich ward das Pferd geholt, er sprengt fort; und kommt allein mit 4 Köpfen an die Mähnen des Pferdes angeknüpft, und einer leichten Wunde an der Schulter zurück. — Münnich umarmt ihn,

ihn, und sezt ihn als Major bei einem andern Regimente.

Hier hat er wirklich Wunder der Tapferkeit gezeigt. Unter andern wurde er einst von einem Tartarn durch den B‥‥ gespießt. Er ergrief den aus dem Leibe hervorstehenden Spieß, brach ihn mit seiner gewöhnlichen riesenmäßigen Stärke ab, gab dem Pferde die Sporn, und kam glüklich davon, wurde auch bald geheilet, und ich selbst habe die beiden Narben gesehen, folglich kann ich die Wahrheit eines so besondern Vorfalls auch bestättigen. Wie ich denn auch alles dies Rühmliche von seiner ausserordentlichen Verwegenheit, und Gegenwart des Geistes im Jahr 1746 von den Officiren gehört habe, die mit ihm damals dienten, und Augenzeugen waren.

Er diente auch in diesem Feldzug mit Ehre, wurde mit einem Pfeile in den Schenkel verwundet und gewann die ganze Liebe des Feldmarschalls, zugleich aber auch den Neid aller Nationalrussen. Endlich traf ihn ein neues Unglück, kurz vor dem Ende dieses blutigen Krieges. Sein Regiment war aufmarschirt, der Feind schwärmte herum, er bat seinen Obristen um Gotteswillen, er möchte attaquiren. Dieser war wieder ein Russe, weigerte und Trenck gab ihm eine Ohrfeige. Er rief den Leuten zu, ihm zu folgen. Da diese aber keine Ungarn, sondern Russen waren, blieb alles stehen, und er wurde arretirt.

Nun verurtheilte ihn das Kriegsrecht zum Tode, und alle Hofnung zur Rettung war verloren; so gerne ihn auch der General begnadigt hätte, so war es doch unmög=

unmöglich, weil er selbst ein Fremder war, und durch Partheylichkeit alle bereits murrende Rußen beleidigt hatte.

Der Executionstag brach heran. Er wurde zum Todschießen ausgeführt, der Feldmarschall hatte es aber so angestellt, daß eben, da der lezte Augenblick heran nahte, der Feldmarschall Löwenthal nebst seiner Gemahlin herbei fuhr. Trenck benuzte den Augenblick: redete beherzt und beweglich, man hielt Einspruch für ihn, und er erhielt Gnade, hingegen wurde er verurtheilt, nach Sibérien, zur Arbeit geführt zu werden.

Er protestirte gegen dieses Urtheil. Der Feldmarschall schrieb nach Petersburg, und der Befehl kam — Er sollte caßirt, und aus den rußischen Staaten verwiesen werden.

Dieses geschah. Man führte ihn über die Gränze, und er reisete zu seinem Vater nach Ungarn.

Hier heurathete er nun die Tochter eines gewissen Feldmarschalllieutenants, welcher zwei Söhne in k. k. Diensten hatte, wovon der eine im siebenjährigen Kriege mit Ruhm und in besonderen Gnaden der Monarchin starb, der andere aber kommandirender General in Kroatien war, und noch gegenwärtig lebt, auch ein Infanterieregiment besizt, welches seinen Namen führt.

Mit dieser Frau lebte er nicht lange. Sie war schwanger, er führte sie seinem wilden Temperament gemäß in den Morast auf die Jagd, sie war dergleichen nicht gewohnt, und starb ohne Erben zu hinterlassen.

Trenck konnte bei seinen kriegerischen Neigungen nicht müßig seyn. Die Gelegenheit fehlte im allgemeinen

meinen Frieden. Er unternahm also den Entwurf, die Räuber in Sklavonien auszurotten. Nun muß man vorläufig wissen, was dieses eigentlich für Leute waren, die noch niemand vor ihm ernsthaft anzugreifen gewagt hatte, ob sie gleich das ganze Land in Kontribution sezten, und die grausamste Handlungen begingen.

Sie hatten ihre Anführer, die man Harumbacha nannte: diese wurden von den stärksten, klügsten und verwegensten der Nation gewählt. Ihre Gesetze waren so strenge, daß der mindeste Fehler mit dem Strange gestraft wurde. War einer von ihnen in einem Dorfe verrathen, so hat man kein Beyspiel, daß in demselben auch nur ein Kind in Mutterleibe geschont worden. Ihre Rache hatte keine Gränzen, und wann die ganze Bande verunglückte, so mußte der neue Harumbacha zuerst den Ort vertilgen, wo man seine Vorfahren beleidiget hatte.

Sie waren wirkliche Partheygänger, unterhielten ihre Kundschaften in der Türkey: überfielen daselbst die türkische Räuberhaufen, und nahmen ihnen die Leute ab, oder mordeten und plünderten die reisenden Kaufleute. Dieses alles erregte im ganzen Lande ein allgemeines Schrecken. Niemand wagte ihren Haß zu erwecken, und alle Güterbesitzer zahlten ihnen eine Kontribution, um ihre Herrschaften vor den türkischen Räubern zu schützen. Wie dieses geschah, da lebte Herr und Unterthan ruhig und vollkommen sicher, weil sie in allen Fällen sich ein Gesetz daraus machten, ihr Wort zu halten. Die Zahl war unter
jedem

jedem Bacha bestimmt, und wenn einer abging, so suchte jeder starke und geschickte junge Bursche eine erledigte Stelle, weil er bey ihnen nicht arbeiten durfte, und in Ueberfluß zu leben hatte.

Sie giengen folglich im ganzen Lande frey, sogar mit silbernen grossen Ringen und Knöpfen bewafnet und kennbar herum; kam es auch bey angestellten Verfolgungen von der Polizey zum Handgemenge mit regulirten Soldaten, so hatten sie meistens die Oberhand, und blieben in den grossen Waldungen, wo ihnen allein alle Zugänge bekannt waren, vor Anfällen gesichert, verheerten aber desto mehr die Wohnungen der geplagten Einwohner.

Mit dieser ganz besondern Gattung von Menschen fing nun der Trenck seine militairische Operation an, und brauchte hiezu seine eigene Herrschafts=Panduren und Unterthanen; zulezt war er da, wo er es forderte, mit Militairkommando unterstüzt, weil er sich in Wien erboten hatte, dieses Gesindel auszurotten. Nun gieng das lebendige Spiessen und Rädern an. Und vielleicht erfordert dieser Krieg mehr Muth, mehr Vorsicht und Klugheit, als bey grossen Heeren im Schlachtfelde. Hierzu war er gebohren: Tag und Nacht wachsam: schlau erhaschte er dann und wann einen auf Spur= und Klopfjagden, die Söhne und Väter der Räuber mußten bluten. Er verfuhr mit ihnen nach der äussersten Grausamkeit, und war dabey keinen Augenblick sicher, in ihre Hände durch Verrätherey seiner eigenen Leute zu gerathen.

Nur zwei Geschichten will ich hier erzählen, die eigentlich den Karakter des Mannes schildern.

Er hatte den Vetter eines Harumbacha lebendig spiessen lassen, und patrouillirte Abends an dem Ufer eines Baches, der die Gränze scheidet. An dem andern begegnet ihm der Räuber selbst mit seinen Leuten. Es war Mondlicht. Dieser rufte ihm zu:

"Trenck! ich kenne deine Stimme; du hast mei-
"nen Vetter gespiest; du verfolgst uns, wie ein
"Schurke hinterlistig und grausam. Hast du ein Herz
"im Leibe, so gehe über den Steg herüber. Ich schi-
"cke meine Leute zurück. Lege du alles Gewehr ab,
"so wie ich, nur deinen Säbel bringe mit, und dann
"wollen wir sehen, wer den Platz behält.

Nach genommener Abrede schickte er seine Leute zurück, legt sein Gewehr ab, und Trenck geht über den Steg. Beide griffen zum Säbel. Trenck aber erschießt ihn mit einer verborgen gehabten Pistole verrätherisch, und trägt seinen Kopf herüber, den er auf einen Pfahl stecken lies. Ob diese Handlung gegen einen so Edeln lobenswürdig war, mag der Leser beurtheilen. Indessen wurden sie auf allerhand arglistige Art in das Garn gelockt, und mein Vetter wurde das Schrecken und die Geissel dieser schädlichen Leute.

Eines Tages ist er auf der Jagd, hört Musik in einem einzelnen Hause seines Unterthans: ist durstig, geht hinein, und findet Hochzeitgäste bey Tische. Sogleich sezt er sich hinzu und ißt mit, ohne zu wissen, daß in diesem Hause der Räuber Zusammenkunft war.

Indem er gegen die Thüre über an einem langen schma-

schmalen Tische sizt, treten zwei riesenmäßige Harum=
bachen bewafnet herein. Er erschrickt. Seine Flinte stand an der Wand. Der Räuber besänftigt ihn
aber gleich mit den Worten:

„Wir haben dich und deine Unterthanen nie be-
„leidigt, Trenck! und du verfolgst uns mit solcher
„Grausamkeit auf die niederträchtigste Art. Wir den-
„ken edler; friß dich ruhig satt mit uns. Wir könn-
„ten dich gleich an der Wand ohne Gegengewehr tod
„schiessen, fürchte aber nichts. Wenn wir gegessen
„haben, dann wollen wir mit dem Säbel in der Faust
„sehen, wer von uns eine gerechte Sache hat, und ob
„du so tapfer, so unüberwindlich bist, als die Leute
„sagen.“

Hiemit sezten sie sich gegen ihm über zu Tische, und essen und trinken fröhlich mit. Wie dabei
dem Trenck zumuthe war, ist leicht zu erachten, weil
er nicht wissen konnte, ob ohne diese handfeste Kerle
nicht noch draussen ihre Gehülfen bereit stunden, um
ihn zu martern. Er zieht demnach unbemerkt seine
Sackpistolen heimlich aus der Tasche hervor, rich-
tet sie beide unter dem Tische auf den Bauch seiner
Gegner, drückt sie zugleich los, ergreift den ganzen
Tisch, wirft ihn über sie hinauf, und springt glücklich
zur Thüre hinaus. Im Herausspringen nimmt er noch
ein Gewehr des Räubers mit, welches sie an die
Thüre gestellt hatten. Einer davon wälzt sich im
Blute, der andere arbeitet sich hinter dem Tische
hervor, läuft ihm wütend nach. Trenck läßt ihn an-
laufen, schießt ihn mit seiner eigenen Flinte todt,

haut ihm den Kopf ab, und bringt ihn zu seinen Leuten nach Hause.

Hiedurch verloren nun die Räuber ihren besten Anführer, und folglich auch den Muth, so daß sie auf allen Seiten niedergehauen wurden, und haufenweise in das türkische Gebiet flüchteten.

Nun brach eben der Krieg im Jahr 1740 los, wo alle Ungarn zum Gewehr griffen, um ihre Königin, ihre schöne geliebte Gebietherin zu retten. Trenck schrieb nach Wien, erbot sich ein Panduren-Freykorps aufzurichten, und fordert Generalpardon für alle Räuber, welche dabei Dienste nehmen wollten. Er erhielt, was er suchte; machte diesen Pardon bekannt, und die Werbung nahm den Anfang. Nur wenige schlugen sich dazu. Er warb aber eigene Unterthanen, formirte ein Corps von etwa 500 Mann, gieng den Räubern von allen Seiten auf den Leib, und trieb sie zwischen der Sau und Sorsawa in die Enge. Hier entschlossen sie sich nun zur Kapitulation. Diese erfolgte, und gegen 300 Mann nahmen Dienste unter seinen Panduren.

Die meisten dieser Leute waren nur 6 Fuß groß, geübte verwegene Soldaten und konnten alle schwimmen, auch ganze Meilen weit wie die Rehe im Walde laufen. Dieses mußte ein jeder können, und gelernt haben, ehe er aufgenommen wurde.

Es ist demnach nicht zu verwundern, daß ein kluger Anführer dergleichen Leute im Kriege zu allem brauchen, und Wunder der Tapferkeit und Kühnheit mit ihnen bewerkstelligen konnte. So lange auch noch

noch einige von ihnen bei so häufigen Gefechten übrig blieben, waren die Panduren gewiß in allen Vorfällen gefährliche Leute. Unter ihnen aber Disciplin, Ordnung und Subordination einzuführen, dieses konnte nur allein ein Trenck zuwegebringen, welcher den Nationalkarakter kannte, und sie durch wollüstige Tage und Raubsucht dahin zu lenken wußte, wo er Siege und Vortheile erfechten wollte. Ist der Offizier dieser Völker nicht selbst kühn in grossen Gefahren; steht er nicht an ihrer Spize, und verspricht ihnen Plünderung, und Speck genug zum Shmause, dann wird er sie schwerlich vorwärts bringen. Bemerken sie, daß er sich fürchtet, dann thun sie gar nichts, rebelliren und laufen nach Hause. Er mußte demnach, um dergleichen Leute zu brauchen, nicht nur selbst mit ihnen grausam verfahren, sondern ihnen auch wirklich Grausamkeiten durch die Finger sehen. Hiedurch allein erreichte er seine Absicht; machte sich bei Oestreichs Feinden furchtbar, und leistete seiner Monarchin wichtige Dienste.

Im Jahr 1741, da sein Volk noch ganz roh war, ereignete sich folgender Vorfall. Er exercirte mit seinem Regimente, und ein ganzer Zug gab scharf Feuer auf ihn, tödtete auch seinen Läufer, der neben ihm stand, und sein Pferd. Gleich sprang er hervor, gieng rasend auf den Zug los, zählt 1, 2, 3, 4, und hieb dem vierten den Kopf herunter. Dies geschah bei dreyen: hierauf sprang aber ein Harumbacha aus dem Gliede hervor, zog den Säbel, gieng ihm auf den Leib und sagte: Ich habe

auf

auf dich geschossen, jezt wehre dich deiner Haut. Alles stand unbeweglich. Trenck grif ihn an, und hatte das Glück, ihn nieder zu hauen. Nun wollte er die Execution bei dem vierten Manne fortsezen: das ganze Regiment aber grif zum Gewehr, und spannte den Hahn. Die Rebellion war wirklich da. Gleich ergrif er den Säbel und hieb rechts und links ein. Diese Entschlossenheit schreckte, alles rief, halt! fiel auf die Knie und versprach Gehorsam. Er umarmte einige brüderlich, hielt eine kurze Anrede nach dem Nationalgeschmak an sie, und von dieser Zeit an waren seine Leute überall unüberwindlich, wo er selbst zugegen war.

Man bemerke diese Geschichte, und schliesse auf den Mann, welcher in solcher Gefahr so entschlossen zu handeln vermögend ist. Dennoch wurde er zulezt das Schlachtopfer solcher Männer, die den Soldaten nicht zu beurtheilen wußten, weil sie in ihrer Uniform in Wien grau wurden, ohne sie mit Blut zu besprizen, und zogen ihn in einen Kriminalprozeß, weil er Grausamkeiten ausgeübt hatte.

Man betrachte aber den Trenck in seiner Lage als Befehlshaber eines Menschenhaufens, der allein vom Raube zu leben gewohnt war, und in Feindesland alles zu nehmen sich berechtigt glaubt. Ein Volk, welches den Tod am Galgen nie fürchtet, das keine Unterwürfigkeit kannte, und auf einmal im regulirten Soldatenzwange dienen und fechten soll. Für die Ehre thut ein solcher nunmehr privilegirter Räuber gewiß nichts. Sein Aufführer muß demnach blos

blos seine Raubsucht zu benutzen suchen, um ihn in das Schlachtfeld zu bringen; denn sieht er keinen Vortheil für sich selbst, so thut er gewiß nichts auf allerhöchsten Befehl, oder für den Herrendienst. Hierzu taugt der Türke, aber der schlaue Sklavonier gewiß nicht: der aller Gefahr ausweicht, wo er nichts gewinnen kann.

Nun brauchte Trenck Offiziere, gleichfalls von besonderer Gattung. Sie mußten vorzüglich kühn und klug seyn, um solchen Leuten zu befehlen. Als Partheygänger mußten sie mehr Ungemach als alle andere regulirte Soldaten dulden; auch täglich den Feind aufsuchen, und ihr Leben wagen. Hiezu fand er wenige geneigt und geschickt, mußte also im Anfange alles annehmen, was ihm vor die Hand kam.

Da er nun überall selbst gegenwärtig war: so kannte er die feigen Memmen gleich, und jagte sie auch ohne weitere Umstände oder Kriegsrecht vom Schlachtfelde weg, wenn sie sich in Gräben und Schlupfwinkel versteckten, oder nicht an der Spize seiner Panduren Sturm laufen wollten. Diese Zahl, meistens von schlechten Kerlen, vermehrte sich: sie liefen nach Wien, schrieen und klagten.

Dort wachten Trencks Feinde und Neider, weil sein Geiz nicht gestattete, daß er von seiner grossen Beute, nach Wienerbrauch, etwas mit der dortigen Militairobrigkeit theilte. Eben hieraus entstand eigentlich zulezt der Prozeß, welcher alle seine Entwürfe vereitelte, und ihn selbst persönlich unglücklich machte.

Kaum

Kaum war er mit seinen sklavonischen Völkern in Oestreich eingerückt, so ereignete sich gleich offene Gelegenheit, Lorbeeren einzuerndten. Die französische Armee wurde bei Linz weggeschlagen. Trenck war überall an der Spize, verfuhr grausam mit den Gefangenen und gab im Schlachtfeld keinem Pardon. Schon der äussere fürchterliche Anblick seiner Panduren schreckte, und ihr barbarisches Verfahren, ihr stürmischer Angrif, ihre arglistigen, im Räuberleben gewohnte Streiche verursachten eine unerwartete Wirkung. Trenck war klug, wachsam, kriegerisch, wußte jeden Vortheil zu nuzen, folglich war er auch gleich auf dem Schauplaze bekannt und berühmt. Er gewann das Vertrauen, die Liebe des Prinzen Karl und die ganz besondere Achtung des kommandirenden Feldmarschalls Graf Kevenhüller, der den Mann zu schäzen, und in seinem gehörigen Fache zu brauchen wußte, deßhalb erhielt er mehr Gewalt, als wohl kein Partheygänger vor ihm gehabt hatte. Er machte der Armee überall Plaz, und folgte den fliehenden Feinden nach Bayern, wo alles mit Schwerdt und Feuer verwüstet wurde. Eben dieses war Wiens, auch seines Volkes Sache, die für Beute alles unternahmen, und unter einem solchen Anführer auch Wunder der Tapferkeit ausführten.

In Bayern gieng vollends das Wüthen los. Prinz Karl ließ ihm freyen Zügel, und da er den Feinden keinen Pardon gab, so liefen Bayern und Franzosen schon davon, wenn sie nur einen rothen Mantel erblickten. Die Herren Panduren plünderten

ten und mordeten, wo sie hinkamen, und ihre Beute kaufte und sammelte der Herr Obriste.

Die größte Grausamkeit wurde in Cham ausgeübt, die Stadt an allen Ecken angesteckt, und die Einwohner in die Flammen geworfen. Die fliehenden Weiber und Kinder, die eine Brücke passiren mußten, wurden erst geplündert, dann aber in das Wasser gestürzt. Dieses Verfahren kam auch bei seinem Prozesse vor. Er rechtfertigte sich aber hiedurch: daß

1) Die Bürger in Cham sechs Gefangenen von seinen Leuten die Hände abgehauen, und sie im Triumph herum geführt hatten.

2) Daß sich die Bürgerschaft zur Gegenwehr gestellt, und

3) Daß Prinz Karl ihm Befehl gegeben hätte, eben so zu verfahren als wirklich geschehen ist.

Der ganze Iserwinkel schreyt noch Ach und Weh gegen die Trenkische Barbarey. Deckendorf und Filzhofen erfuhren seine ganze Wuth. Im ersteren wurden 600 Franzosen von ihm mit Kapitulation gefangen genommen, die er blos mit Strohgarben geschreckt hatte, denen er in der Entfernung Pandurenkleider angezogen, und sie als Schildwachten ausstellte, wo er doch wirklich von seinen Leuten noch vier Meilen entfernt war, und nebst einem Adjudanten und etlichen Offizieren allein die Kapitulation unterschrieb.

Was er übrigens im bayerischen Kriege der Armee für wesentliche Dienste geleistet hat, dieses ist

in

in der Geschichte Theresens weltkündig, ob man gleich seine Handlungen allezeit von der verhaßten Seite geschildert, und das Gute vorsezlich verschwiegen hat, weil er im Unglück starb, und die Biographieschreiber nicht mehr bezahlen konnte.

In Deckendorf oder Filzhofen, (der Ort wo es geschah, ist meinem Gedächtnisse entfallen) erfuhr er durch einen Kundschafter, daß in einer Apotheke ein Fäschen mit 20000 fl. versteckt worden. Von Geldsucht getrieben, eilt er hinein, mit einem brennenden Licht in der Hand, visitirt überall, und kommt unvorsichtig an etliche Pfund Pulver: dieses fängt Feuer, und wirft ihn halb gebraten zu Boden. Er wurde weggetragen, geheilt, und von dieser Zeit an, war sein Gesicht durch die Narben und eingebranntes Pulver desto fürchterlicher. Der noch lebende General B. L. war damals Lieutnant bey seinem Regimente, und stand an der Thüre, da sich sein Obrister verbrannte. Kaum war er gesund, so wurde ihm von seinen Kundschaftern zugesteckt, daß dieser Offizier viel Geld habe, und mit seinen Freunden lustig lebe. Er muthmassete demnach, daß er das Fäschen mit dem Gelde müsse erhascht haben; und von diesem Augenblicke an verfolgte er diesen rechtschaffnen Mann auf alle mögliche Art, schickte ihn auch bey allen Vorfällen mit 30 gegen 300 Mann, um ihn todtschiessen zu lassen, und sein Erbe zu seyn. Dieses dauerte so lange, bis B. L. endlich müde wurde, quittirte, und sich in Wien zum Haufen seiner Kläger und Feinde schlug, und so den Mann, der ihm in An-

fange

fange, da er ihn bey seinem Regimente aufnahm, alle Freundschaft und Hilfe erzeigt hatte, wirklich durch seine Beitretung unglücklich machte. Sicher bleibt es aber, daß dieser wirklich grosse Mann seine Lehrschule unter des Trenck's Anführung gefunden hat. General Tillier, dessen Soldatengeist armeekundig ist, stammt gleichfalls aus dieser Pflanzschule kurz entschlossener Soldaten, und wer taugt noch gegenwärtig besser, eine Ungrische Armee zu kommandiren als diese Männer?

Bey einer Gelegenheit, da Trenck in Wien in den Prozeß verwickelt war und eine ehrenrührige Schrift ohne Ausnahme gegen alle seine Kläger eingereicht hatte, sagte ich zu ihm: „Sie haben mir ja allezeit den B. L. als den tüchtigsten von allen ihren Offizieren, und den rechtschaffensten Mann gepriesen: warum vermischen sie ihn denn jezt mit dem übrigen Gesindel? — Seine Antwort war:

„Wollen Sie, daß ich einen Mann loben soll, welcher an der Spitze derer arbeitet, die mich um Ehre, Güter und Leben bringen wollen?"

Dieses hab ich hier nur deshalb erzählen wollen, damit ich mich auf eines so ehrwürdigen Mannes Zeugniß öffentlich beziehen kann, daß der Trenck ein grosser Soldat, ein eifriger Patriot war, und nie den König von Preussen gefangen hatte, wie es niederträchtige Schufte in Wien ausgesprengt haben, und noch gegenwärtig mit dem dummen Pöbel glauben; B. L. hätte doch müssen dabei seyn. Sein gegenwärtiges Zeugniß ist demnach das beste Siegel für die trockene Wahrheit meiner Erzählung, wodurch ich die Ehre unsres

Fami=

Familiennamens behaupte, welche ich meinen Kindern schuldig bin.

Ganz Baiern wurde nun von ihm geplündert: wie man damals sagte: und ganze Schifsladungen mit Waaren, Silber und Gold auf die Güter nach Sklavonien geschickt. Prinz Karl und Graf Kevenhüller erlaubten ihm alles. Feldmarschall Neuperg kommandirte, dieser hatte andre Grundsätze, stand mit dem Hofkriegsrathe, Baron Tiebes, damaligen in Wien gewaltigen Soldatengebieters in Verbindung, und war folglich des Trencks Feind.

Bald gieng die Verfolgung so weit, daß er ihm den Prozeß wollte machen lassen. Er wurde arretiret: vertheidigte sich aber so gut, daß er nach 4 Wochen freigesprochen wurde.

Indessen hatte Menzel das Kommando der Panduren, und eben in dieser Zeit gewann dieser Mann, der eines Fleischhauers Sohn, und im Grunde gar kein Soldat war, seinen ganzen erworbenen Ruf, durch die Tapferkeit eines Volkes, welches Trenck gebildet hatte.

Während dieser Zeit erhielt er den Ruf eines Partheygängers. Es ist aber armeekündig, daß dieser Mann in der Geschichte niemals verdiente, einem Trenck an die Seite gestellt zu werden. Inzwischen vermehrte Trenck seine Kroaten bis auf 4000 Mann, woraus im Jahre 1743 ein regulirtes ungarisches Infanterieregiment errichtet wurde, welches aber noch den Namen Panduren beybehielt. Hierzu errichtete er noch 600 Mann Husaren, und 150 Jäger, die er alle aus seinem eigenen Beutel warb, beritten machte, und

mon=

montirte; wogegen aber bey Reduktion dieses Korps alles zum Vortheil des Aerarii verkauft oder untergestecket, mir hingegen auch nicht ein Groschen vergütet worden ist.

Mit diesem nunmehr ansehnlichen Korps konnte er auch grössere Unternehmungen ausführen. Der Feind flohe, wo man seinen Namen nannte. Er war überall an der Spitze der Armee, trieb manche Million Kontributionen ein: erstieg viele haltbare Oerter mit dem Degen in der Faust, und hat innerhalb 5 Jahren seiner Monarchinn 7000 Franzosen und Baiern, und über 3000 Preußen als Gefangene geliefert. Gewis aber eben so viel in die Pfanne gehauen, welches sich noch kein Partheygänger rühmen kann; dabey ist am merkwürdigsten, daß er niemals geschlagen wurde. Alle Anschläge glückten ihm: und eben hiedurch gewann er Liebe und Vertrauen seiner Leute, und war und bleibt ewig in der Geschichte der erste Mann, welcher aus Kroaten Soldaten für den Staat gebildet hat.

Ohnmöglich konnte aber alles dieses ohne Exzesse und Ausschweifungen bey einem rohen blutbegierigen Volke geschehen, welches überall Schrecken verbreiten mußte. Und da er von S. K. H. dem Prinzen Karl ungebundenen Willen hatte, und Geld und Fourage überall fehlten; so mußte nothwendig der feindliche Unterthan alles herbeischaffen, welches in der Folge von seinen Feinden mit dem Titel Exzessen ihm im Prozesse zur Last gelegt wurde, wogegen alles, was Bärenklau, Menzel und die ganze Armee zusammen geplündert, niemals in Anfrage gekommen ist.

Daß

Daß aber der Trenck seinem Regimente aus eigenem Beutel mehr als hunderttausend Gulden baar vorgeschossen hat, erwieß ich im Jahre 1750 sonnenklar in Wien, aber leider! erst nach seinem Tode. Wo doch seine niederträchtigen Feinde ihn im Prozesse beschuldigten, daß Er das Aerarium hintergangen hätte. Der in diesem Falle gewiß unschuldige Mann wurde aber von partheyischen Richtern unterdrückt, und wirklich wegen dieses falschen Artikels auf den Spielberg verurtheilt. Seine Ehre habe ich erst nach seinem Tode gerettet, Rechnungen und Beweise geführet, sogar der Quartiermeister Friderici saß 8 Monate in Eisen, gestand den Betrug, fand aber so viel Protektion bey Trencks Feinden, daß er am Ende nichts bezahlte, und da ich im Jahre 1754 in das Magdeburger Gefängniß gerieth, sogar absolvirt wurde. Der Monarchin ist gewiß nichts vergütet worden, und meine liquidirte 84,000 fl. blieben gleichfalls verloren, die mir de jure das Aerarium hätte vergüten sollen.

Als etwas Merkwürdiges von der damaligen Justiz muß ich hier dieses einschalten, daß eben zur Zeit, da dieser Quartiermeister in Wien im Gefängniß saß, und Herr Hofrath von der Marck die Inquisition hatte, ich diesen Mann unerwartet auf des Herrn Hofraths Landgute bey der Tafel im vertraulichsten Umgange überraschte, weil ich zufällig von dieser besondern Protektion benachrichtigt wurde. Man urtheile hieraus, was ich für Justiz und Entschädigung von einem solchen Inquisitorn zu hoffen hatte; und wie die gute Monarchin damals von ihren Kommissariatswirthschaftern hin-

hintergangen wurde. Alles, was übrigens mein Vetter zum Vortheile des Dienstes, und zur Ehre der östreichischen Waffen bewirkte, kann ich hier nicht bemerken; weil ich nicht Augenzeuge war, und das meiste, was er mir von allen seinen Unternehmungen erzählte, meinem Gedächtnisse entfallen ist. Genüg, sein Ruhm ist weltkündig, und wäre gewiß in Theresiens Geschichte bis zum Himmel erhoben worden, wenn er nicht in die Gewalt böser Menschen gerathen wäre, die den besten Patrioten als einen Verräther, und den tüchtigsten Soldaten als einen Charlatan zu mißhandeln Gelegenheit fanden, und sein Vermögen plünderten und ihn selbst im Gefängnisse verschmachten ließen.

Merkwürdig aber ists, daß eben der Mann, welcher offene Gelegenheit hatte, sich auf erlaubte Art in Baiern, Schlesien und Elsaß ein grosses Vermögen zu erwerben; der selbst arm und geizig lebte, um viel zu sammeln, dennoch bey seinem Tode nicht einmal die Hälfte von dem Vermögen zurück ließ, welches er von seinem Vater ererbet hatte, und das mir ganz und mit vollem Rechte zugehörte, aber gleichfals gewaltsam entrissen wurde.

Im Jahr 1744 trieb er die Franzosen über den Rhein, eroberte die Rheinschanze bey Philippsburg mit dem Säbel in der Faust, schwamm mit 70 Panduren selbst über den Strom: überfiel die Schanze, hieb den Marquis von Crevekoeur als einen unvorsichtigen Kommandanten eigenhändig nieder; faßte Posto; gieng über den andern Arm, überfiel zwei Bairische Kavallerieregimenter in ihrem Lager, und beförderte

wirk-

wirklich der ganzen Armee den Uebergang über den Rhein: welches ohne diesen unternehmenden Mann nicht geschehen wäre.

Nun verbreitete er Schrecken und Feuer im ganzen Elsas, sezte alles in Kontribution, und brach überall durch, wo er hin wollte, mitten im Triumphe der östreichischen Waffen auf Französischem Boden.

Da aber im September 1744 der preußische Krieg in Böhmen von neuem ausbrach, mußte die Kaiserl. Armee eilfertigst zurück marschiren, Elsas verlassen, und dem eigenen Staate zu Hilfe kommen. So wie er nun der Armee den Uebergang über den Rhein befördert hatte, so wurde er nun gebraucht, um den Rückzug zu decken: und er hatte Ehre davon.

Was er im Feldzuge dieses Jahres dem Feinde für Abbruch verursachte, dieses ist in Theresens Geschichtsbüchern bekannt. Unter andern zeigte er seine Fähigkeit und Diensteifer bey Tabor und Budweis. Er lief daselbst mit 300 Mann Sturm, auf eine Stadt, in welcher die beiden preußischen Regimenter Walrabe und Krenz zur Vertheidigung standen. Wer hätte jemals eine so verwägene Unternehmung von Panduren gegen Preussen erwartet?

Das Wasser im Stadtgraben war aber tiefer, als die Kundschafter angegeben hatten, und die Mauerleitern zu kurz: die meisten Leute ersoffen, oder wurden im Wasser erschossen. Die wenigen aber, welche herüber kamen, wurden gefangen. Uneracht nun sein ganzes Korps noch 5 Meilen entfernt war, so schloß er dennoch eine Kapitulation, laut welcher sich die ganze

Garni=

Garnison von Tabor, Budweis, nebst dem Schlosse Frauenberg zu Kriegsgefangenen ergaben.

Am folgenden Tage kam sein Volk an. Lächerlich war es aber anzusehen, da die Panduren ihre Hauben mit den Preußischen Füsilir = und Pionirmützen verwechselten, und sie auch in der Folge beybehielten.

Ob er durch diese gewiß seltsame Unternehmung seiner Monarchin einen wesentlichen Dienst geleistet habe, entscheide die scharfsichtige Welt.

Der ganze Feldzug war für ihn rühmlich, und der Mangel an leichten Völkern bey dem Feinde gab ihm offenes Feld, Abbruch zu thun. Er war überall geschäftig, und machte auf allen Seiten Gefangene; gieng bey Pardubitz über die Elbe, eroberte die Magazine, und eben dieses war die Ursache des eingerissenen Mangels, der ungeheuren Desertion und des erzwungenen Rückzuges aus Böhmen.

In Kolin befand sich der König mit dem Hauptquartiere. Ich selbst war dabey, und Augenzeuge der Verwirrung, da der Trenck die Stadt angriff, und meiner Einsicht gemäß, gewiß erobert hätte. Er wurde aber im ersten Anfalle mit einer Kanonenkugel bleßirt, und ihm der rechte Fuß im Knöchel ganz zerschmettert, zurück getragen und die Attaque war hiedurch vereitelt. Diese Wunde war erschrecklich. Sogar aus Wien schickte ihm die Monarchin einen Wundarzt. Er erduldete die Skarifikation des ganzen Fußes; verlor den ganzen Knöchel, auch ein Stück vom Schienbein, lag 4 Monate auf dem Rücken, wurde aber geheilet, und tobte und wüthete, weil er dem Feinde so lange

Zeit hindurch gar keinen Abbruch verursachen konnte, da ohne ihn seine Leute gar nichts waren.

Im Februar 1745 fuhr er nach Wien. Sein Einzug glich einem Triumphe. Alles lief herum ihn zu sehen und ihm zuzujauchzen. Diese allgemeine Achtung erbitterte seine Feinde um desto mehr. Die Monarchin selbst empfing ihn mit aller möglichen Distinktion. Er erschien bey ihr auf Krücken, mußte sich niedersetzen, und durch die liebreichsten gnädigsten Versicherungen und Behandlungen, stieg sein Diensteifer bis zur Raserey: weil Ehrgeiz seine Hauptleidenschaft war.

Wer hätte damals wohl vermuthen können, daß der Liebling des Volkes, der treueste eifrigste Soldat seiner Monarchin, noch in eben dem Jahre in Wien im Stockhause Fesseln tragen und der unbegränzten Gewalt niederträchtiger Feinde überlassen, seufzen würde, die alle zusammen in ihrem ganzen Leben dem Staate nicht so viel Dienste geleistet hatten, als der Trenck in einem Tage. So spielt das Schicksal mit uns Menschen! und ächtes unbesorgt schlummerndes Verdienst wird gewöhnlich das Schlachtopfer der wachenden Arglist und Verläumdung.

Im Taumel seines Vergnügens reisete er nun selbst auf seine Güter, warb neue 800 Mann, um im neuen Feldzuge frische Lorbeeren einzusammeln. Er kam zurück, gieng zur Armee, erhielt vom Hofe, was er wollte, und war den ganzen Sommer hindurch in immerwährenden unermüdeten Operationen beschäftigt.

Bey der im September vorgefallenen Schlacht

bey Sorau, fiel er in das Preußische Lager, eroberte für sich des Königs Zelt, und silbernes Tafelservice, kam aber um eine Stunde zu spät, um abgeredeter Maßen dem Feinde in den Rücken zu fallen. Der kluge König überließ das ganze Lager gerne der Plünderung, wo die eindringenden räuberischen Völker nicht mehr vorwärts zu bringen waren, schlug aber indessen die Kaiserliche Armee; stand auch in Ordnung schon zum Empfange da, falls jemand aus dem eroberten Lager zu spät und ohne Unterstützung einen Anfall hätte wagen wollen. Hier erhielten nun des Trencks Feinde offenes Feld, um ihn bey Hofe verdächtig zu machen und den Pöbel gegen ihn aufzuhetzen. Man beschuldigte ihn öffentlich, er habe den König von Preussen in seinem Zelte gefangen, und verrätherisch in Freiheit gesezt, und vorsäzlich sich im Lager mit Plündern aufgehalten, anstatt den Feind im Rücken anzugreifen, und die Bataille zu entscheiden. Er sei also allein Schuld an der Niederlage der Armee. Seine Freunde schrieben ihm dergleichen Nachrichten: meldeten auch, daß ein schweres Wetter über seinem Kopf schwebe, und alles bereit sey, ihn unglücklich zu machen.

Nach rühmlichst geendigtem Feldzuge reisete er demnach nach Wien, um seinen falschen Anklägern die Spitze zu bieten, und seine gekränkte Ehre nachdrücklich zu vertheidigen.

Hier fand er nun schon 23 Offizier, welche er meistens wegen Zaghaftigkeit und schlechter Streiche vom Regimente kaßiret und fortgejagt hatte. Unter diesen waren freilich auch 3 bis 4 die Ursache zu klagen hatten.

ten. Eben diese wenige ehrliche Leute waren aber arm und ohne Protektion. Unter den schlechten Kerlen fanden sich aber genug, die sich von den Trenckischen Feinden bestechen und aufwiegeln liessen, um falsche Juramente abzulegen. Herr Hofkriegsrath Weber und General Loewenwalde hätten seinen Untergang beschlossen, und eben diese bewirkten seinen Fall, wobey die Hauptabsicht die Sequestration seines Vermögens war, um im Trüben fischen zu können.

Trenck, der sich kein Verbrechen gegen den Staat vorzuwerfen hatte, spottete verächtlich bey allen Anfällen. Inzwischen wurde eine Kämmerfrau bey Hofe gebraucht, um bey allen schicklichen Gelegenheiten der Monarchin Vertrauen von ihm abzulocken. Was war leichter zu bewerkstelligen? Bald hies es, der Trenck ist ein Atheist, ein Freigeist, weil er nie den Rosenkranz betet, niemals nach Maria Zell wallfahrtet, nie Ablässe gewinnt. Bald sprach man von seinem Hurenleben, von seinen Nothzüchtigungen in Feindes Land, und von den ungestraften Erzessen seiner Panduren, von Kirchenraub in Baiern, von Grausamkeiten und Plünderungen, von grossen Reichthümern, die er sammle, um vermuthlich ein gefährlicher Rebell in Sklavonien zu werden.

Die von ihm kaßirten Offizier hingegen erzählten heimlich in allen Bierschenken und Koffeehäusern, daß der Trenck den König von Preussen gefangen gehabt, und laufen lassen. Dieses war für den dummen fanatischen Wiener Pöbel genug, um seinen erworbenen Ruf zu zernichten, und alles gegen ihn in Harnisch zu

brin=

bringen. Endlich von Klägern überlaufen, befahl die Monarchin, besonders, da es Trenck selbst forderte, eine Untersuchung dieser Klagen. Hierzu wurde nun der Feldmarschall Cordua, ein rechtschaffener Mann, erwählt. Dieser untersuchte unpartheiisch, erkannte die Wahrheit, und entschied in einem dem Hofe überreichten Gutachten:

„Daß alle angebrachte Klagen von solcher Art „wären, daß sie kein Kriegsrecht erforderten. Trenck „habe hin und wieder gegen Offiziere gefehlt, indem er „sie gar zu eigenmächtig kassirt hätte. Um diese alle „abzufertigen, solle er 12000 fl. bezahlen. Alle übri„ge Anzeigen hätten den Geruch der Rachgierde und „Verläumdung; wären auch nicht werth, daß man ei„nen Mann mit Prozessen in Wien aufhielte, der so „nothwendig bey der Armee wäre. Man müsse übri„gens in Ansehung seiner wichtigen Dienste, bey Klei„nigkeiten durch die Finger sehen. — —

Trenck, aufgeblasen über diesen Ausschlag, und von Geiz und Stolz verleitet, wollte auch nicht einen Gulden bezahlen, nahm die Post und fuhr auf seine Güter nach Sklavonien. Eben dieses war sein Hauptfehler, der sein Unglück beförderte.

Seine Gegenwart war in Wien nothwendig, um Vortheile gegen seine Feinde zu bewirken, die er zu sehr verachtete, und bereits überwunden glaubte. Diese hingegen benuzten alle Gelegenheit; und durch die dritte Hand wurde sogar der Monarchin beigebracht: er sei ein gefährlicher Mann da, wo er sich beleidigt glaubte, und habe vielleicht nachtheilige Absichten in Skla=

Sklavonien, wo ihm alles anhieng. Trenk hingegen besorgte keine Falle, warb noch 600 Mann von seinen Gütern, machte den Feldzug in den Niederlanden rühmlich mit, und kam im Oktober 1746 nach Wien. Bekannt ist es, daß nach geschlossenem Preußischen Frieden, sein Regiment ganz regulirt wurde und gegen Frankreich dienen mußte.

Kaum war er in Wien angelangt, so wurde ihm auf Specialbefehl der Monarchin in Wien Hausarrest angekündigt.

Hier begieng er nun den dummsten Streich in seinem Leben, den jeder vernünftige Mensch mißbilligen wird; der auch zugleich seinen ungestümen, tollkühnen Karakter aufdeckt: seinen Feinden aber Waffen in die Hände reichte, und alles bestättigte, was die Mißgunst gegen ihn zu erdichten vermögend war.

Er ließ seine schönste Equipage einspannen, verließ eigenmächtig den Hausarrest, und fuhr öffentlich, mit Verachtung des Kaiserlichen Befehls in die Komödie, wo die Monarchin wirklich gegenwärtig war.

Hier wurde er den Hauptmann Graf Gossau und noch einen seiner kaßirten Kammeraden in einer Loge gewahr, die eigentlich die Hauptanführer seiner Kläger waren. Von Grimm und Rachsucht berauscht, eilt er wie ein rasender Mensch hinauf in diese Loge, ergreift den Grafen Gossau, und will ihn im Angesicht der Monarchin auf das Parterre hinunter stürzen. Gossau zieht den Degen zur Nothwehr, und hätte ihn durchbohrt; Trenck greift aber nach demselben, und sticht sich durch die Hand. Alles eilt herbey, rettet den Gos=
sau=

sau, welcher sich gegen einen so ungeheuren Riesen nicht mit der Faust vertheidigen kann, und der von Grimm schnaubende tollkühne Pandurenobriste fährt nach Hause.

Nun konnte Maria Theresia wohl nicht mehr gnädig oder nachsichtig für einen so unverschämten Mann seyn. Er erhielt also Wache in seinem Hause, und in wenig Tagen benuzten seine Feinde diesen Vorfall so gut, daß ein Kriegsrecht gegen ihn angeordnet wurde.

General Loewenwalde wußte hierbey seine Rolle so listig zu spielen, daß er vom Hofkriegsrathe als Präsident des Kriegsrechts und Verhörs, zugleich aber auch als Sequester des Trenckischen Vermögens ernannt wurde. So sehr, so bitter nun auch dieser gegen ihn protestirte, so blieb doch eben der Mann sein bevollmächtigter Blutrichter, dem er ein Jahr zuvor bey Hofe, in der Antichambre des Prinzen Karls einen Fuß an Hintern angetragen, und der in seinem ganzen Leben dem Hause Oestreich nicht so viel Dienste, als Trenk in einem Tage geleistet hatte.

Nun wurde sogleich in Zeitung angekündigt: daß alle diejenigen, welche wider den Obristen Baron Trenk etwas zu klagen oder zu zeugen hätten, sich melden, und täglich einen Dukaten Diäten empfangen sollten. Man urtheile hieraus wie groß der Haufen der Kläger war, um Geld zu erhaschen. Die Zahl wuchs bald auf 54, und von diesen hatten die meisten den Staupbesen verdient. Sie empfiengen aber innerhalb 4 Monaten über 15000 fl. Diätengelder aus dem Trenkischen Vermögen.

mögen. Sogar falsche Zeugen wurden vom Richter selbst erkauft, und ich betheure hiemit auf Ehre, daß der Präsident Graf von Loewenwalde mir selbst tausend Dukaten antrug, wenn ich die Geheimnisse meines Vetters verrathen wollte, überdies versprach er mir sogleich die Bezahlung meines in Preussen confiszirten Vermögens, und eine Kompagnie bei der Armee.

Nun schließe ein jeder, wie es bei solchen Richtern zugieng. So viel mir bewußt ist, und noch gegenwärtig die Akten des Trenkischen Revisionsprozesses erweisen, so sind mehr als vierzig offenbare falsche Juramenta abgeschworen worden.

Bei der zehnten Inquisitionskommission wurde dem Trenk vorgeworfen, daß durch seine Schuld die Bataille vor Soor sey verloren gegangen. Er rechtfertigte sich aber durch das eigenhändige Zeugniß des Prinzen Karl, laut welchem der Ordonanz-Offizier, der ihm die Ordre zum Marsch und Angriffe bringen sollte, irre geritten war, und dieselbe erst kurz vor dem Angriffe überbrachte. Hiedurch war er nun vollkommen gerechtfertigt. Graf Loewenwalde gerieth aber dabei in solchen Zorn, daß er wirklich ehrenrührige Worte gegen den Prinzen ausstieß. Trenk, der ihn als seinen Wohlthäter liebte und verehrte, wurde nun so rasend aufgebracht, daß er auf der Stelle den Präsidenten bei der Brust ergriff, ihn, wie der Tiger eine Katze, in die Höhe hob, zum Fenster trug, dasselbe aufriß, und ihn von der 5ten Etage hinauswerfen wollte. Alles
lief

lief zu Hülfe: die Wache drang herein, und sogleich wurde er in das Militairstokhaus gebracht, und wie ein Uebelthäter kreuzweis geschlossen: und zwar an eben dem Fuße, welcher kurz vorher für seiner Monarchin Dienst zerschmettert wurde und noch nicht ganz geheilet war. Bei Hofe wurde die Wahrheit verschwiegen, folglich dies Urtheil bestätigt, und nunmehro mußte der gefesselte Trenk vor seinem ärgsten Feinde als ein Missethäter auftreten, und sich gegen falsche Anklagen vertheidigen, die er nie verursacht hatte. Wie das Protokoll, die Zeugenverhöre bei dieser Inquisition verfälscht worden, wie man ihm sogar alle Vertheidigung verhinderte, dieses wurde im Revisionsprozesse legaliter erwiesen. Da aber kein Artikel vorkam, welcher kriminaliter behandelt werden konnte, so wurde folgendes Schelmstük vollzogen, welches ich noch gegenwärtig mit Akten und Urkunden zu erweisen erbötig bin.

Eine öffentliche Hure und Maitresse eines Beisizers dieses Kriegsrechts des Hauptmanns Baron Rippenda wurde bestochen, und beschwor, daß sie die Tochter des preußischen Feldmarschalls Grafen von Schwerin sei; und daß sie bei dem Könige von Preußen im Bette geschlafen, da der Trenk bei Soor das Lager eroberte, welcher den König neben ihr gefangen und wieder in Freiheit gelassen hätte. Sie nannte sogar seinen Adjudanten den Baron Hilaire, welcher gegenwärtig gewesen sein sollte.

Dieser Hilaire, welcher in der Folge eine Baronesse

roneſſe Tillier geheurathet, und folglich des Trenk
Schwager wurde, war eben in Wien, man konfron=
tirte ihn mit dieſer Hure, der Betrug zeigte ſich
offenbar. Nichts deſto weniger mußte der ehrliche
Mann gleichfalls in das Gefängniß wandern. Man
both ihm heimlich Geld an, um ihn zu beſtechen:
da dieſes nun nicht möglich war, und man ihm das
Sprechen hindern mußte, blieb er etliche Wochen
im Gefängniß ſitzen, und wurde erſt frei, da der
Reviſionsprozeß dieſe Schandthat des Herrn Prä=
ſidenten aufdekte.

Indeſſen ging das Gerücht in der ganzen Stadt,
der Trenk habe den König gefangen gehabt. Die=
ſes war hinlänglich, den dummen Pöbel in Har=
niſch zu bringen, und alle ſeine Freunde abzuſchre=
ken. Nun hieß er ein Landesverräther: und ob er
gleich nunmehro ſeit 40 Jahren im Grabe liegt,
und ſeine Unſchuld in dieſem Falle weltkundig iſt,
ſo habe ich doch bis auf dieſe Stunde in allen Wie=
nergeſellſchaften dieſen ſchändlichen Vorwurf hören
müßen. Ja ſogar der Monarch war nicht anders
belehrt: und unſere Generale, die erſt nach ſeinem
Tode Fähndrichs wurden, glauben noch, daß die
Panduren keine Dienſte geleiſtet haben, und daß
der Trenk nicht treu diente, folglich keines beſſern
Nachrufs oder Schikſals würdig war.

Ob ich nun gleich im erſten Bande meiner Ge=
ſchichte dieſen merkwürdigen Vorfall mit dem ſchö=
nen Fräulein Schwerin bereits umſtändlich erzählt
habe; ſo erlaube man mir doch ihn bei dieſer kon=
zentrir=

zentrirten Biographie meines Vetters nochmals zu wiederholen, wohin sie eigentlich gehört. Seine Sache ist hieburch die meinige geworden, weil die meisten Großen in Wien, die nur Traditionen zu glauben gewohnt sind, noch gegenwärtig der irrigen Meinung sind; daß der Trenk wegen Kriminalverbrechen gegen den Staat rechtmäßig auf den Spielberg verurtheilt wurde, und seine Güter legaliter konfiszirt wurden. Da dieses nun positive nicht wahr, auch nirgends in seinen Prozeßakten zu finden ist, so muß ich hier etwas weitläufiger sein, und das wiederholen, was bereits in meiner eigenen Geschichte aufgedekt wurde.

Der Hauptkunstgriff des Grafen Löwenwalde war eigentlich, daß er ein falsches Protokoll verfaßte, dem Trenck alle Kommunikation mit seinen Freunden abschnitt, um sich nicht rechtfertigen oder den gespielten Betrug entdecken zu können. Er ließ ihm weder Vertheidigung noch Rechtsfreund zu, und wählte einen Tag, wo der Kaiser und Prinz Karl nach Holitsch auf die Jagd fahren wollten — Sein Kriegsrecht hatte bereits das Todesurtheil unterschrieben, sogar die Anstalten für ein eilfertig zu entrichtendes Schaffot waren bereits getroffen. Dann wollte er zur Monarchin gehen, die Unterschrift des Urtheils durch Vorstellungen einer dringenden Gefahr bewirken, falls man einen dem Staate so gefährlichen Mann nicht eilfertigst auf die Seite schafte, und in der Nacht das Urtheil vollziehen, ehe der gerechte Kaiser zurück käme, welcher den Trenck besser kannte, und allezeit sein mächtigster Beschützer war. Wäre

Wäre dieser Anschlag gelungen, dann starb Trenck als ein Bösewicht, weil er den König von Preußen gefangen gehabt. Das edle Fräulein Schwerin hätte den Adjudanten des Grafen Loewenwalde mit einem Heirathsgute aus der Trenckischen Kasse von 50,000 Gulden erhalten; und sein großes Vermögen wäre gewiß unter Richter und Kläger vertheilt worden.

Der Kammerdiener des Loewenwalde war aber zufällig ein ehrlicher Mann, und mit einer alten Maitresse des Trenck in Verbindung, dieser vertrauete er das Geheimniß, und gleich eilte dieses redliche Mädchen zum Obristen Baron Lopresti, welcher des Trencks Busenfreund, zugleich aber damals ein reicher und bey Hofe accreditirter Mann war, dieser war auch wirklich sein Erretter. Der Kaiser und Prinz Karl wurden benachrichtiget von dem, was man im Schilde führte. Die Jagd blieb bestimmt: die Reise geschahe; Loewenwalde erschien bei der Monarchin und betrieb die Unterschrift des Urtheils, diese war aber bereits unterrichtet. Der Kaiser kam an eben dem Tage unerwartet zurück, und der verfluchte Anschlag wurde vereitelt. Man überzeigte die grosse Theresia vollkommen des gespielten Betrugs. Das sogenannte Fräulein Schwerin wurde festgesetzt: Loewenwalde alles, auch die Sequestration des Trenckischen Vermögens abgenommen, und ein Supremum Revisorium über das Kriegsrecht und den Trenckischen Prozeß verordnet, welches bis dahin ein in Wien noch nie erlebter Vorfall war, und der Sache gleich eine andre Gestalt gab.

Trenck wurde von seinen Fesseln befreyet, und aus

dem

dem Stockhause in das Arsenal gebracht, wo er 4 Zimmer, einen Offizier zur Wache, und alle Bequemlichkeit erhielt. Man gestattete ihm einen Advokaten anzunehmen, und seine Sache zu vertheidigen. Ich selbst erhielt auch durch Vorschub Seiner Majestät des Kaisers die Erlaubniß des freyen Zutritts, und ihm in allem beyzustehen.

In dieser Erzählung habe ich vergessen zu sagen, daß ich eben, da der Trenck in diesen Prozeß verwikelt wurde, aus meinem Glatzer Gefängnisse entflohen war, und nach Wien kam.

In dem Zeitpunkte nun, da der Revisionsprozeß beschlossen und decretirt wurde, war es, daß Graf Loewenwalde mich als einen leichtsinnig geldburstigen Jüngling ansahe, und mit Geld gegen meinen Blutsfreund bestechen wollte, um seine Geheimnisse schändlich zu verrathen.

Sobald nun sein Revisionsprozeß entschieden war, trug mir der Prinz Karl von Lothringen auf, ich sollte meinem Vetter ernsthaft sagen: „Sein Geiz sey allein „an allen Weitläuftigkeiten Schuld, weil er sich in „Zeiten weigerte, elende 12000 fl. herzugeben, womit „man alle laut schreyende Kläger leicht hätte abfertigen „können. Da aber die Sache nunmehro so weit ge„kommen sey, so solle er seine Richter zum Revi„sorio selbst wählen, und kein Geld schonen, und sei„ner ganzen Protektion versichert seyn.

Nun wurde der ehrwürdige Feldmarschall Königseck, Gouverneur von Wien, zum Präsidenten bestimmt. Aber blos aus der Ursache, weil er ein abgelebter Greis war,

war, der am Podagra litte, und keiner Session mehr beiwohnen konnte. Graf S*** wurde Vicepräsident. Diesem Manne, der nie Geld genug hatte, und ein schlauer Justitiarius war, habe ich selbst 3000 Dukaten zugetragen, die ich auf Trenks Anweisung vom Baron Lopresti erhielt.

Die beiden Hofräthe Komerkanzky und Zetto empfiengen jeder im voraus 4000 Rthl. mit Versicherung des doppelten, wann Trenk würde absolvirt, und seine Kläger des Landes verwiesen seyn.

Die andern Beisitzer dieses Revisorii waren unbedeutend, und nur Jaherren von dem, was die ersten drei beschließen würden.

Es wurd auch hierüber ein förmlicher Kontrakt geschlossen, den ein gewisser grosser Herr im Geheim ratifizirte.

Man kann sich nun leicht vorstellen, daß die Trenkische Sache bald eine andere Gestalt gewann. Advokat Gerhauser übernahm den Kriminalprozeß, und Berger die Civilprozesse.

Der Anfang wurde mit dem sogenannten Fräulein Schwerin gemacht. Da man aber das Kriegsrecht nicht öffentlich beschimpfen wollte, so stellete sie sich närrisch, gab im Verhör verkehrte Antwort, und da Trenk auf scharfe Inquisition drang, hieß es: sie sei über die Gränze gebracht worden.

Sechs Jahre nach dieser Begebenheit, da Trenk bereits tod war, fand ich sie zufällig in Brünn an einen Bedienten verheurathet. Sie gestand mir den ganzen Handel, und daß sie von einem Laquay des Grafen Löwen=

Löwenwalde bestochen war, diese Rolle zu spielen, und dafür 500 fl. empfangen hätte.

Bei meiner Retour in Brünn, wollte ich sie gerichtlich abhören lassen; ihr Mann hatte aber gestohlen, und beide waren durchgegangen. Es thut mir jezt leid, daß ich damals so saumselig war, um Trenks Ehre zu retten, und die Monarchin zu überzeugen. Loewenwalde war aber auch schon tod, folglich hab ichs leichter verschmerzet.

Merkwürdig bleibt aber dieses Verfahren gewiß ewig, daß man in einer so wichtigen Sache, weder im ersten Kriegsrecht, noch im Revisionsprozesse, auch nicht ein Wort von diesem edlen Fräulein Schwerin angemerkt findet. — Ein so sichtbares Schelmstük von Seiten eines Blutrichters, hätte sollen durch einen Herold und öffentlichen Druk in Wien bekannt gemacht, und die sogenannte Maitresse des großen Friedrichs zur allgemeinen Bewunderung an der Bühne nebst ihrem Anstifter zusammengekuppelt ausgestellet werden. — Der Vorwand sie sei närrisch geworden, und daß man sie über die Gränze gebracht, rechtfertigt die Herren vom Kriegsrechte nicht. Der Trenk wolte die Heldin vor dem Revisorio sehen, und dieses erhielt er nicht.

Pfuy der Schande in einer christlichen Monarchie! wenn Männer, die in allgemeiner Noth dem Vaterlande so große Dienste leisten, als mein Vetter gethan hat, solchen Mißhandlungen unterworfen sind, was für Wege soll der ehrliche Mann suchen, um sein Recht zu erhalten?

Uebri-

Uebrigens fordre ich die ganze edle Ungarische Nation, und die richtig abwiegende Welt als Zeugen auf: ob denn wirklich die Trenckischen Panduren ein so verächtliches Volk im damaligen Kriege waren, als man in Wien behaupten will? Seitdem das Trenckische Regiment ein regulirtes Ungarisches Infanterieregiment ist, hat es gewiß in 30 Jahren nicht soviel Feinde zernichtet, Städte erobert, Kontributionen eingetrieben oder Gefangene gemacht, als der Trenck in einem Jahre. Alle Dienste sind mit Undank vergessen, und die Zukunft ist noch sehr unsicher. — Trencks Taktik war von der jetzigen himmelweit unterschieden. Es thut mir weh, wenn unser Monarch anders gläubt. Ich wünsche Ihm im Kriege viele Trencks: und gewiß bleibt es, daß Theresiens Krone auch durch die jetzt so verachteten Panduren thätig unterstützt wurde.

Nun will ich einen andern Artikel aus diesem sogenannten Kriminalprozesse berühren.

Trenck wurde beschuldigt, er habe einem gewissen Panduren, Paul Diack, tausend Prügel geben lassen, und dieser sey unter den Schlägen todt geblieben. Dieses beschworen zwey Offizier unter den damaligen Klägern, die noch heute zu Tage in der Oestreichschen Armee dienen, als Augenzeugen.

Ob nun gleich noch jetzt bey manchem regulirten Regimente viele Soldaten todt geprügelt werden, und deßhalb noch keiner auf den Spielberg verurtheilt wurde, so will ich doch hier diesen Vorfall erläutern.

Sobald der Revisionsprozeß angieng, schickte
mich

mich der Trenck nach Sklavonien, woher ich den Paul Diack nicht todt, sondern wirklich lebendig nach Wien brachte.

Er erschien vor Gerichte, und es zeigte sich, daß diese beyden Offiziere, welche geschworen hatten, daß sie der Erekution beygewohnt und ihn sterben und begraben sahen, zu eben der Zeit 160 Meilen weit vom Regimente entfernt waren, und in Sklavonien auf Werbung standen. Paul Diack hatte schon dreymal rebellirt und Komplotte gemacht. Trenck hatte ihn begnadigt, weil er ein besonders brauchbarer Soldat, und ein alter Räuber war. Endlich hatte er mit 40 Mann abermals komplottirt, und stand verurtheilt am Galgen. Hier rief er seinem Obristen zu: Vater! wenn ich tausend Prügel aushalte, gibst du mir Pardon? Trenck antwortete ja. Jener empfing sie wirklich, wurde im Hospital geheilt, und überzeugte die falschen Ankläger eines Meineides.

Ich brachte noch vierzehn andere Zeugen aus Sklavonien herauf, die alle übrige angeklagte Artikel zernichteten, die in sich selbst schon keiner Inquisition gegen einen solchen Mann würdig waren; und der Prozeß gewann nun eine ganz andere Gestalt. Es war auch absolute unmöglich, ihn irgend einer Sache kriminaliter zu beschuldigen; — desto mehr Schande für die, welche ihn aufopfern wollten.

Seine niederträchtigen Feinde sprengten sogar in der Stadt aus, er habe eine gewisse Trödlerinn, die in Wien mit Schmuck handelte, und die man erwürgt fand, umgebracht und beraubt. Es wurde aber bald darauf diese Mordthat entdeckt, und der Mörder gerädert. So weit griff die Verläumdung gegen einen Mann um sich, der dem Staate so wichtige Dienste geleistet hatte. Seine Knochen wurden für diesen Dienst zerschmettert. Er blutete so oft mit Ehre, litt alle mögliche Martern in den Händen der Chirurgen, brach sich alle Vergnügungen ab, ertrug mehr Ungemach des Krieges als irgend jemand in der Armee, war Winter und Sommer mit dem Feinde beschäftigt, und der wachsamste unermüdeste Soldat, wo er nur Gelegenheit finden konnte, Feuer und Kugeln zu suchen. Dieses hat er in tausend Vorfällen erwiesen; selbst viele Vorposten beschlichen und niedergehauen; dennoch sagen jetzt einige Generäle, wenn sie in Lusttägen Schanzen stürmen: der Trenck sey nur ein Pandur gewesen, und sein Regiment wäre durch die gegenwärtige Taktik erst fähig geworden, Dienste zu leisten. Gott geb es! aber ich glaube, man hat im siebenjährigen Kriege den Trenck sehr vermißt, und gewiß, gewiß weniger von den Panduren gehört, als da ihr erster Stifter noch den Patriotensäbel für Oestreichs Ruhm führte, und mit taktischer Praktik auf dem Blutfelde manövrirte.

Ein Hauptartikel dieses Prozesses war noch: er habe in Schlesien die Tochter eines Müllers genothzüchtigt. Dieses wurde von der Person beschworen, auch im Revisorio nicht gründlich entschuldigt, weil ihm alle Wege zur Vertheidigung abgeschnitten wurden; und eben dieses war unter Theresiens Scepter ein so unverzeihliches Verbrechen, daß er ganz allein

wegen

wegen dieses einzigen Artikels als ein Uebelthäter auf den Spielberg verurtheilt wurde, weil man ihm in allem übrigen nichts zur Last legen konnte. Nachdem er aber bereits zwey Jahre todt war, entdeckte ich auch den wahren Grund dieses ihm gespielten Streiches. Der Major von Manstein, unser Geschwisterkind, dem er nichts als Wohlthaten erzeigt, und ihn aus der bittersten Armuth innerhalb vier Jahren bey seinem Regimente zum Major erhoben hätte, war niederträchtig genug, und hatte in dieser Sache falsches Zeugniß gegeben, um ihn vom Regimente zu entfernen, wo er nebst dem Quartiermeister Fridrici 84000 fl. von der Regimentskasse entwandt hatte. Sobald Trenck todt war, wurde alles auf ihn geschoben. Inzwischen war dieses Müllermädchen schon des Mansteins Maitresse, ehe sie Trenck gesehen hatte. Das Schelmstück gelang aber so gut, daß er bei der tugendsamen Monarchin alle Gnade und Mitleiden hiedurch auf ewig verlor. 8000 fl. mußte er der Müllerstochter für ihre Ehre und 15000 fl. Strafgelder an die Invalidenkasse baar bezahlen, auch noch dazu wegen dieses sogenannten Kriminalverbrechens zu einem ewigen Gefängniß verurtheilt werden.

Drei und sechzig Civilprozesse und Forderungen von seinen Anklägern, blieben mir nach seinem Tode auszumachen übrig. Alle fanden Schimpf, Schmach und Schande, aber kein Geld, welches sie suchten. Ich gewann alle Prozesse, und sie wurden verurtheilt, die Gerichtskosten, auch die bereits vom General Loewenwalde

walde empfangenen Diäten und Abschlagsgelder zurück zu zahlen. Sie waren aber alle arm, folglich verlor ich alles. Von rechtswegen hätte aber Loewenwalde mir alles vergüten sollen. Inzwischen hatten sie allein 15000 fl. Diäten gezogen, die auch für mich verloren blieben. Sogar hat man wohl noch nie gehört, daß einem Kläger, welcher Forderungen mache, schon auf Rechnung dieser Forderung Zahlungen vom Richter angewiesen werden, ehe entschieden ist, ob er etwas legal zu fordern hat. In des Trencks Prozeße in Actis, Protocollo und Rechnungen findet man aber daß dieses geschehen ist. Dennoch wurde kein solcher Richter gestraft, kein Ersaz gemacht, nachdem der Betrug wirklich erwiesen worden.

Welcher Leser schaudert nicht bey solchem Verfahren zurück, und was wird man sich von der Wiener Gerechtigkeit für Gedanken erlauben! Ich würde dergleichen entehrende Geschichten auf ewig verschweigen, die Ehre meines todten Blutsfreundes fordert mich aber auf, der Welt zu zeigen, wie man mit ihm und mir verfahren ist. Vierzig Jahre sind verflossen, da dieses geschehen, es wird also niemand mehr verurtheilt werden, mir den bereits präscribirten Raub zurück zu zahlen. Wenn aber irgend jemand dieses liefet, der Zutritt bey dem gegenwärtigen Monarchen hat, so könnte es vielleicht geschehen, daß er meinen Kindern noch dereinst Gerechtigkeit widerfahren liesse. Die illegalen Besitzer der Trenckischen Reichthümer und Güter, würden vielleicht weniger Gewalt behalten, um das noch länger ruhig zu geniessen, was meinen

nen Kindern als rechtmäßigen Erben mit vollem Recht gebührt, und nach Ungrischen Fundamentalgesetzen auf keine Art, auch durch keine Präscription entrissen werden kann.

Die meisten Kriminalartikel bestanden darin, daß er rebellische Panduren selbst geköpft, Offiziers ohne Kriegsrecht kaßirt; Kelche und Rosenkränze von seinen Leuten gekauft, und eingeschmolzen; ein paar Pfaffen geprügelt; keine Messe am Sonntage gehört: und Uebelthäter aus klösterlichen Freystätten gewaltsam herausgerissen hatte ꝛc. ꝛc. Dergleichen waren von einem Partheygänger leicht zu rechtfertigen, welcher rohe Völker anführte, und die Offiziere, die er hinter der Fronte weggeprügelt hatte, weil sie sich vor dem feindlichen Feuer versteckten, schwiegen bald stille, so bald die Trenckischen Augenzeugen ohne Loewenwaldische und Weberische Protektion vor Gericht erscheinen durften. Sie schlichen davon, arbeiteten aber unter mächtigem Schutz nicht weniger unter der Hand, um ihren Endzweck zu befördern, der dennoch durch Hilfe des Hofbeichtvaters gelang, den Baierische Mönchswuth heimlich ausbrüten half, und die beßte Monarchin endlich unempfindlich für einen Mann gemacht hatte, der ihr so treu, so rechtschaffen, mit seinem Blute gedient hatte.

Der gröbste Fehler, den nun der Trenck während seines Revisionsprozeßes begieng, war dieser. Aufgeblasen über seinen sicher zu erwartenden Sieg, und heimlich von seinen Freunden im Revisorio versichert, daß er um Ostern 1748 frey gesprochen werden

werden sollte, ließ er seine Lebensgeschichte in Frankfurt drucken, in welcher nicht nur ein großer Theil seiner ersten Richter aufgedeckt, sondern auch Ausdrücke zu bemerken waren, daß seine Freunde im Revisionsprozeße in Gefahr stünden, von ihm verrathen zu werden, sobald er sie nicht mehr brauchte.

Sein Advokat Gerhauser hatte alles in diesem Falle zu fürchten, denn dieser war zu Bestechung gebraucht worden, und forderte seine Zahlung, ehe die Hauptschrift zur gänzlichen Rechtfertigung eingereicht wurde. Dafür begehrte er 2000 Dukaten, und der geizige Trenck, der sich schon frey glaubte, both ihm 100 Dukaten. Hierdurch wurde der Spruch aufgehalten. Loewenwalde wußte diese Gelegenheit zu benuzen, und Gerhauer entdekte ihm alle Geheimniße. Da nun diesem Manne am meisten an des Trencks Falle gelegen war, gieng er zur Monarchin, entdekte ihr, daß die Richter in Revisorio bestochen wären, — und drohete, falls er wider das Urtheil seines Kriegsrechts durch Protektion des Kaisers und Prinzen Karls frey gesprochen würde: öffentlich die Ehre seines Gerichts zu vertheidigen.

Bey dieser Gelegenheit eben suchte er mich auch zu bestechen, daß ich den Inhalt des Kontrakts entdecken sollte, den Trenck mit seinen Revisionsrichtern gemacht hatte, welches ihm aber nicht gelang. Ich betrachtete ihn als einen schlechten Mann, weil er den Anschlag geschmiedet, und wirklich mit dem Polizeydirektor Mannagette beschlossen hatte, mich gleich bei meiner Ankunft in Wien arretiren zu lassen,

unter

unter dem Vorwande: da der Trenck den König von Preußen gefangen gehabt, so sey ich von ihm abgeschikt, um ihm zu helfen. Man hätte mich indessen inkognito im Gefängniße schmachten lassen, bis man mit des Trencks Verurtheilung wäre fertig gewesen. Diesen Kunstgrif entdekte Lopresti zugleich, da der Hauptanschlag durch das feine Fräulein Schwerin ausgeführt werden sollte, und des Kaisers Protektion für die gerechte Sache machte den Strich durch seine Rechnung.

Da nun mein Vetter, wie gesagt, auf einmal allen seinen Freunden mit Undank drohete, und ihn alles verließ; er aber mich allein fürchtete, dem er alles zu danken hatte, und mich laut der in meiner bereits erzählten Lebensgeschichte durch bestochene Offizier meuchelmörderischer weise aus der Welt schaffen wollte, um auch mir keinen Dank schuldig zu sein, verließ ich ihn endlich auch, und Prinz Karl zog gleichfalls die Hand von ihm zurück.

Hier gewannen nun seine Feinde offenes Feld. Sein Advokat schwieg auch: der Revisions = Prozeß wurde abgebrochen: und den 20ten August fiel das Urtheil:

Daß er auf ewig als Staatsgefangner auf dem Spielberg wohl verwahrt werden sollte. Sein Vermögen aber blieb sequestirt, jedoch so, daß ihm kein Eigenthum genommen wurde, und er bis zum Tode seiner Beamten Rechnungen revidirt, und Befehle gegeben hatte.

Indessen war er das Opfer seines Geizes und
bösen

bösen Herzens. Die Revisions-Richter hatten ihn um mehr als 50000 Rrth. geschröpft: und am Ende, da sie Verrätherei von ihm selbst zu fürchten hatten, ließen sie ihn stecken, und hinderten ihn, daß er nicht mehr laut schreyen konnte.

Dieses ist eigentlich die wahre Aufdeckung des Trenckischen Prozeßes, der so viel Lärmen in Wien machte. Mancher hat dabey gezittert: mancher einen fetten Braten geschmauset. Ich habe dabei am besten Gelegenheit gehabt, die heilige Justiz-Verwalter genau kennen zu lernen, auch hätte der leidige Geiz den Trenck nicht gefeßelt, er hätte alle seine Feinde gestürzt, und wäre zu den höchsten Ehrenstuffen im Staate gestiegen. Zur Unzeit wollte er sparen, und verlohr alles.

Vom Spielberg wollte er entfliehen, es gelang nicht, hätte er meinem Anschlag gefolgt, da ich ihm, wie ich bereits im ersten Bande erzählt, aus dem Arsenal in Wien, den offenen Weg zur Freyheit zeigte: dann wären wir beyde glückliche Menschen gewesen, er wäre nicht im Kerker gestorben, und ich hätte das Magdeburger Gefängnis nicht erdulden dürfen. So spielt das Schiksal mit uns Menschen, er hatte an seiner Monarchin Gnade, Achtung und Lohn, den rechtmäßigen Anspruch durch seine Handlungen, durch seinen Diensteifer, und ächte patriotische Treue verdient, und wurde wie ein Uebelthäter mishandelt. An Privatpersonen, die er geplündert, um sich reich zu machen, an unschuldigen Menschen, die ihn nie beleidigten, und denen er Leben und

Güter

Güter raubte, wann sich seine wilde, kriegerisch-brausende Leidenschaften empörten: an manchem ehrlichen Mann, den er unglüklich machte: an seinem eigenen 84jährigen Vater, an seiner schönen tugendsamen Frau, denen er wie ein Wütterich begegnete: an mir selbst: an den sittlichen Pflichten der Verbrüderung und Menschenliebe, hatte er Rache, Strafe und Verbannung aus der menschlichen Gesellschaft verdient. Diese hat er auf dem Spielberge gebüßet, und von dieser Seite ist ihm recht geschehen, und sein Nachruf verdunkelt, wenn er billig aus der Liste der Menschenfreunde und redlichen Männern ausgestrichen wird, und die Spuren seiner ausgeübten Grausamkeit mit Thränen und Seufzer solcher Elenden überschwemmt sind, denen er gar keine Barmherzigkeit gezeigt hat. Verflucht sey sein Andenken in Baiern! Ich selber fluche der Asche eines Mannes, der wirklich für sich allein, und gefühllos für bedrängte und Wehrlose lebte.

Ewiger Fluch sey dem gesprochen, der an Freund und Feind so handelt als Trenck: Fluch ruft ihm im Grabe mein Herz zu, weil er mich dolose zum Erben einsezt, und eben hierdurch allein mein Unglück verursacht hat; hingegen sollte bey Loewenwalds und seiner Mitschuldigen Grabe eine Schandsäule stehen, an welcher er mit seinem erkauften Fräulein Schwerin zusammengekuppelt prangen sollte, um allen denen, die auf der heiligen Richterbank sizen, zum Schreckenbild und Abscheu zu dienen.

In der österreichischen Monarchie, und bei der kroatischen Nation gebührt ihm aber ein ewiger Dank, Denk = und Ehrenmal: Lohn, verdienter Lohn vom Staate, für den er arbeitsam, wirksam und nüzlich lebte, und als ein Martyrer des Neides und der schalkhaftesten Verläumdung starb.

Von seinem im Kriege zusammengerasten Gut habe ich nichts geerbt. Er hinterließ mir nicht die halbe Hälfte von dem, was mir bereits von seinem ehrlichen Vater mit vollem Rechte gebührt, auch ungekränkt hätte sollen gelassen werden, wenn gleich sein Sohn ein Staatsverbrechen begangen hätte, welches doch nie geschehen ist. Meinen Kindern bleibt diese meine in Wien und Berlin mit Censur und Privilegio gedrukte Lebensgeschichte als eine Rechtfertigung für die Ehre unsers Familien-Namens, und als Grundlage, um dereinst noch in vielleicht möglichen Fällen ihre ungarische Rechte geltend zu machen. Da, wo nicht die Landesgeseze, sondern Obergewalt und Machtspruch entscheiden, findet keine Proscription statt. Erlaubt ihnen jemals ein Monarch legale Beweise, dann zahlen Sie den Elenden einen vergüteten Kaufschilling an Illegale Käufer zurück. Der Hof selbst verliert nichts: die Besizer behalten 40jährigen Genuß, der etliche Millionen beträgt, und meine Kinder werden die rechtmäßigen Herren der Herrschaften Pleterniz, Prestowacz, Nustar, Pakraz und Velika, nebst mehr als 130 Dörfern. Trenck hatte von seinem Vater 180,000 fl. ererbt; Er hatte Gelegenheit, sich ohne Erzeße eine

Million

Million zu erwerben, und ich erbte von ihm nicht 80000 fl. — Dies ist das sicherste Zeugnis, daß man ihn geplündert hat.

Auf was Art nun der Trenck auf dem Spielberge den 4. Oktob. 1749 gestorben: und wie mir sein und seines Vaters auf mich devolvirtes großes Vermögen gewaltsam entrissen worden: dieses will ich in diesen Blättern nicht doppelt wiederholen, und weise die Leser auf den ersten Band meiner Geschichte, wo man zum Mitleiden und Erstaunen wird bewogen werden.

Vielleicht reizt noch dereinst eine zufällige Ursache einen Monarchen, dieses Buch zu lesen, sich von Umständen zu überzeugen, deren Aufklärung seinem Staate für Bedrängte fruchtbar wäre. Vielleicht geschiehet das, wenn ich im Grabe liege, was man mich selbst aus politischen Ursachen nicht will erleben lassen. In allen Fällen ist hiermit meine Pflicht erfüllt: mein Ehrgeiz befriedigt: und meine Seele beruhigt, weil ich den Ueberfluß für mich selbst zu entbehren gelernt habe.

Der Pandurenchef Trenck starb im Gefängnisse: seine Seele war zu klein, um dem Schiksale zu trozen, und Sieg abzuwarten. Sein Geiz war mächtiger als die Geduld: und weil er auf Erden nicht der größte Mann werden konnte, so wollte er heilig gesprochen sein, nahm Gift, und starb in einer verächtlichen Kapuzinerkutte, stiftete eine ewige Messe, bestimmte ein Kapital zu einer Kapelle, und ein anders für neue Kapuzinerkutten. Dieses war schon der sichere Weg zur Seligsprechung. Er liegt erst 40 Jahr im Grabe; und
hat

hat bereits in Brünn Mirakel gemacht, die der Pater Guardian mit Erstaunen erzählt. Sein Leib soll noch unversehrt sein, und wann die österreichische Staaten in dem Geleise fortschreiten, in dem sie bisher noch von ihren Beichtvätern geleitet werden, so wird der Pandurenführer ohnfehlbar eben so heilig werden, als Aloisius und vielleicht dereinst die Stelle des heiligen Kilianus oder Simbertus im Kalender einnehmen. Lange wird es aber noch dauern, ehe die Baiern sich entschliessen werden, in ihren Litaneien zu beten: Sancte Trenck ora pro nobis.

Kleinmuth war aber allezeit sicher die Quelle seines gewählten Todes: und diese entstand, als sein erster Anschlag zur Flucht mißlang. Man urtheile aber, was dieses militairische entschlossene, und weit aussehende Genie noch würde ausgebrütet haben, wenn er die Freiheit erhielt, und ihm einst in Wien nicht alle Gerechtigkeit und Genugthuung wäre versagt worden, weil man seinetwegen nicht so viel akkredidirte Minister und mächtige Hofräthe öffentlich beschimpfen durfte. Ihm blieb also nichts übrig, als die Rolle eines Ragozzi und Bonnewalds zu spielen..... Deshalb wünsche ich dem Staate Glück, daß ein so gefährlicher und so grob beleidigter Mann kleinmüthig wurde, und als Kapuziner zu sterben sich entschloß.

Hätte nur dieser selige Kapuziner nicht den verfluchten Gedanken ausgebrütet, mich arglistig zum Erben seiner Prozesse zu bestimmen; ich würde noch heute meinen Rock vertauschen, um seine Seligsprechung zu befördern, und würde für mich eine ganz andere

Rolle

Rolle in der Welt gespielt haben, wo mich nichts als die Trenckische Erbschaft in Prozesse verwickelt, Neider und Verfolger erregt, und in einer Unthätigkeit erhielt, für die ich nie gebohren und erzogen war.

Die Vorsehung muß es auch wirklich so beschlossen haben, daß man in diesem aufgeklärten Jahrhundert recht oft den Trenckischen Namen in Zeitungen lesen sollte. Er wurde bekannt im Schlachtfelde: und mir tränkte mein Schiksal die satyrische Feder; die Faust, um auf dem Kampfplaz als Schriftsteller gegen die Eigenmacht, gegen Ungerechtigkeit, gegen grosse Schurken, und arglistige Pfaffen aufzutreten.

Ob ich Siege erfochten habe, mag die scharfsichtige Welt entscheiden. Zum Angriffe war ich wenigstens eben so verwegen, als ein besoffener Pandur, der Batterien stürmt. Besser für mich hätte ich gethan, im hohlen Weeg unerkannt, so wie er, zu lauschen, und anonymisch meine Bomben zu werfen, als daß ich im offenen Felde als Trenck mit der Feder in der Faust da auftrat, wo die Ohren der Fürsten verstopft, und die Herzen der Leser verpanzert sind, wenn sie meinen macedonischen Helden, und das Schiksal der Frau Justitia, nebst meiner Lebensgeschichte gelesen haben.

Wenigstens wird mich niemand einer Partheilichkeit beschuldigen, und schwerlich werden mich Fürsten zu ihren Biographen wählen. Ich schreibe nie Leben und Thaten, von denen, die nichts thaten: und die, welche etwas thun wollen, finden Stoff in meinen Schriften, um groß zu handeln, und jeden ehrlichen Schriftsteller zu grossen Schilderungen zu reizen. Hätte te der Pandurenchef Trenck eine Krone getragen, er würde vielleicht Cäsars Rolle mit Amuraths Säbel gespielt haben. Glück für die Welt, daß nicht alle Tyrannen Fürstenmacht besizen.

Lebens-Geschichte
Alexanders von Schell,
welcher

als wachhabender Offizier in Glatz, den 26 Dezember 1746 desertirte, und mich aus dem Gefängnisse errettete;

als

ein Nachtrag

zum

ersten Bande seiner Biographie.

Vorbericht.

Ein grosser Herr in Berlin, dem ich die Begebenheiten des königl. preuß. Lieutenants von Schell erzählen mußte, befahl mir, sie öffentlich bekannt zu machen; welches hiemit in so ferne geschiehet, als ich mich der Umstände erinnere, die er mir im Jahre 1776 in Aachen selbst erzählte. Seine Briefe an mich, und seine Gedichte habe ich verlohren. Mir blieb nichts als die drey hier eingerükte, und unser pohlnisches Reisejournal, welches im ersten Bande meiner Biographie zu finden ist.

Ich habe seine Tugenden und Fehler treu geschildert, und Originale solcher Art reizen gewiß die Aufmerksamkeit großsichtiger
Leser,

Leſer, bleiben auch von guten Menſchen nicht unbenuzt: der kaltblütige Menſchenfeind hingegen verachtet ſie, und für dieſe leztern, welche Verdienſte und Schwäche mit falſcher Waage abwiegen, habe ich nicht geſchrieben.

Alexander von Schell, deſſen Geſchichte mit der meinigen verwebet iſt, und deſſen Schickſal meine Leſer zu kennen wünſchen, war von einer guten Familie aus dem ſchwäbiſchen Kreiſe. Seine Mutter war eine gebohrne von Löwenſtein, ſein Vater hatte Hab und Gut durch einen unglüklichen Prozeß verlohren, und lebte dürftig. Mehr iſt mir von demſelben nicht bewußt.

Der Sohn, von dem hier die Rede, trat mit dem Würtenbergiſchen Regimente, welches der Herzog dem König von Preußen überlies, zugleich in dieſe Dienſte.

Verſchiedener Händel und leichtſinniger Jugendfehler wegen, wurde er aber im Jahr 1744. zu dem Mütſcheſalliſchen Garniſonsregimente verſezt. —

Man weiß, wie empfindlich im Preußiſchen ein Offizier bey dergleichen Veränderungen iſt, weil er nicht Soldat wurde, um hinter den Mauern mit Invaliden, oder wirklichen Taugenichts grau zu werden. Schell, welcher im Grunde kein ſchlechter Menſch war, konnte folglich mit ſeinem Zuſtand nichts anders als unzufrieden ſeyn, und ſuchte nur Gelegenheit,

ſich

sich loszureißen. Von Hause hatte er nichts, und dennoch brauchte er viel, da er fleißig studirte; überdies kosteten ihn seine verliebten Abentheuer, und sein Leichtsinn manchen Thaler.

Konnte nun wohl ein Zustand unglücklicher als der seinige seyn, wann er sich als Lieutenant bey einem Garnison-Bataillen mit etlichen elenden Thalern behelfen sollte. Er fand weder Trost im Gegenwärtigen, noch hatte er eine günstige Aussicht in die Zukunft.

Er setzte sich demnach vor, jede Gelegenheit aus Glatz zu entfliehen, zu ergreifen. Hierzu kam noch, daß der Gouverneur dieser Festung, der General Fouquet, ihn auf alle mögliche Art verfolgte, und bey jeder in allen Winkeln gesuchten Gelegenheit in Arrest schickte; denn er hatte auf die Liebeshändel seiner Tochter mit dem Plazmajor Dos eine Satyre verfertigt, welche überall bekannt wurde. Eben zu der Zeit nun, da er am begierigsten auf Mittel sann, und befürchten mußte, daß er Schulden halber arretirt werden würde, ereignete sich der Fall, daß Lieutenant von Bach ihm den Antrag machte, mich aus dem Arrest zu befreyen und durch mich sein Glück zu versuchen.

Wer gerne tanzt, dem ist leicht gepfiffen, folglich war dieses gerade Waßer auf seine Mühle. Sein Herz war wohlthuend und mitleidig. Mein Schicksal hatte ihn längst gerührt. In der Folge hat er mir aber gestanden, daß er hauptsächlich des-

Trenck's Leb. III. B.   L   halb

halb für mich entschied, um sich durch meine Befreyung zugleich mit an dem General Fouquet zu rächen.

Jedermann ist freilich erstaunt in meiner Geschichte zu lesen, daß ein Mensch, der mich nie gekannt, der mir zu nichts verpflichtet war, sich entschloß, am hellen Tage als wachhabender Offizier mit einem Staatsgefangenen zu entfliehen: wo Schimpf und Schande, ja der Galgen, sein unfehlbarer Lohn gewesen wäre, und auch beinahe augenscheinlich war, weil sich nichts unüberlegteres und verwegneres als diese Unternehmung denken läßt.

Kaum hatten wir die erste Unterredung gehabt, so erwuchs Freundschaft und Mitleiden, die sich zugleich mit Selbstliebe verbanden, indem er durch mich sein Glück zu machen hofte. Wir wurden verrathen. — Ein Freund überraschte ihn mit dieser Nachricht. — Er konnte allein sicher fliehen. In eben dem Augenblicke betrachtete er sich aber als einen unglücklichen Menschen, welcher weder Geld noch Stütze hatte, und in der weiten Welt sein Glück suchen sollte. Sein Muth, seine Entschlossenheit in den größten Gefahren war unbegränzt. Ueberdieß hatte er mir versprochen, meine Freiheit zu befördern; der Ehrgeiz reizte ihn also, sein Wort zu halten. Leichtsinnig, überlegte er nie vorher, sondern führte allezeit den ersten Einfall aus, die Folgen aber ül ließ er dem blinden Ungefähr. Alles dieses zusammengenommen, wirkte den verzweifelten Entschluß mit mir zu sterben, oder seinen einmal gefaßten Vorsaz auszuführen. Er gieng der Gefahr unerschocken erschrocken entgegen, blieb sich gegenwärtig, und führte mit mir eine Unternehmung aus, die, weil sie zufällig glückte, mehr bewundert als getadelt wurde.

In meiner ganzen Welterfahrung habe ich übrigens keinen Menschen von seiner Gattung angetroffen. Nun weiter zur Geschichte desselben.

Wir kamen auf unserer Reise nach Warschau, wo wir Ruhetag hielten. Schell gieng Nachmittags aus, und kam erst spät zu Hause; sprach auch kein Wort von seinen Verrichtungen, die er gehabt.

Den folgenden Morgen gieng unsere Reise nach Crakau. Hier war eben Jahrmarkt. Da nun Schells Pferd lahm war; so suchte ich einen Tauschhandel zu machen, und forderte deshalb Geld von ihm, weil ich einige Dukaten herauszahlen müßte. Statt mir zu antworten, erhob er ein lautes Lachen, zog den ledigen Beutel aus der Tasche, und sagte: all mein Geld ist auf dem Billiard in Warschau geblieben; wenn mein Pferd nicht mehr fortkommen wird, werde ich dir schon zu Fuße folgen; ich brauche weder dieß, noch Geld.

Ich erschrack über den Leichtsinn des Menschen. Indessen was wollte ich machen? Ich kaufte das Pferd und wir ritten nach Wien. Hier hatte er wenige Tage darauf das Unglück, daß sein Pferd, welches er gerade Gelegenheit hatte, für 200 Gulden verkaufen zu können, sich vor der Krippe an der Halfter erhängte.

Wir waren noch nicht vier volle Wochen in Wien, als es mir gelang, ihn durch Hilfe meines Vetters,

welcher

welcher ihn dem Prinzen Karl von Lothringen empfahl, bey dem Pallavizinischen Regimente als Oberlieutenant unter zu bringen. Dieses Regiment stand gerade in Italien, und war zur Belagerung von Genua bestimmt. Ich equipirte ihn daher, und schickte ihn hinlänglich mit Gelde versehen, ab. Einige Zeit darauf, als ich ihn schon an Ort und Stelle vermuthete, schrieb er mir aus Grätz ganz lakonisch: sein Schicksal habe ihm abermals einen Streich gespielt, denn er habe Geld, Uhr und Equipage im Spiel verloren. Im Fall ich ihm ferner nicht beystehen könne, so würde er sein Glück in der weiten Welt suchen. Was war zu thun? Ich hatte eben aus Berlin Geld erhalten, sandte ihm 500 fl. und hiermit gelangte er endlich zu seiner Bestimmung. Indessen dauerte die Herrlichkeit wieder nur 4 Monate. Er hatte einem Freunde sein Geld geliehen, wollte spielen, griff Kompagniegelder an, fand keine Rettung, desertirte und nahm einen Fourier mit. Sein Verbrechen, welches er auf diese Weise begieng, war um so strafbarer, da er nach Genua zum Feinde überging. Er meldete es mir in dem leichtsinnigsten Tone von der Welt, auch daß er die Dienste eines Korporals angenommen habe. Dieser Schritt des Schell hatte für alle Preußische Offizier, welche nach dieser Zeit in Oesterreich Dienste suchten, die nachtheiligsten Folgen; allein so etwas vorher zu bedenken fiel Schellen nicht ein.

Zufälliger Weise fand ich Gelegenheit, ihn dem Venetianischen Gesandten in Wien zu empfehlen, schickte ihm etwas Geld, und brachte es dahin, daß er innerhalb

halb wenig Monaten wieder Offizier ward. Allein noch in demselben Jahre verließ er auch diese Dienste wieder, und ward Musquetier in Modena. Er meldete es mir abermals, und bat um meine Unterstützung. Ein gewisser Freyherr Lopresti, welchem ich bekannt war, hatte daselbst Freunde, auf solche Weise glückte es mir, ihm wiederum eine Offiziersstelle zu verschaffen, ich equipirte ihn von neuem; indeßen mußte er zu seiner Sicherheit den Namen Lesch annehmen.

Unseliges Schiksal! wenn der Mensch schon so tief gefallen ist, daß er seinen Familiennamen verbergen muß, um unter ehrlichen Leuten auftreten zu dürfen: und das widerfuhr doch einem Menschen, der eigentlich kein Bösewicht war, den aber Spielsucht und Leichtsinn vom Wege der Ehre entfernten, und als einen Taugenichts in der Welt herumirren machten.

Nun war er durch meine Hilfe Lieutenant in Modena, allgemein geliebt, geschäzt, und hatte den festen Vorsaz gefaßt, nicht mehr zu spielen, auch eine bescheidene Aufführung zu wählen. Vielleicht hätte er denselben auch ausgeführt. Hier aber mischte sich ein widriges Schiksal in das Spiel, und vereitelte alle gute Entwürfe.

Auf Ansuchen des Herzogs, schikte die Kaiserin Königin etliche Offiziere von ihrer Armee nach Modena, um die Regimenter in neuen Kriegsübungen zu unterrichten. Schells böser Genius schob zufälliger Weise zwey Offizier vom Pallavizinischen Regimente unter diese Zahl. Kaum wurde er Leute gewahr, die ihn unfehlbar kennen und entdecken mußten,

ten, und von denen er keine Nachsicht zu erwarten hatte, oder nicht zu erbitten glaubte; so desertirte er gleichfalls aus Modena, und ward gemeiner Soldat in Sardinischen Diensten, bey dem Schweizerregimente Sauter. Diese neue Veränderung hatte er mir geschrieben. Ich war aber damals schon in dem Magdeburger Gefängniß, wo ich ihm und mir nicht mehr helfen konnte. Im Dezember 1763 erschien ich von neuem aus meiner Gruft auf der Weltbühne, suchte meinen Freund in Modena, und fand keine Nachricht wohin er sich gewendet.

Anno 1769 war ich zu Wien in Gesellschaft des Sardinischen Gesandten: zufällig war bey ihm der Kapitain Renard vom Sauterischen Schweizerregimente. Man sprach von unglücklichen Preußischen Offizieren, und Renard lobte einen gewissen Lesch besonders, der bey seiner Kompagnie als Sekretair oder Fourier diente. Nach verschiedenen Fragen fand ich, daß dieses mein Freund Schell seyn müsse. Gleich schrieb ich ihm und erhielt auch eine Antwort, die allgemein bekannt gemacht zu werden verdient. — Ich schickte ihm Geld, er sandte es mir aber zurück, und schrieb dabey: Er bedürfe nichts mehr auf Erden für sich; habe der eitlen Ehre nachzujagen entsagt, lebe ruhig, verdiene durch seine Charge, durch Unterrichten in Sprachen, Zeichnen, der Musik und in der Stükkerey weit mehr als seine Nothdurft, sey geliebt, gesucht, geschätzt, gesund, habe wirthschaften gelernt, und würde seinen gegenwärtigen Zustand mit keinem glänzenden Glück vertauschen, von mir auch in keinem

Falle

Falle mehr etwas annehmen; ich hätte genug für ihn gethan, und sollte nur für mich allein sorgen. Gerührt von dieser seiner nunmehrigen Denkungsart, machte ich ihm in der Folge verschiedene Anträge zu einer bessern Versorgung. Er beharrte aber auf seinem Entschlusse, blieb in seiner Garnison in Alexandria standhaft und zufrieden, und wünschte mich nur noch einmal in seinem Leben zu sehen.

Im Jahre 1772, da ich in der Reichsstadt Aachen lebte, trat er auf einmal unvermuthet in mein Wohnzimmer. Wie willkommen er mir jezt war, mag sich dieser Leser denken, welcher empfinden kann. Er kam von der äussersten Grenze Europens zu Fusse nach Aachen, um mich zu sehen: erzählte mir sein ganzes wunderbares Schicksal, wovon aber das meiste meinem Gedächtniß entfallen ist, oder vielmehr in einen Roman gehört.

Wollust war gleichsam der Zweck seines Daseyns, und er hatte so gar die Goldstickerey und alle Weiberarbeiten gelernet, um durch Unterricht näheren Umgang mit schönen Mädchen zu erhalten. Sprachmeister war er auch, und weil er wirklich einer der sinnreichsten feinen Dichter war, so empfahl er sich hierdurch am beßten bei dem schönen Geschlechte in Italien, und hatte wirklich die lezten 15 Jahre im Ueberflusse glücklich zugebracht.

Vier ganze Monate lebte er in meinem Hause, unterrichtete meine Kinder bey aller Gelegenheit auf die angenehmste Art in der Sittenlehre, gewann die Hochachtung aller Menschen, die ihn kennen lernten, liebte

liebte aber die Einsamkeit und war wirklich ein solider brauchbarer Mann geworden. Sein sonst aufgeweckter Geist hatte alle Lebhaftigkeit verloren. Beständig tiefsinnig verlor er sich mitten im Zusammenhange einer Unterredung, beschäftigte sich blos mit Lesen oder Auf= und Niedergehen im Zimmer, und Schwermuth stand auf seiner Stirne. Ich bemerkte auch bald, daß ihm die Zeit bey mir lang wurde, und daß er sich nach Alexandria zurück sehnte.

Er war kaum 4 Wochen in Aachen, als er einst in tiefen Gedanken spazieren ging, und in den Stadtgraben fiel, er verrenkte sich die Schulter, und mußte nach Hause getragen werden.

Seine Standhaftigkeit und Geduld war unerhört. Er klagte keinen Augenblick. Endlich ward er wieder gesund, schrieb einige Gedichte, die aber denen nicht zu vergleichen sind, welche sein Jugendfeuer ehmals hervorbrachte. Wenn ich alle seine Handlungen und Gesichtszüge näher betrachtete, so war es leicht, ihm zu prophezeihen, daß er in wenig Jahren in das Narrenhaus wandern würde.

Dies bemerkte er selbst, sprach mit mir davon, und versicherte, er sey wider dieses Unglück mit einem Pülverchen versehen, mit welchem er allen Schwächen des Alters zuvorkommen und allem Schicksale Trotz bieten könne.

Uebrigens war er in seinen Entschließungen noch der Alte. Hätte ich zu ihm gesagt: Schell, du mußt mich rächen, ein Monarch hat mich beleidigt; so wäre er ohne Bedenken nach Potsdam auf die Parade gegangen,

gangen, und hätte die gräßlichste That begangen. Dazu kam noch, daß er keine Ewigkeit glaubte, und keine Furcht vor dem Tode kannte.

Er zeigte mir in Aachen 16 Narben an seinem Leibe, von welchen er auch einige für mich bekommen hatte. Bey allen Vorfällen hatte er Wunden davon getragen, auch beide Füße und einen Arm durch Unglücksfälle zerbrochen, weil er beständig in tiefen Gedanken herumgieng, und bey hellem Tage in Gräben fiel. Mit dem Degen war er gleich fertig, und lachte, wenn er bluten mußte.

Seine Liebeshändel, die er mir erzählte, würden den schönsten Roman ausmachen, und Schade ist es, daß seine physisch und moralischen Aufsätze nie in meine Hände gerathen, und mit ihm begraben sind. So gar in der Anatomie hatte er es sehr weit gebracht, bloß um sich zu überzeugen, ob etwas Unsterbliches in ihm wohnen könne, oder zur Bewegung seiner Maschine und Reizung seiner Leidenschaften nothwendig sey.

Uebrigens bedurfte er keines Religionszaumes, um wirklich tugendhaft zu seyn, weil er das beste Herz von der Welt hatte. Und wie er mich versicherte; so war er mit seinem Hierseyn ganz zufrieden, aber auch nicht unruhig, wenn er in die Zukunft dachte, oder unentschlossen, wenn sein lezter Tag anbrechen würde. Denn sein Vorsatz war, dem Tode, so bald er des Alters Schwächen fühlen würde, entgegen zu eilen. Bey solchen Grundsätzen war

er

er eben nicht unglücklich, besonders da er für Ehre und Schande unempfindlich blieb.

Ich glaubte ihn noch lange in meinem Hause zu erhalten. Sein Urlaub vom Regimente lief aber zu Ende, und er wollte in Alexandria sterben. Eines Tages, als ich mirs am wenigsten versah, war er ganz stumm und niedergeschlagen, morgens fand ich folgenden Brief auf meinem Schreibtische liegen, und Schell war aus Aachen verschwunden.

Freund!

Sie haben viel Kinder und noch mehr zu erwarten. Sie sind glüklich, weil sie die edelste Gattin von der Welt besitzen. Ich lebe ihnen zur Last in Aachen. Sie sind nicht reich genug, um etwas für mich zu entbehren, und ich denke zu gut, um Ihre Freundschaft zu misbrauchen. Vaterpflicht ist für Sie die heiligste. Ich bin zufrieden, daß ich sie glücklich gesehen habe, und gesund verlasse.

Wahrscheinlich werden wir uns nicht wieder sehen, bekümmern Sie sich um mich nicht. Ich bedarf nichts, und finde alles, was mich glücklich macht, in Alexandria. Ihr Umgang allein fehlt mir, und diesen muß ich entbehren, weil Sie für mich keinen Groschen mehr verschwenden sollen, den Sie für sich selbst bedürfen, weil böse Menschen Ihnen Ihre rechtmäßige Reichthümer raubten.

Ist ein Gott, der sich in unser Schicksal mischt, dann muß, dann wird er Sie lohnen, stärken, schützen, und in ihrem Hause erhalten. Ist keiner; so ist unsere Bemühung fruchtlos, um durch reine Tugend Glück oder Seligkeit zu verdienen. Unser Lohn für rechtschaffene Handlungen steckt allein in unserm Herzen. Das Ihrige ist von der besten Gattung, folglich sind sie glüklich in sich selbst, und in allen Fällen des Schiksals.

Mir sind Sie nichts mehr schuldig: Sie haben mehr für mich gethan, als die lebhafteste Dankbarkeit und Freundespflicht fodern.

Ich

Ich rettete Sie aus Glatz. Vielleicht hätten Sie weniger auf Erden gelitten, wann ich damals nicht in Glatz gewesen wäre. Ich that es auch mehr aus Rachsucht gegen den König und Fouquet als für Sie, und meine Unternehmung war also nicht blos auf Mitleid und Freundschaft gegründet. Mein Eigennuz wirkte dabei, ich wollte durch Ihre Hilfe glücklich werden, weil mir alle Stützen in der Welt fehlten, und ich mich schämte, bey einem Garnisonsregimente verächtlich zu leben.

Nichts reuet mich von allen, was ich that. Ich ward klüger und besser. Ich glaube Sie denken wie ich; sind zufrieden im Gegenwärtigen, und gleichgültig für die Zukunft.

Schreiben Sie mir, wenn Ihnen irgendwo Recht widerfährt. Ihr Sohn Joseph besitzt alle Eigenschaften, um unter Ihrer Anleitung ein grosser Mann zu werden. Diese Aussicht macht mir Freude, und muß Sie entzücken. Ihrer würdigsten Gemahlin sagen Sie, daß ich Sie verehre, ihr für alle Wohlthaten herzlich danke, und Glück wünsche, einen solchen Gatten gewählt zu haben, der ihren ganzen Werth kennet. So waren Sie doch auf einer Seite glüklich, folglich haben Sie auch nicht Ursache, Ihr Hierseyn zu bereuen.

So bald mich ein phisisches Uebel trift, werde ich Ihnen den lezten Brief schreiben, und zu seyn aufhören, wenn ich nichts mehr dulden will. Sie müssen Ihrer Kinder wegen leben, so lange als Sie können. In diesem Falle allein beklage ich Sie, wenn Sie ein ähnliches Unglück träfe.

Leben Sie für mich unbekümmert: ich habe noch die Uhr, welche Sie mir schenkten, und 6 Louisd'ors in der Tasche, die ich dem Schneider für mein Kleid bezahlen sollte, und meine Füße tragen mich noch eben so leicht, als vor 30 Jahren, da wir durch Polen wanderten.

Waren wir damals nicht vergnügter als mancher Fürst, der im Staatswaagen bequem seine unglückliche Länder durchfährt?

Ich hinterlasse Ihnen unser Journal von dieser wunderbaren Wanderschaft, welches ich aufbewahret habe, um sich an Vorfälle zu erinnern, die in Ihrer Lebensgeschichte einen Raum verdienen.

Leh:n

Leben Sie gesund, und entfernen Sie sich so viel
möglich ist vom Hofe und von öffentlichen Geschäften, wo
Ihnen eine zu sehr gewöhnte unerschrockene Wahrheitsliebe
von neuem widrige Vorfälle verursachen würde. Fliehen
Sie aus Aachen, wenn Sie können. Die Mönche sind
wider Sie aufgebracht: fromme Bösewichter, Tugendfein-
de, finden überall Gelegenheit zu schaden, und werden
überall Ihre verdiente und im Alter nothwendige Ruhe
zu stöhren wissen. Gott behüte Sie vor der Wirkung Ihres Viperngiftes. Ich zittere nur deßhalb für Sie, weil
ich Ihren Muth kenne.

Denken Sie in allen Fällen auf Ihre häusliche Pflichten, und thun und handeln Sie weniger redlich für die
undankbare Welt. Sie will betrogen seyn. Und ob wir
gleich hell sehen, und edel denken; so ist in diesem Falle
schweigen, seufzen, und mit Weisheit geniessen, der beste
Theil, welchen man hier nieden wählen kann. Können
Sie diesem treuen Rathe folgen, dann fehlt Ihnen nichts
zu Ihrer Seelenruhe. Wählen Sie aber auch Wien nicht
zu Ihrem Hafen. Dort lauern Ihre Güterräuber, um
ein unrechtmäßiges Eigenthum zu behaupten, und von den
Priestern haben Sie gewiß nichts als Verachtung und Verfolgung zu erwarten.

Eigene Erfahrung kann Sie leicht vom Vergangenen
auf die Zukunft schließen lehren. Suchen Sie nichts mehr
von undankbaren Fürsten, und wagen Sie auch nichts
mehr für die Ehre. Ich hülle mich in meine eigene
Tugend. Dieß sey Ihr Wahlspruch. Daß am Ende
trägt doch die gute Sache den Sieg davon ist nur ein
Trost für Unglükliche.

Der größte Theil unsers Lebens ist zurükgelegt: wir werden beide bald zu seyn aufhören, wir kennen den Tod,
und werden ihm folglich lachend entgegen gehen. So lange
aber, als bis ich ihn suchen werde, bin ich gewiß für Sie,
was ich allezeit war, und auf jeden Wink bereit, mit
dem zugleich zu sterben, der Sie beleidiget, oder Ihren
Absichten entgegen ist.

Mit der heiligsten Versicherung, daß ich bis zum
letzten Hauch meines Lebens der Ihrige bin, entfernet sich
heute von ihrem liebreichsten Umgange, gewiß gefühlvoll,
aber nothwendig
Ihr
Alexander von Schell.

Man

Man schliesse, was ich bey Durchlesung eines solchen Abschiedes empfand, besonders da ich kein Mittel sahe, meinem Freunde wenigstens ein Reisegeld zu geben. Wenig Tage nach dieser Begebenheit mußte ich eine Reise nach Wien machen. Ich kam nach Frankfurt und begegnete zufällig dem ehrlichen Schell auf der Strasse, der daselbst Nachricht von seinen Eltern abgewartet hatte. Wir blieben noch zwei Tage zusammen, und alles Zureden konnte seinen Vorsatz nicht rückgängig machen. Mit vielem Widerstande nahm er endlich 20 Louisd'or von mir an, um bequemer nach Hause zu reisen. Wir nahmen Abschied, den lezten Abschied, und ein jeder folgte seiner Bestimmung.

Etwa drey Wochen nach diesem Vorfalle erhielt ich in Wien folgenden Brief von ihm.

Freund!

Sie zwangen mich in Frankfurt 20 Louisd'or von Ihnen anzunehmen, die Ihren Kindern entrissen sind, und Ihnen gewiß nur Sorgen verursachen. Aber, rechtschaffener Mann! könnten Sie doch zum Lohn Ihrer Wohlthat, auch Antheil an den Empfindungen haben, welche diese Louisd'or verursachten! Könnten Sie doch den Seegen zugleich in vollem Gewichte geniessen, den Ihnen ein 82jähriger Greis nebst seiner darbenden Familie mit zum Himmel starrenden Augen zuwünschten, da der verlorne Sohn Schell in einer bemosten Bauernhütte unerwartet auftrat, und unglükliche Eltern zu erquiken, die Freude erlebte.

Liebster Trenck! Wie gerne möchte Ihnen die Beredsamkeit meiner Feder diese Scenen so lebhaft schildern, wie sie gewiß jeden edeldenkenden Zuschauer hingerissen hätte. Schon seit 24 Jahren erhielten meine Eltern gar keine Nachricht von mir. Sie hielten mich für todt. Ich wußte, daß sie durch reichshofräthliche Prozesse arm

gemachs

gemacht darbeten, und wollte sie durch traurige Nachrichten von meinem Hierseyn nicht beunruhigen. Mein Vater hatte mich deshalb aus seinem Herzen verbannt, weil ich die Preußische Dienste so leichtsinnig verließ und mein Name in Glatz am Galgen hieng. Meine Mutter hatte mich beweint, und die traurige Lage ihrer übrigen Kinder verhinderte sie, an den zu denken, welchen Sie ehmals als die Stütze ihres Alters und ihres Hauses zu betrachten Ursach hatte, weil sie mein grosses Talent mit solchem Unterricht unterstützte, daß sie auch reife Früchte davon erwarten konnte. Meine älteste Schwester fand ich zu Hause vom Schlage gerührt schon 12 Jahre hindurch im Bette Hunger leiden, die jüngste hatte den Verstand verlohren, und mußte zuweilen gebunden werden. Mein ältester Bruder, der sich bis zum Major in Preußischen Diensten empor geschwungen, wurde wegen der Glatzer Ueberrumpelung cassirt, und dienet jetzt als Corporal unter einem andern Namen in Dänemark. Mein alter redlicher Vater saß in Lumpen gekleidet, wassersüchtig auf einem alten Lehnsessel; und meine 70jährige Mutter war Magd, Krankenwärterin und Versorgerin des ganzen Hauses. Eben, da ich ankam, hatten sie alle zusammen schon seit etlichen Tagen trofnes Brod gegessen, weil der Monat zu Ende lief, und eben der Fürst, welcher sie durch Prozesse arm gemacht hatte, ihnen einen elenden Gnadengehalt von 9 fl. monatlich auszahlen ließ, wofür sie noch in tiefster Ehrfurcht zitternd danken, und für ihn beten sollten. Holz fehlte, die halb entblößten Alten saßen da mit Lumpen bedekt, um sich zu erwärmen, und in eben dem Augenblicke, da sie von ihrem verlohrnen Sohn sprachen, und sich zur Standhaftigkeit im Leiden aufmunterten, trat ich in die Hütte, gab mich zu erkennen, und brachte Hülfe.

Gott! wie schildere ich Ihnen diesen Auftritt mit natürlichen Farben — Ich sahe das Elend, alles verstummte, gleich warf ich meine Loiusd'or auf den Tisch — Die Mutter fragte: sind sie dein mein Sohn — Ja, Mutter, sie sind mein mit Ehre; und ich bringe sie, euch zu laben — Erstaunen und Wonne verbreitete sich in unsern Gesichtszügen — Der Alte weinte Vaterthränen, und die Mutter schluchzte an meinem Halse. Die lahme Schwester forderte eine gute Mahlzeit, um sich zu erquiken,
und

und die närrische machte Capriole, ohne zu wissen, warum? Nachdem wir uns vom Taumel erholet, und ich nur das erzählt hatte, was sie von mir wissen sollten, wurde gekocht und gebraten. Wir saßen zu Tische, und ich genoß die Freude, mit Ihrem Gelde, mein theurester Freund, meine hungrigen Eltern noch am Rande des Grabes zu laben, und ihren ehemaligen Fluch gegen mich in Segen und Liebe zu verwandeln.

Ihnen allein hab ich diesen fröhlichsten Tag meines Lebens zu verdanken, denn ohne Geld wäre ich nicht nach Hause gegangen. Ohne diese Scene erlebt zu haben, wäre ich frech und gleichgültig für mich gestorben. — Nun weiß ich erst, warum ich noch leben soll. Meine Eltern will ich ernähren, sie bedürfen mich. Ich eile nach Alexandria; dort habe ich Gelegenheit so viel zu verdienen, als ihnen zur Bequemlichkeit nothwendig ist. Und von nun an werde ich recht vergnügt zu leben anfangen.

Ich schreibe Ihnen nicht, wo ich diese unglückliche Familie fand. Sie möchten mir die Zufriedenheit stöhren, für sie zu arbeiten; Ich kenne Ihr wohlthätiges Herz, und Sie haben nichts zu geben übrig. Nur erst dann, wenn ich den Tod fühle, oder eigene Unfähigkeit bemerke, dann sollen Sie erfahren, wo meine Eltern wohnen, um meine Stelle zu vertreten, und mich ruhig sterben zu machen. Neun Tage blieb ich zu Hause, drei ganze Louisd'or wurden bey flüchtigen Stunden verzehrt, fünfzehn und meine Taschenuhr ließ ich gestern auf dem Tische zurück, und flehe mit einem hinterlassenen Briefe eben so wie von Ihnen aus Aachen, um den Schmerz des Abschiedes weniger für mich zu empfinden, weniger das Gefühl zum Grabe taumelnder Greise zu erschüttern.

Ich eile nun zu Fuß nach Alexandria, gewiß muthiger, als Alexander mit seinem siegenden Heere nach Babylon. Nie sind 20 Louisd'ors so heilsam, so fruchtbringend angewendet worden, als die, welche Sie mir in Frankfurt schenkten. Ich habe nur einen Zweck, warum ich lebe, und Alexandria ist der Ort, wo ich auf allerhand Art durch meine Thätigkeit und Talente so viel verdienen kann, als ich für die Meinigen brauche, die sich mit wenigem zu begnügen, gelernt haben. Jetzt erst werde ich das Geld schätzen lernen, wodurch man so viel Seelenfreude für sich bewirken, und andern verursachen kann.

Leben Sie gesund, theurester Freund! Kommen Sie noch dereinst in ihr Vaterland zurück, aus dem Sie so lange verbannet sind; dann wünsch ich Ihnen Reichthum, um Ihre Blutsfreunde glücklich zu machen, und dann, wenn Sie den Waldauschen Kindern Gutes erweisen können, dann denken Sie an die Worte zurük, die ich Ihnen im Walde bey Hammer, auf unsrer Wanderschaft sagte, da Sie sich an einem unempfindlichen, vielleicht auch nur furchtsamen Schwager rächen wollten. Gott lasse Ihnen diese reine Freude auch noch erleben! Ich sehe für Sie noch heitere Zukunft, und verehre Ihre wohlthätige Seele. Vergessen Sie mich nicht. Nur dann, wenn ich etwas bedarf, werde ich Ihnen schreiben. Mir geben Sie nur alle Jahre Nachricht, wenn Ihnen etwas Gutes begegnet. Sie werden böse seyn, daß ich Ihnen meiner Eltern Wohnsitz verheele. Wie geschwinde wären Sie mit Hülfe da: blos deshalb sollen Sie es nicht wissen, ich will diese Beruhigung allein geniessen.

Diesen Brief erhalten Sie aus Ulm. Ich schreibe ihn schon in der Schweitz, und ein Freund wird ihn auf die Post geben. Ihre Tugend beschirme Sie von allen noch möglichen Widerwärtigkeiten. Und Gott oder die Welt lohne Sie. Ich lebe und sterbe als
     Ihr
 dankbarer und gewiß treuester Freund
    Alexander von Schell,
 Secretaire du Regiment da Souter Suisses,
  an Service du Roi de Sardaigne
    à Alexandria.

Nach dieser Zuschrift erhielt ich noch ein paar Briefe gleicher Art. Im lezten meldete er mir, daß ihm eine alte Frau den Werth von etwa 150 Dukaten in ihrem Testamente vermacht habe. Seine Freude war unbeschreiblich, da er das Geld seinen noch lebenden Eltern mittheilen konnte. — Diese Briefe sind mir aber verloren gegangen, und würden auch diese Biographie zu weitläuftig machen.

           Nach

Nach zweijährigem Schweigen erhielt ich im Jahre 1780 folgenden Brief:

Der sterbende Schell an seinen Freund Trenck.

Wenn Sie diesen Brief erhalten, werde ich nicht mehr seyn. Meine Lebensuhr ist abgelaufen. Theurester Freund! kein Mensch starb und verließ die Welt ruhiger, als ich sie in wenig Stunden verlassen werde, nachdem ich Ihnen hiermit noch mit ganz gegenwärtigem Geiste das letzte und wärmste Opfer meiner Dankbarkeit bringe.

Meine letzten Lebensjahre waren vollkommen glücklich. Mein Familiennamen Schell war beinahe meinem Gedächtniß entfallen, weil ich vierzig Jahre hindurch Lesch hieß, und den Herrn von nebst vielen noch größern Vorurtheilen abzulegen, und ohne alle Reue zu entbehren vermögend war.

Ich habe Sie im Wohlstande gesehen, mein Freund! und hinterlasse Sie als einen ächten Weltweisen ruhig. Vor zwey Jahren sind meine beiden Eltern gestorben, denen ich noch in den letzten Tagen Nothdurft, ja gar Ueberfluß zu verschaffen das Glück genoß. Meine kranke Schwester starb vor 6 Wochen, und die närrische bedarf nichts, sie lebt im Narrenhause zufrieden, und glaubt, sie sey die heilige Rebecca.

Meine Freundin, die mein Herz besaß, hat einen jungen Mann geheyrathet; sie ist geliebt, und da ich den Neid verabscheue, so bin ich zur Eifersucht unfähig.

Nun aber foltern mich Steinschmerzen und eine Abzehrung, die mich bereits in ein lebendiges Todtengerippe verwandelt haben. Die gewissen Zeichen meiner nahen Auflösung hat mein Arzt bemerkt: ich selbst fühle dieselben, und werde in wenig Tagen oder Stunden zu leiden aufhören.

Sie wissen was ich zu dieser Absicht seit vielen Jahren bey mir trage — die sicherste Arzney für den Weltweisen, welcher keinen Arzt sucht, um länger gefoltert zu werden.

Da ich nun nichts mehr zu hoffen oder zu verlieren habe, so sind dieses die lezten Zeilen Ihres alten geprüften redlichen Freundes. Meine sterbende Seele lebt noch in Ihnen, ich hauche sie bald von mir, und dann weiß ich auch nicht mehr, daß ich Sie noch zurück ließ. Meine lezten Gedanken sind für Sie in diese Zeilen verwebt, und werden mit meinen aufgelöseten Bestandtheilen so wie mein Gedächtnis verflattern. Folgen Sie mir so spät als Sie können, lieber Freund! Gleichgültig bin ich für den Ruf, für Ehre und Nachwelt. Ich sterbe ungekannt, und mein Name stirbt mit mir. Hüten Sie sich vor Glazer und Spielberger Schicksale. Es lebt kein Schell mehr für Sie. Ich hinterlasse auch keinen Freund, der Ihre Hülfe bedarf, und den ich Ihnen empfehlen müßte. Nein Freund! ich bin gar nichts mehr für Sie, und die Empfindungen Ihres Herzens bey meinem Abschiede würden mich nur kränken, wenn ich sie noch mit empfinden konnte. Lachen Sie demnach noch einmal über die gewiß seltsame Abfahrt des närrischen Schell, der mitten in seinen Trauerspielen als ein mitlachender Gaukler auf die Bühne trat, die er noch heute mit Lachen verlassen wird, wo sein Vorhang auf ewig zufällt.

Der Schlaf bemeistert sich schon aller meiner fühlenden Kräfte; die Augen wollen sich schliessen: der Geist will die Wollust der Ruhe geniessen — Bald werde ich schlafen, ohne Traumgesicht schlafen, und nicht wieder aufwachen um wachend zu träumen. Schliessen Sie Ihre Augen so zufrieden wie ich, mein lieber, noch wachender Trenck! Meine Rolle ist gespielt: klatschen Sie mir Beyfall zu! alle übrige Zuschauer unserer Weltbühne mögen pfeifen oder klatschen, so mache ich kein da Capo mehr, und mein lezter Gedanke ist noch Liebe und Dankbarkeit und Wünsche für Ihre Wohlfahrt — So stirbt

den 24 May 1780.

Alexander, ehemals von Schell, jetzt Leich, in Alexandria.

Dieses war meine lezte Nachricht von diesem ganz besondern Manne. Ich schrieb an das Regiment, und erhielt zur Antwort: man habe ihn den

26ſten Mai tödt im Bette, und ſehr ſchöne Abſchieds=
briefe an ſeinen Oberſten und an ſeine Freunde gefun=
den, die ihn alle als einen allgemein geliebten Mann
bedauerten. Sein Hauptmann hatte eine Samm=
lung von ſeinen verliebten Oden und Satyren in ita=
lieniſcher Sprache gemacht, die vielleicht dereinſt un=
ter anderm Namen erſcheinen, und einem Unwiſſenden
die Autorehre verſchaffen werden.

Er ruhe im Frieden der ehrliche Mann! An mir
hat er ein beßres Schikſal verdient, übrigens aber
durch ſeine Jugendſchwächen niemand geſchadet als
ſich ſelbſt.

Jüngling, der du ſeine Geſchichte lieſeſt, ſchau=
dre vor den erſten Schritten des Leichtſinns, der Un=
bedachtſamkeit, der Uebereilung zurük. Spiegle dich
an ſchrekhaften Vorbildern! und lerne in Zeiten den
Werth des Geldes kennen, ehe dich der Mangel deſ=
ſelben und der materielle Trieb nach Vergnügungen in
Umſtände und Bedürfniſſe leitet, aus denen man ſich
zulezt durch niedrige Handlungen loszuwickeln gereizt
wird. Die Fallgrube ſteht auch für dich offen, in wel=
che Schell durch ſeine Schuld fiel, und aus der er in
einem ſechzigjährigen Leben nicht mehr herausklettern
konnte. Es fehlte ihm weder an Verſtand, noch an
der beſten Anlage, ſondern nur die richtige Anwen=
dung. Prüfe dich nunmehr ſelbſt, was du zu beob=
achten haſt und bedarfſt, um ähnlichen Gefahren in
Zeiten auszuweichen.

Vergebens habe ich dieſe Blätter nicht geſchrie=
ben, weil Schells Fehler und ſein Schikſal Verwöge=

ne abschrecken kann. Dieses war die eigentliche Absicht, warum ich seine Geschichte der meinigen beyfüge. Er hat für seine Seitenschritte aus dem Geleise der Tugend gebüßt, und rufet der noch lebenden Welt aus seinem Grabe zu:

    Lernet Brüder! durch frembes Vorbild klug werden.

Ich danke ihm im Grabe weniger für die Rettung aus meinem Glatzer Gefängnisse, als für das, was ich von ihm gelernt habe, mich von Ausschweifungen zurükhielt, und mir Beruhigung im Alter zuwege brachte.

Sein Name verewige sich in meiner Lebensgeschichte, und Gott lohne den Mann, der wirklich ein zum Wohlthun geneigtes Herz, und eine edle Seele besaß, um in einer günstigern Lage des Glüks eine ganz andre Rolle zu spielen, und seine grossen Talente vortheilhafter für sich, und wirksamer für die Welt zu benutzen. — Er ist todt. — Seine Leiden sind überstanden, und ich schliesse diese Erzählung mit folgenden Zeilen aus meinen bekannten Sinnbildern.

  Die hungrige Fliege wird künstlich betrogen,
  Sie hat mit dem Zucker den Gift eingesogen,
  Uns schmecket die Wollust auch lieblich und gut:
  Dann fühlt man die Wirkung des Giftes mit Wuth,
  Denn ruft man: Ach Brüder! weicht! flieht von
        der Schüssel!
Vergebens! ein jeder füllt erst seinen Rüssel.
      Die Jugend will fühlen
      Sie fühlet im Spielen.
O lernten wir Fliegen durch Rath den Gift kennen,
Dann würde sich mancher den Mund nicht verbrennen.

Abbitte und Ehrenerklärung

an

alle diejenige samt und sonders

welche

ich etwa in allen meinen Schriften beleidigt haben sollte.

Si tacuisses, philosophus mansisses.

Nicht die Furcht, bösartigen Menschen ferner zu misfallen, nicht die Gefahr von Spielern, Mönchen oder Pedanten, oder von Hofkabalisten und Zwergschurkleins verfolgt zu werden; nicht die Sorge Wespenstiche zu empfinden, wenn ich ihre Nester zu zerstören mich bemühe, noch weit weniger die Aftergeburten der Kritik bekutteter Bucentauren verursachen diese meine öffentliche Abbitte und Ehrenerklärung.

Ich habe ernsthaftere Geschäfte vor. Ich will die satirische Feder rasten lassen, und in Zufriedenheit einer unabhängigen Ruhe mehr geniessen, als bisher geschehen ist. Ich will die Händel und Prozesse, in welche mich Feinde der Tugend und Wahrheitsliebe verwickelten, rühmlich und mit nunmehr erfochtenem Siege endigen, und den Liebhabern meiner Schriften zwar weniger Stoff zum Lachen geben, allein für mich angenehmer leben, und nicht mehr Allein wider Alles, oder wider den grossen Haufen seyn.

Ich glaube, sowol für die denkende Welt als für mich, bereits genug geschrieben zu haben. Ehre genug, daß ich hiermit, troz allen Hindernissen, dennoch meinen lezten Band für den Menschenfreund fertig liefern konnte. Ehre genug sage ich, daß bisher noch alle ächte Menschenfreunde, gute Staatsbürger, wahre Christen und ehrliche Männer meine Freunde und Gönner geblieben sind. Hätte ich nur diese kleinste Zahl in unsrer menschlichen Gesellschaft beleidigt; hätte ich nur die Vernünftigen und Tugendhaften gegen mich aufgebracht: o! so wäre der Schwarm meiner Feinde gewiß weder so groß noch so mächtig, wenigstens unfehlbar nicht so boshaft und unversöhnlich, als der, welcher noch gegen mich stürmt, ohne mich doch einen Augenblik zu kränken oder unruhig zu machen.

Ich taumle wirklich schwindelnd zurük, wenn ich den Abgrund betrachte, in welchen mich meine Verwegenheit, oder vielmehr meine unerschrokne Aufrichtigkeit hätte stürzen können. Aller Spieler und Betrüger, aller Tag-und Broddiebe Degen und Dolche waren wirklich gegen mich gezogen; viele Aachner Mönche waren bereit, meine Ravaillacs, Clemente, und Malagriden zu seyn: die Modekavaliere, welche sich durch meine Abhandlung vom wahren Adel beleidigt glaubten, aber noch kein reichsritterliches Herz im Adelsbriefe erkauft hatten, bestachen Bauern und Jäger, um mich auf der Jagd oder Landstraße zu erschiessen, und dem fanatischen Pöbel wurde sogar von allen Aachner Kanzeln der Himmel versprochen, wenn

sie

sie Ketzerblut vergoſſen. (Ketzer nennt man aber gewöhnlich die, welche der Herrſchaft und Habſucht böſer Prieſter öffentlich zu widerſprechen wagen) Die alten Matronen beteten ſchon wirklich für meine arme Seele, ſie bedauerten mich als einen Verdammten, und alle Thoren und Betrüger ſchrieen zu gleicher Zeit: Kreuzige! Kreuzige! Leute, die kaum leſen gelernt haben, bey welchen das Denken und Forſchen eine Sünde iſt, ja, ſogar, was noch unglaublicher und dennoch wahrhaftig wahr iſt, ein Franziskaner trat in dem Fache der Gelehrſamkeit auf, und ſchrieb ganze Bücher wider den Menſchenfreund in Aachen. Wer dieſe Mönchsgeburten geleſen hat, der kennt den Ort wo ich wohnte, ſchon genug, wenn ich ſage, daß ſie auch in Wien wirklich Beyfall fanden; und kann dergleichen Urtheil wohl meinem in der Welt erworbenen Rufe nachtheilig ſeyn, oder einen Mann meiner Gattung beleidigen? Inzwiſchen lebte ich dennoch unbeſchädigt unter dieſem adelichen Pöbel; ehrliche Leute waren meinetwegen bekümmert; ſie klatſchten in die Hände bey jedem Blatte, welches aus meiner Feder erſchien; ſie wünſchten mir Glük. Allein bey dem Wunſche bliebs, und ich war mir allein ohne allen wirklichen Beyſtand überlaſſen, folglich verfloß meine Zeit in verdrüßlichen Beſchäftigungen, weil auch ſelbſt der Sieg gegen dergleichen Feinde weder Ehre noch Nutzen bringt. Der Schwarm meiner Gegner, die durch Inſekten ihrer Art für baare Bezahlung geſchüzt wurden, wuchs täglich mehr an; ſie ſchrieen laut, wenn ehrliche Leute heimlich ſeufzeten, und ſo

wie

wie der Kluge bey Sardanapalischen Tafeln dachte: Der Narr giebt prächtige Geschenke, und der Vernünftige ißt mit, geneußt und lacht.

Diese Betrachtung hat mich endlich bewogen, meine Schriften da nicht ferner fortzusetzen, wo der ächte Menschenfreund, wie die Nachteule unter andern Vögel gemishandelt wird. Ein anderer Moralist oder deutscher Schriftsteller betrete meine Bahn, thue so viel als ich gethan habe, und ziehe sich nur dann so wie ich aus der Schlinge, wenn ihn keine andere Ursachen zu schweigen nöthigen, als die, welche mich dazu bewegen. In diesem Falle wird unser Vaterland unfehlbar bald aus seinem Schlummer erwachen, die Büttel seiner Vernunft kennen lernen, die groben Vorurtheile abschütteln, und durch beförderte Wissenschaften auch in sich selbst groß und achtungswerth zu werden anfangen. Wir werden sodann bessere Christen in unsern Werken seyn, als viele unsrer Kalenderheiligen; wir werden den Staatskathechismus mit der reinen Religion verbinden lernen: müßige sittenverfälschende Tempelhängste in ihren Ställen verachten, und dem alten Bardenkarakter der deutschen Redlichkeit Ehre zu machen wissen.

Für diesen rühmlichen, aber dem Betrüger allein verderblichen Zwek, habe ich nach Kräften, und vielleicht eifriger mitgearbeitet, als es der Lage meiner Privatumstände vortheilhaft war. Es ist geschehen, und wird mich, auch bey den widrigen Folgen ewig nicht reuen.

Dieses ist mein aufrichtiges Glaubensbekenntniß,

und

und meine freymüthige öffentliche Beichte, nach welcher ich meine Lossprechung von allen Kennern ächter Verdienste standhaft erwarte, und unter dem Schuße der Wahrheit der Gerechtigkeit und des deutschen Patriotismus gewiß keinen Kirchenbann zu fürchten habe.

Da man mich nun bey diesem festen Entschluße als einen sterbenden Schriftsteller betrachten kann, welcher mit zerknirschtem Herzen als ein mit Reue erfüllter Sünder von seinen Lesern, ja sogar von der ganzen Gesellschaft vernünftiger Satirenschreiber wehmüthigen Abschied nimmt; so reiche ich hiermit die brüderliche, Versöhnung suchende Hand allen denen, welche sich in ihrem Gewissen überzeugen können, daß ich sie wirklich durch meine zu troken vorgetragene Wahrheit beleidigt, oder ihnen die Larve von dem Gesicht gerissen habe. Meine Autor=Skrupel bewegen mich wirklich zu diesem Schritte; und ich hoffe, man wird nicht so grausam seyn, zu verlangen, daß ich mich vielleicht deßhalb selbst discipliniren solle, weil ich ein wirklicher Bußprediger für alle wirkliche Christen, für alle wirkliche ehrliche Leute in meinen Schriften war, ohne das Handwerk oder die Manipulation eines jesuitischen Marktschreyers in forma theologica gelernt zu haben. Ueberdieß bin ich, wie bekannt, sehr kizlich, und entschliesse mich schwer, auch den größten Herrn zum andernmale um etwas zu bitten, welches er mir im Ersten nur zu versagen schien. Also nur geschwinde Pardon, sonst falle ich noch geschwinder in den alten Fehler halsstärrig zurück, und vertheidige die Wahrheit und mich selbst, als ein Verzweifelter.

Also

Also meine theuersten Leser! belieben Sie nichts von mir zu erwarten, als was meinem so natürlich als gewohnten Gange nach eben dieser Wahrheitsliebe angemessen oder zuträglich ist. Und sollte ich durch diese verleitet, irgendwo im Gleise meiner Abbitte seitwärts gleiten, so helfen Sie mir, ich bitte. Helfen Sie mir wieder auf den graden Weg, in eben die Schreibart zurück, wodurch man bloß die Thoren böse macht, und der Tugendfreunde Beifall zu erhalten weiß.

Ich will also keine lange Vorbereitung machen, sondern zum Worte schreiten, und meine Ohrenbeichte mit den heilsamsten sogenannten Anmuthungen anfangen, wie folget. —

Meine Spöttereyen über die auf Pergament geschriebene Vorrechte des alten Adels, im dritten Bande meiner Schriften, sind wirklich ungereimte Spöttereyen gewesen, denn ich habe sie in Prosa geschrieben. Ich erkenne nunmehr überzeugend, daß er auch eben so stolz, so unbrauchbar, so lächerlich geblieben ist, als er war, da ich zu schreiben anfieng. Und ob ich gleich Ursach hätte, zu fürchten, daß irgendwo ein alter Ritter vom Hofe oder von seinem Miste sich auf seine Rosinante schwingen, und mich zum Tourniergefechte auffordern wird, so ist es doch Gottlob! bis jetzt nicht geschehen; und Ihre Hochwohlgebohrnen haben entweder erkannt, daß ich Recht hatte, oder fanden edlere Beschäftigungen an der Hoftafel, weil sie die Ehre der Tapferkeit

keit den in Gott seligruhenden Gebeinen ihrer Ahnen überlassen. Man dient dem Staate ja auch im Schlafroke; und kann als Oberkuchenmeister die Hasen zu braten gebieten, welche Se. Erzellenz der Herr Oberjägermeister mit Heldenmuth todt zu hetzen allergnädigst befohlen hatten.

Uebrigens müssen ja alle alte Ritter noch an den Ruhm der frommen Kreuzzüge denken, und als ächte Kinder in 16 auf einander folgenden richtig in forma Sacramentali ächt hervorgesprossene Rittern, ächter Glaubensvertheidiger, auch glauben, daß ich, als Ihr ächter Kollege, ihnen auch nichts als die reine Wahrheit geschrieben habe. (Auf solche ächte Kavaliersparole wird man mir ja wohl wenigstens eben so viel Glauben beimessen, als auf das Zeugniß eines Propheten oder jungen Kapuziners, der kein gebohrner Edelmann war, und dennoch sogar Gottes Worte ohne Widerspruch vortragen darf.) Genug, die einträglichsten Ehrenstellen fallen unsern Junkers im Staate dennoch nach Erb- und Ahnenrecht und ohne Verdienst und Fähigkeit unfehlbar zu. Warum sollten sich denn wohl Jhro Erzellenz die Mühe geben, jemals wirklich brauchbar zu werden, oder erhaben zu denken. Blut für das Vaterland vergießt ja nur der armpreußische Adel, und eben deßhalb ist er auch bey uns mit vollem Rechte verachtet.

Hier bildet er sich meistens für den Hof oder für den Genuß reicher Majorate, Präbenden, und Canonicate. Hier hat er Hofnung sogar ein Bischof, ein Fürst, ein Himmelsschlüsseldirektor zu werden, ohne den Degen für das Vaterland zu ziehen; ohne ihn für solche

veräch=

verächtliche Mitbürger zu brauchen, welche den Hoch-
würdig Hochwohlgebohrnen Sauzigel alleruterthä-
nigst pflichtschuldigst zu mästen verbunden sind.

Er hat also ganz Recht, mich als einen Modeketzer
zu verdammen, weil ich in meinen Schriften behaupten
wollte:

> Der wahre Adel bestehe nur im wahren Adel des
> Herzens und des Betragens. —

Welche Verwegenheit! welche vernunftwidrige
Fantasey! Ich schrieb sogar von der Ehre, und hatte
vergessen, daß die Ehrenstellen allein von der willkühr-
lichen Gnade der Monarchen abhängen, die den Werth
ächter Verdienste allein zu bestimmen, und zu erheben
da sind.

Welche grobe Fehler einer scheinbaren Unwissenheit. Es ist folglich billig, und auch mein Gewissen gebietet es mir, daß ich hiermit diesen hohen akkreditirten
Adel demüthigst um Verzeihung bitte, weil ich die trokene Wahrheit ohne allerhöchsten Befehl und Erlaubniß so impertinent deutlich geschrieben habe; und ich
hoffe genug gestraft zu seyn, wenn man mir Titel, Hof-
schlittenfahrten, und Ordensbänder auf ewig versagt,
die ich höchst irrig durch mich selbst zu verdienen glaubte, wenn ich die Pflichten des ächten Adels in meinem
Betragen erfülle.

Noch unlängst hätte das 67jährige gnädige Kam-
merfräulein, Gräfin von Rattapuntapluuz, zu Japhets-
hausen beynahe Gelegenheit gefunden, sich gegen mich
auf die empfindlichste Art zu rächen; Sie hinderte mich

an

an dem Eintritte in die Antichambre, weil ich keinen Schlüssel an der Hüfte trug.

Ich hatte aber nicht einmal den ernsthaften Willen dazu, sondern unterredete mich zufällig im Vorsale mit einigen alten Staabsoffizieren, die vor der Thüre mit dem übrigen unadelichen Pöbel standen, und mit zerstümmelten Gliedern tiefgebeugt auf eine Audienz warteten, weil der gnädige Herr Neveu dieser runzlichen Megära, welcher im prächtigsten Gallakleide eben die Kammerherrndienste verrichtete, sie nicht des Anmeldens würdig hielt.

Wir sprachen recht viel von alten Feldzügen, von der bestmöglichsten Welt. Männliche Schwermuthszähren rollten von ihren benarbten Wangen. — Wir seufzten, und beynahe war ich an eben dem Tage bereit, eine bitter beissende Satyre zu schreiben, die meinen ganzen Entwurf, künftig Hofgnaden zu erschleichen, unfehlbar zernichtet hätte. Gott behüte mich vor dergleichen aufbrausenden Gedanken! Ich will ja meinem Vorsaze gemäß, niedrig kriechen lernen. Ich will demüthigst abbitten, Protektion verdienen, und nicht mehr reitzen, oder beleidigen, sonst wäre ja auch diese Ehrenerklärung eine Satyre.

Ich sahe bey dieser Gelegenheit noch ein ganz besonders Original. Ein über und über vergoldeter Wagen mit 6 prächtigen Staatspferden bespannt, und mit einem Schwarme von Läufern, Bedienten und Heyduken umringt, hielt vor dem Pallast still. Eine Erzellenz saß darin; sie stieg mit majestätischen Bliken, von zwey Hausoffizieren unterstützt, hinaus. — Alles bückte sich

in

in Ehrfurcht. Die Gestalt sah ungefähr einem 16jähri=
gen Hofpagen ähnlich. Seine Rockknöpfe waren Brilli=
anten, der Löwenorden hing im breiten Bande über die
Schulter, und ein goldner Schlüssel an der Hüfte.

Ich fragte: wer dieser gnädige Herr sei, der
seine Backen stolz wie ein Mogul aufbläßt. — Die Ant=
wort war. — Er ist Fürst, Reichsfürst, Erzellenz, Or=
densritter, Kammerherr, geheimer Rath, und war Herr
von 8 Millionen, die ihm ein reicher Wechsler hinter=
ließ, um alle diese Ehre und grosse Titel gegen baar
Geld einzutauschen. Noch ist er zwar nicht Majoren
— aber er will sich auch nächstens für hunderttausend
Dukaten Menschenverstand aus Konstantinopel nebst
einer schönen Sklavin kaufen. Und da er sich nie die
Mühe gab, Wissenschaften selbst zu lernen, so hat er ei=
nen gelehrten Beichtvater aus Rom verschrieben, der
für ihn denken, und einen Hanswurst aus Padua, der
für ihn handeln soll. Er selbst will nur geniessen; und
seine Tafel ist die herrlichste im Lande.

Wie herzlich lachte ich bey dem Anblicke dieses
Theaterfürsten. Er ging steif vor mir vorbey; und
glaubte vielleicht, daß ich ihn bewunderte. Ich ging
aber nach Haus, schrieb einem Freunde in meinem ge=
wöhnlichen Tone, was ich gesehen, und gedacht hatte,
und hoffe, er wird diesen Brief niemals drucken lassen,
sonst würde die Welt an meiner ernsthaften Bekehrung
zweifeln, und meine öffentliche versprochene Abbitte
eine neue Stachelschrift heissen. — Gott behüte! nein
Freund! zerreissen Sie um des Himmelswillen meinen
Brief. — Der gnädige Herr möchte ihn sich vorlesen
lassen,

laſſen, und mich fiscaliſiren. Er kann Advokaten und Referenten beſſer bezahlen als ich, und möchte die Wohnung im Narrenthurm, welche eigentlich für ihn nicht groß genug wäre, für mich dekretiren laſſen. Ich will demnach lieber abbitten, als das Uebel ärger machen, welches ich nicht ändern, aber wohl heimlich herzlich belachen kann.

Sollten aber durch meine ehmalige, leider! bereits gedrukten Schriften, welche eigentlich den Unterſchied zwiſchen einem Erzellenzentitel, und einem wirklich erzellenten Manne beſtimmen, jemand dieſer Erzellenzen und gnädigen Herren, rechtmäßig auf mich ungnädig oder wohl gar aufgebracht ſeyn, ſo thut es mir wirklich gar nicht leid, weil ich ſie rechtmäßig beleidigt habe, und ich bleibe für ſie ein wenig verſtokter Sünder, der keinen Ablaß gewinnen will, auch für alle ihre Fürſprache bey allen möglichen Heiligen nicht einen Bittgroſchen, vielweniger ein Hochamt bezahlt. Da aber irren, menſchlich, hingegen im Irrthum beharren, teufliſch iſt, ſo erkenne ich auch lieber hierin meinen Fehler, und hoffe deshalb noch Gnade, weil ich noch viel zu wenig geſagt zu haben glaube; verſpreche auch künftig, falls ich noch mehr ſchreiben ſollte, mich nur mit wahrhaft großen Gegenſtänden zu beſchäftigen, weil es doch allem Anſchein nach, bey Hofe noch recht ſehr lange bey dem alten Brauche bleiben wird.

Weil ich künftig nun dem großen hochadelichen Schwarme gefällig leben will, ſo ſollen meine Kinder auch weder Denken noch Schreiben, noch richtig urtheilen lernen. Ihr Lehrer ſoll ein Exjeſuit oder römischer Abt seyn; sie sollen alle nur Prälaten und Kammerjunker werden, damit man wenigstens hierin an ihnen die Spuren meines angeerbten Reichs = und Ordensritterahnenadels wieder erkennen möge, die ich, durch thörichte Schreibsucht verleitet, in den Augen unsers gegenwärtigen Modeadels verächtlich oder unerkenntlich zu machen schien; und hiedurch wird mein Versöhnopfer hoffentlich wohl zum süßen und lieblichen Geruch aufgenommen werden.

Da ich nun durch dieses Verfahren den alten Adel oder Herrenstand vollkommen ausgesöhnt und besänftigt zu haben glaube, so wende ich mich nunmehro zu den Neugebackenen, oder zu denen, welche für baares Geld ihre prächtige Wappen und Diplomata gekauft und richtig bezahlt haben. Diesen prächtigen und akkreditirten Schwarm wollte ich nie beleidigen; ich bitte also herzlich um Verzeihung, falls es irgendwo geschehen ist.

Die Herren von Zetto, Edel von Kransdorf, von Krügel, Edle von F... von D.. kurz gesagt, vom ganzen Alphabet, haben mir nur gar zu bitter erwiesen, was ein redlicher Mann in den Gerichtsstellen zu dulden hat, wenn er ihre Adelsbriefe nicht bezahlen helfen will, und ihre Ungnade verdienet, billig verdienet, wenn seine patriotischen Schriften das Wespennest ihrer verbrüderten Gesellschaft rege zu machen verwägen genug sind. Gott behüte mich, Ihren Hochwohl = und Hochedelgebornen jemals vorzuwerfen, daß sie noch weit niedriger als der Pöbel denken, und eine wirkliche Pest im Staatskörper sind. Die obenbenannten haben

zwar

zwar ihren Arzt gefunden, der sie gegenwärtig im Zuchthause curiret; die übrigen werden aber wohl Mittel finden, ihn zu bestechen oder so zu betäuben, daß er ihre edle Pulsschläge allzeit gesund und in phisischer Ordnung findet. Die Digestion ihres wohlgefütterten Magens, wird demnach noch lange keine solche Fäulung in der Circulation ihrer moralischen Tugenden und Amtspflichten verursachen, daß man den Gestank da bemerke, wo alle Chirurgi im Schnupfen leiden, und die Polizey aus erheblichen Ursachen die Fäulung nicht riechen will. Gott segne ihre zeitlichen Güter! das Volk verehre ihre Diplomata in Ehrfurcht, und ihr Wohlstand herrsche willkührlich über die Rechte aller Hülfsbedürftigen. Ich werde gewiß in Zukunft nicht mehr die Beschützung geschriebener Landesgesetze bey ihnen suchen, folglich auch keine Protektion bey ihren Hochedelgebohrnen Gemalinnen bedürfen; hierzu bin ich auch untauglich, denn ich spiele weder Lombre noch Woita, und für Liebesränke sucht man keinen Mentor, sondern einen Adonis, oder wohl gar einen gesunden Hausknecht, denn die Grenadiere gehören für die Fabrique der Majoratsherren, und die Franziskaner machen die Hofräthe.

Da nun diese edle Herren auf Erden thun können was sie wollen, und zugleich den Himmel franko Fegfeuer durch baares Geld und erkaufte Vorbitter zu verdienen wissen, folglich im wahren Glauben, auf Ablaß nach Willkuhr handeln, glücklich zu leben und selig zu sterben gelernt haben, kezerische Schriften hingegen niemals lesen, welche Bürgerpflicht, oder Tugendlehren,

ren, oder Misbräuche entlarven, so ist der beste Rath für mich und meines Gleichen, wenn ich hiermit öffentlich verspreche, daß ich alle Tage drey Vater Unser und drey Ave Maria beten will, damit sie niemals in meinem Herzen lesen können, was ich von ihnen denke, und in allen Vorfällen mich unter die Todten rechnen mögen, die ihre Gnade oder Hilfe entbehren können. Meine arme Seele bedarf aber ihrer Vorbitte nicht, sie ist schon darum ewig verdammt, weil sie an der Heiligkeit der ihrigen zweifelt. Von ihren Herren Beichtvätern habe ich auch keine Protektion zu erwarten. Ich schrieb mit tückischer Bosheit die Wahrheit; und trockene Wahrheit gebährt Ketzerverdammniß.

Uebrigens ist der, welcher seinen Adelsbrief selbst verdiente, gewiß weit ehrwürdiger als der, welcher ihn von seinen Vorfahren ererbte. Diese Gattung wirklich edler Leute, ist gewiß mit meinen Schriften zufrieden: sie fordern gewiß von mir keine Widerrufung oder Abbitte, ich schrieb für Tugend und Bürgerpflicht, folglich sind unfehlbar alle Tugend = und Wahrheitsfreunde meine Vertheidiger.

Den sogenannten leonischen oder papiernen Adel kann ich aber nicht anders als aufrichtig um Vergebung bitten, wenn ich etwa die unschuldige Ursache war, wodurch man hinter ihren Vorhang zu sehen anfieng, wenn ich hin und wider auch sogar den geglaubten Adel der Achner = Schöffen und Advokaten lächerlich machte, oder ihrem bisher durch Arglist bey dem dummen Volke erschlichenen Ansehen die Larven abreiße. Komödie —

George Dandin de la Dandiniere, tu l'as volu.

Ich

Ich wiederhole als Deutscher auf deutsch: Ihr Herren von Schurkeniz, von Schurkenfeld, Edle von Schurkenberg, ihr habt es so gewollt! und bin übrigens sämmtlich wohlgeadelter, diplomatisirter und sogenannter und sogenannten gnädigen Herren

bereitwilligster, aber nicht gehorsamer ergebener Knecht
T.

Im ersten Bande

meiner Schriften ist mir die Zueigungsschrift an die Madame Justitia getadelt und wirklich in Wien verboten worden; ich fühle aber bis auf den heutigen Tag gar keine Ursache, die mich zum Widerrufe bewegen sollte.

Seitdem ist meine Lebensgeschichte im öffentlichen Druck, sowohl in Wien als Berlin mit Censur und Privilegio erschienen. Wer nun diese gelesen hat, der fand gewiß, daß mir nirgends Gerechtigkeit widerfahren, auch allem Anscheine nach keine für mich zu erwarten ist. Da ich nun vor den Augen Europens nicht nur aut geklagt, sondern auch den Grund dieser Klagen unwidersprechlich im Drucke erwiesen habe; da die Augenzeugen noch wirklich leben, bis hieher aber meine Güter noch alle in fremden Händen sind, mir auch noch nicht einmal die Erlaubniß, vielweniger den Gerichtsstellen der Auftrag gegeben worden, mein Recht legaliter zu untersuchen; so bleibt mein lauter Vortrag gewiß eine Wahrheit, ich hingegen habe keine Ursache, das irgendwo zu widerrufen, was ich mit Grunde und offen liegenden Beweisen geschrieben habe. Folglich ist das Verbot der obbemeldeten Zueignungsschrift wirklich gehoben, oder durch die erfolgten legalen Beweise gerechtfertigt.

Sobald mir aber mein Recht widerfährt, werde ich es als eine Gnade erkennen, und der durch mich beschämten Frau Justitia ein öffentliches Lob = und Dankopfer bringen.

Im dritten Bande
meiner Schriften habe ich eine Abhandlung über das östreichische Rektificationswerk geschrieben. Der reinste und ächteste Patriotismus führt in derselben meine Feder, und die Folge wird zeigen, hat auch bereits erwiesen, daß ich die Staatsmänner genau kenne, und die Hindernisse in den besten Entwürfen meines Monarchen gründlich angezeigt habe, welche da, wo der Priester das Volk unbegränzt beherrscht; da wo der Ablaß, das Fegfeuer, die Kirchengebote, und die Ohrenbeichte noch im Katechismus gelehrt werden, unmöglich können aus dem Wege geräumt werden.

In dieser Abhandlung sprach ich zufällig von Hofräthen, die anstatt der Referentenfeder den Zuchthausbesen in der Hand zu führen verdienten, von akkreditirten Bösewichten, die den Staat betrogen, und rechtschaffene Männer aus demselben verdrängen.—Ganz Wien schrie über Verwegenheit; dennoch wurde dieser Band öffentlich verkauft. Indessen folgte Herr Referendarius von Zetto wirklich dem Herrn Collega von Krügel in das ihnen von mir geweissagte Zuchthaus: Herr von Legis=

Legisfeld, Herr von Lassolay sind nebst andern Consorten auf dem Sprunge ihre edle Gesellschaft zu vermehren: und dennoch hat mich niemand gefragt, wen ich eigentlich damals meinte, oder noch nicht nennen durfte. Vielleicht habe ich richtig gemuthmasset, vielleicht auch einen andern in Vorschlag bringen wollen, der noch die Rolle eines Zetto ungestraft spielet.

So gerne ich nun auch widerrufen oder abbitten wollte, so wenig Ursache finde ich dazu, weil die Wahrheit meiner Muthmassung offenbar vor Augen liegt, und meine Weissagung bereits zum Theil erfüllt ist.

Der vernünftige Mann sucht das Feuer nicht zu löschen, das ihn nicht brennt. So denkt aber nur der Pöbel, welcher dumm genug ist, um sich auf den heiligen Florianus zu verlassen; der scharfsichtige und redliche Patriot hingegen, muß Bösewichte kennbar machen, damit Recht und Tugend nicht ungestraft gemißhandelt werden. Was mich selbst betroffen hat, will ich gern verzeihen; aber Unbilligkeiten mit gleichgültigen Augen zu sehen, Betrüger deßhalb verehren, weil sie in wichtigen Aemtern dienen, oder weil sie ein Grosser schäzt, der sie vielleicht nicht kennen will, zur Unzeit schweigen, ist Niederträchtigkeit.

Ich weiß zwar, daß Kriegel und Zetto meine noch im vorigen Jahre gebietende Obrigkeit, Curatores und Kapitalfeinde, mir zwar izt nichts mehr schaden können; aber ihre Freunde und ehmalige Mithelfer leben noch; sie sind noch akkreditirt; sie haben noch die Gewalt in Händen, um die heiligste Wahrheit zu unterdrüken. Sie haben Ursache zu fürchten, daß ich
vielleicht

vielleicht noch in Lage und Umstände kommen könnte, wo ich sie öffentlich mit Namen nennen und zur Rechenschaft ihrer gegen mich und mehr wehrlose redliche Männer, Witwen und Waisen geübte Schandthaten auffordern würde.

Um nun dieser mächtigen Herren Verfolgungen vernünftig auszuweichen, verspreche ich hiemit auf das feierlichste, daß ich mich nur durch Verachtung rächen will, daß ich sie nie nennen will, daß ich sie nie nennen werde, ausser wenn der Monarch mich um ihre Namen fragt, oder falls man nach meinem Tod den vierten Band meiner Lebensgeschichte bekannt machen wird, worin ich alle Räthsel und verdekte Stellen, die in den drei ersten dunkel scheinen; oder, wo ich Geheimnisse vermäntle, aufdecke, und jenseit meiner Gruft und der Gefahr im hellen Lichte schildern darf. Bis dahin können sie ruhig sein. Niemand unterstüzte mich, da ich die Wahrheit schrieb; und wer Justizkollegia reformiren will, dem geht es gewiß ärger, als den Religionsreformatoren. Luther und Kalvin allein fanden Monarchen, die gemeinschaftliche Sache mit ihnen machten. Huß hingegen wurde gebraten. Und der, welcher Ungerechtigkeiten aufdekt, findet da gewiß nicht Schutz und Achtung, wo der Fürst selbst bei allgemeiner Korruption keine Reformation zu unternehmen wagen darf.

So ist wirklich die Lage der Sache, über welche ich mit Achselzucken den Vorhang zuziehe, alle Rechtsbedürftige herzlich bedaure, und nur allein den Fürsten um Nachsicht und Vergebung b.tte, welcher meine ge-

drukten

drukten Wahrheiten und gewagte Schritte, unter die verwägenen vorwitzigen Versuche eines guten Staatsbürgers rechnet.

Daß ich aber Bösewichte kannte, ehe man sie kennen wollte, ehe sie gestraft wurden; dieses ist kein Verbrechen, keine Beleidigung, die ein entschieden ehrlicher Mann abbitten oder widerrufen kann; wenn übrigens aber das Rektificationswerk so geendigt wird, daß am Ende der Monarch, der Güterbesitzer und der Bauer Ursache hat, zufrieden zu sein, ohne daß meine bemerkte Hindernisse gehoben werden dürfen.... In diesem Falle allein will ich gern ein vorwitziger Staatsklügling, auch wohl gar öffentlich ein Lügner heissen, mit Freuden abbitten, und eine Wahlfarth zu Fuß nach Rom machen, um nach gründlicher Ueberzeugung meines hartnäkigen Irrthums endlich auch in den Schooß der alleinseligmachenden Kirche aufgenommen zu werden, die bisher alle gute Entwürfe in unsern Staaten zu vereiteln Macht und Gelegenheit hatte, folglich alle Schriftsteller meiner Gattung mit politischem Recht Erzketzer hieß.

In eben diesem Bande hab ich auch von der böhmischen unsichtbaren Leibeigenschaft gehandelt, und wirklich eben so einleuchtend als grob die Wahrheit gegen die römische Hierarchie geschrieben.

So lang ich lebe, widerrufe ich kein Wort, welches in dieser Schrift wohl bedächtig und mit wahrem deutschen Eifer trocken Deutsch gesagt ist. Ich will auch nicht murren, wenn ich für meine Verwegenheit auch etliche Millionen Jahre im Fegfeuer braten muß.

Das

200.

Das ganze Königreich Böhmen und alle ehrliche Leute werden dagegen so viel für meine arme Seele beten, so viel Abläſſe gewinnen, so viel Gnade bei dem allsehenden Gott für mich erbitten, daß alle Bannstrahlen des mächtigen Statthalters Christi mich eben nicht so hart treffen werden, als es die Mönche wünschen, denen ich die geweihten Ohren gerißen habe. Denn sobald das, was ich in dieſer Abhandlung von dem bis hieher Unſichtbaren ſchildre, wird allgemein ſichtbar gemacht ſein, dann nur allein, und unter keiner andern Bedingung können die unglüklichen Sklaven ihr Menſchenrecht empfinden lernen, und ihren wohlthätigen Monarchen für die Rettung aus einem Joche danken, welches Troz aller gehobenen ſichtbaren Leibeigenſchaft in unſichtbarer Gestalt die Fürſten, den Adel und Bauern bis auf die gegenwärtige Stunde ärger als jemals drükt, und meiner Einſichten und praktiſchen Kenntniſſen gemäß noch recht lange ohne Barmherzigkeit drucken wird: Weil der Stof zur Aufklärung eben ſo wenig in Böhmen als in Spanien und Oeſterreich verbreitet iſt.

Ich habe in eben dieſem Bande in den Briefen aus Spaa eine groſſe Todſünde begangen, da ich die ehrwürdige von der Kirche geſchäzte Spielrotte öffentlich an Ehre und Würden angriff, und ihre liſtigen Streiche bekannt zu machen wagte. Ich habe ſogar geſagt: „Ein Pharaoſpieler von Profeſſion, und ein „ſogenannter Chevalier d'Induſtrie könnten unmöglich „ehrliche Leute und gute Chriſten ſein, auch ſogar der
„nicht,

„nicht, welcher von ihren erkapperten Vortheilen mit=
„theilet."

Hiedurch habe ich freilich sehr grob und frevelhaft gegen die Kirche Gottes gefehlet, weil in Spaa das Pharaospiel wirklich durch bischöfliche Spezial=Privilegia authorisirt und berechtigt ist, alle Fremde zu plündern und ihnen den Beutel so fein zu fegen, als immer möglich ist.

Ich bitte deshalb als ein guter Mensch in meiner Art, als ein ächter katholischer Christ, die geistliche ohnfehlbare Obrigkeit unterthänigst, und mit zerknirschtem Herzen, um Vergebung, weil ich an ihrer Unfehlbarkeit öffentlich zu zweifeln mich erfrecht habe. Die reine Wahrheit habe ich zwar geschrieben: dieses ist leider unleugbar, unwiderruflich; beleidigt aber diese Wahrheit, dann will ich gerne ihr Martyrer sein, und mich wie einen Waldschnepfen braten lassen, falls Ihro Hochwürden und Eminenzen mich körperlich geniessen wollten.

Ich betrachtete die Hazardspiele nur als ein einfältiger Laye, als ein der geheimnißvollen Götterlehre unerfahrner Moralist, oder nach dem troknen Sinne unsers Kirchenkatechismus als ein buchstäblicher Lutheraner, wo im neunten und zehnten Gebote ausdrüklich steht:

Du sollst nicht begehren deines Nächsten Haus, Knecht, Magd, Vieh ꝛc. ꝛc.

Da nun in diesen Geboten nicht deutlich gesagt wird:

Du sollst nicht begehren deines Nächsten Louisd'or, Guine's oder Dukaten.

und ich als ein Laye ja nicht wissen konnte, oder vielleicht nicht wissen wollte, daß der Kirche allein die Gewalt der Auslegung gebühre, daß sie sich in Glaubenssachen nur allein in die trockene Worte, just so wie sie da stehen, und mit römischer Zensur gedrukt sind, bindet, und weder Zusaz und Abnahm da duldet, wo sie allein mit dem heiligen Geiste, und mit ihren Absichten einstimmig handelt und Urtheil spricht, denen kein Ungeweihter nachzugrübeln berechtigt ist; so bin ich ungefühlt in kezerische Irrthümer gerathen, und verspreche künftig nicht mehr ein frevelhafter Ausleger der Gebote Gottes und seiner Kirche zu seyn. — Ich will meine ganze Vernunft, meine Menschenliebe unter dem blinden Gehorsam des Glaubens gefangen nehmen und gefesselt halten, unsern Seelenhirten hingegen die Seligsprechung ihrer privilegirten Pharaospieler ganz allein überlassen. Auf Erden bleiben sie dennoch immer Schelme. Da aber bey den Auserwählten Gottes gewiß kein Pharao gespielt wird, im Himmel auch die Bischöfe keine Einkünfte mehr für den Glanz ihres Serails bedürfen; so hoffe ich dennoch auch ohne bischöfliches Privilegium den Himmel zu erklettern. Auf dieser mühseligen Erde hingegen, will ich indessen ein ehrlicher Mann und stummer Christ bey fremdem Unglück, bey geistlichen Mißhandlungen bleiben. Dieses Glück wird mir zwar niemand in Spaa, Lüttich und in Rom beneiden. Gegentheils werde ich als ein

bos=

boshafter Verräther geistlicher Geheimnisse von dem in Unwissenheit blindgeleiteten Pöbel, unter die ipso facto rechtmäßig Erkommunizirte, und den Klauen des Teufels übergebener Erzketzer gerechnet werden. Es sey aber Gott und der ehrliebenden Welt geklagt! Ich will hier gerne geduldig leiden, wenn nur durch meine Schriften die Wahrheit aufgedeckt bleibt, wenn mich mein gutes Gewissen schadlos hält; und der allmächtige ewige Bischof dereinst sagt: —

> Recht! du hast recht geglaubt; belohnenswürdig gelehrt, und die trockene Wahrheit mit Heldenmuth geschrieben.

O wie gerne will ich etlicher Prozente aus bischöflicher Gnade am Pharaotische entbehren, die man mir antrug, um mich schweigen zu machen. Wie trotzig will ich aber welt- und geistlicher Obrigkeit die Feige zeigen, wenn ich blos wegen Tugend und Wahrheitsliebe ein Martyrer seyn muß.

Genöße die heilige Kirche nicht 40 Prozent von den Einkünften ihrer Spieltische, dann wäre gewiß der Bann aller privilegirten Betrüger die erste Pflicht christlicher Oberpriester. — In diesem einträglichen Falle aber das Sonntags-Evangelium —

Lucri bonus odor ex re qualibet.

Ich hingegen kann denen allezeit ohne Vorwurf stolz unter die Augen treten, welche ehrliche Leute in Deutschlands Gränzen mit Diogenes Laterne suchen.

Wie unverdaulich es mir aber fällt, wenn ich künftig nichts mehr von Lütticher Giftmischereyen, Konkubinenränken und Spielerfreveln schreiben darf,

um

um endlich der unüberwindlichen Verfolgung aufgebrachter Glaubensnegotianten auszuweichen, wenigstens einige ruhige Tage disseits dem Grabe zu geniessen, und meine Waffen zum beherzten Widerstande verrosten zu lassen; dieses empfindet nur der allein im vollen Gewichte, welcher ein fühlendes Menschenherz im Busen trägt, und mit gefesseltem beßtem Willen zuweilen aus politisch oder häuslichen Ursachen seufzend zu schweigen gezwungen ist.

Ich habe ohnedies weit mehr gethan, als meine Amtspflichten forderten, oder mir die Klugheit hätte gestatten sollen, mehr sogar als man in Staaten möglich glaubte, wo der hierarchische Scepter unbegränzt gebietet, und Gift und Dolch für unvorsichtige Waghälse bereit sind. Wie oft war mein Leben in eben der Gefahr, wie meine Güter. — Mir vielleicht allein hat es geglückt, daß ich noch meine Schriften und Rechte vertheidigen kann. Ein andrer suche Früchte auf dem Felde, wo ich geackert habe. Für mich selbst wuchsen bisher nur Disteln und Dörner. Vielleicht findet ein mächtiger Unternehmer auf der von mir gebahnten Strasse einen Schlupfwinkel, um auch Rosen für seine Mitwelt zu brechen, und den Vorhang ganz zu zerreissen, der heilige Bubenstücke versteckt.

Im Kalender der Heiligen, wird man wohl meinen Namen nie weder in Aachen, Spaa, noch in Lüttich und Wien finden. Mit den Karten in der Hand, oder durch Niederträchtigkeit will ich keinen bischöflichen Ablaß gewinnen. Und den Himmel will ich mir nie verdienen, zu welchem baar bezahlte Bullen, Priester=

Priesterränke oder Spielerprivilegia oder schlechte Handlungen den Eingang öfnen können; weil ich für so unedle Gesellschaft eben so wenig in Himmel als auf Erden tauge.

Man mag also mit dem vorliebnehmen, was ich bereits gegen die Spieler habe drucken lassen. Ich empfinde herzlich Reu und Leid, daß ich so wenig vortheilhafte Wirkung für die verbrüderte Menschengesellschaft verursacht habe, und bitte Gott, daß er der Fürsten Herz regiere, falls jemals einer unter ihnen meine Gedanken lesen oder meinem Vortrag gnädiges Gehör bewilligen wollte.

Im vierten Band

meiner Schriften, welcher von der National-Tapferkeit handelt, habe ich nun meinen Kameraden in der Kriegsschule die Wahrheit so geschildert, wie ich sie entdekt zu haben glaube. Und falls ich in demselben irgendwo geirrt habe, so bin ich ein Mensch, dessen Gesichtkreises vielleicht durch Vorurtheil eingeschränkt ist. Man wähle das Beste davon zur richtigen Anwendung, und sey mit dieser Ehrenerklärung zufrieden.... daß ich dieß wirklich ohne Leidenschaft geschrieben habe, und keiner Nation schmeicheln wollte. Wer sich aber unüberwindlich vor seinem Regimente denkt, und seinen Feind verachtet, der lese die alte griechische und römische, nebst der Kriegsgeschichte des grossen Friedrichs und die Eroberungen eines Cortez und Pizarro, und fodre mich denn zum Zweykampf heraus, wenn er Partheygeist in meinen Schriften findet. Ich war

zwar

zwar nie Klopffechter in den olympischen Spielen, bin aber noch nicht Invalide, wenn ich a posteriori erweisen soll, daß ich die Quellen der ächten Tapferkeit kenne, und selbst auch ein Heersoldat war.

Der fünfte Band

lehrt aus eigener Erfahrung keine schulpedantische, sondern selbst geprüfte Moral. Ich wünsche gute Wirkung auf das Herz eines jeden bescheidenen Lesers, und der Zweck dieses Buches ist erreicht, wenn jemand durch mein Beyspiel, oder durch meine Lehren, klüger oder besser wird als er war, ehe er mich las: oder wenn er sein Glük edler geniessen, sein Unglük hingegen großmüthig auffangen, ertragen und abschütteln lernt.

Im sechsten Bande

findet man meinen Macedonischen Helden. Jeder Scharfsichtige wird zurükschaudern, wenn er auf die Gefahr und Kühnheit des Dichters sieht. Die Folgen dieser Verwegenheit haben mich bitter genug getroffen. Gottlob! ich stehe aber noch unbewegt. Auch der größte Held, der nunmehr todte Friedrich erkannte, daß ich die Wahrheit geschrieben habe. Die grosse Theresia fragte mich zwar: Wer mir geheissen oder erlaubt habe, die Wahrheit zu schreiben? Und dennoch wurde das Werk zwar konfiscirt, aber nicht zum Feuer verdammt. Heldenbeschützer tadelten mich; unruhige Köpfe sogen Gift aus meinen in sich selbst richtigen Lehrsäzen, und verursachten, daß sogar Fürsten aufmerksam auf meine Handlungen wurden. Viele ehrliche und scharfsichtige Leute murreten über die

Trägheit niederträchtiger Mitbürger, die der Weltverderber Absichten kriechend beförderu. Gute Fürsten hingegen priesen meine Kühnheit, und vernünftige Republiken wezten ihre Waffen gegen tollkühne Eigenmacht desto vorsichtiger.

Indessen ist dennoch troz allen meinen Offenbarungen, die ganze Welt beim alten geblieben, und noch tiefer in die Sclaverey gerathen, als jemals. Man las den Macedonischen Helden mit Empfindung, zukte die Achseln, und dachte . . . solche Lehrsätze, solche redende Beweise menschlicher Thorheiten kommen uns leider! zu spät. Wir krümmen uns schon ohnmächtig im Staube, und bitten Gott, daß er uns vor helden = und raubsüchtigen Fürsten behüte. Wir sind an den despotischen Scepter schon gewöhnt, und können ihn nicht mehr abschütteln. Hierbey bliebs und wird auch gewiß ewig bleiben, bis neue Alexander, Tamerlane, Carlen und Amurathe entstehen, die grimassende Don Quichotten durch geprügelte Ritter, Adjutanten werden.

Sogar den heiligen König David habe ich in diesem Heldengedichte nicht einen Helden, sondern Schelmen geheissen, und ohne Widerspruch aus der biblischen Geschichte erwiesen, daß er wirklich einer war. Hiedurch hab ich besonders die Herren Prädicanten beleidigt, welche von kriegerischen Thaten keine gesunde Begriffe hegen, und aus einem Bösewicht ihren Kirchen Helden machen wollten. Proficiat! Ich werde nie widerrufen, da seine hochgepriesene Handlungen selbst das Wort gegen ihn führen. Ein ächter Held

läßt

läßt wehrlose Weiber und Säuglinge, die gefangen sind, nie mit eisernen Sägen lebendig von einander schneiden. Er war Tirann im kleinen Kriege an der Spize elender Juden, hatte aber allezeit eine schlechte Rolle vor dem Heer der Macedonier gespielt. Aechte Helden sind auch nie niederträchtig und rachgierig, oder Meuchelmörder, er gehört also in die Zahl derer, die ich mit Cartouschen vergleiche. Und wenn ihn gleich die Kirche heilig gesprochen hat, so war er doch ein schlechter Mann.

Auf diesen Glauben will ich leben, und sterben. Herr Juden = König David wird auch nie mein Vorbitter im Himmel seyn; und da, wo Titus, Trajan, Cäsar und Friedrich ihr Elysium gefunden haben, wird David gewiß weit entfernt die Harfe leyern. Uebrigens, da mein macedonischer Held nunmehr in meinen sämmtlichen Schriften wirklich tolerirt, und mit Censur zum öffentlichen Verkauf bewilligt ist, reuet es mich auch nicht mehr, daß ich ihn geschrieben habe. Er hat allezeit ein gewisses Licht verbreitet, wodurch andre nach mir die Nebel der Vorurtheile besser beleuchten können, und wird vielleicht meine Nachwelt klüger im Urtheilen und abwägen machen. Auch für gute Fürsten dient er zum Spiegel, zur Lehrschule. Und Fürsten, die Menschenfeinde sind, Eroberern und Despoten habe ich niemals schmeicheln wollen.

Bey meinem jüngsten Gericht in eben diesem Bande habe ich nichts zu erinnern, als daß ich den heiligen Seraphinenorden, die Brüder des heiligen Franziskus herzlich um Verzeihung bitte, weil ich den jüngsten

Tag in seiner schreklichsten Gestalt schilderte, ohne ihren grossen Patron auf den Regenbogen zu setzen, mit welchem der ewige Richter mit Franziskanergrimm bewafnet, im Thal Josaphat erscheinen soll, um alle verfluchte Lutheraner auf einmal ohne Barmherzigkeit in den Höllenschlund zu stürzen, wo just allein auch nicht eine Kutte dieses zur Seligkeit gestifteten Ordens zu finden seyn wird. Eben deshalb haben sie auch in ihren Klöstern die Schilderung meines lezten Tages allen ihren Beichtkindern bey Strafe einer Todsünde zu lesen verboten, und ihnen für jedesmal, daß sie mich einen Erzkezer hiessen, 40 Tage Ablaß versprochen. Wenn ich sie aber alle versöhnen wollte, dürfte ich ja nur schreiben, daß ich in diesem Gedicht unter dem Namen Weltrichter nicht den Erlöser, sondern den Erzpatriarchen aller Müßiggänger gemeint habe, welcher vermuthlich seiner Liebesneigung gemäß, alle seine Brüder mit dem ewigen Nichtsdenken begnadigen, und sie folglich alle in ein Franziskanerchaos verwandeln wird.

Mit dieser ihnen gewiß willkommnen Hoffnung und Auslegung meiner Gedanken werden sie hoffentlich zufrieden seyn, und mein Gedicht vom jüngsten Gericht auch in ihrem Klösterarchive unter der ungeheuren Last ungelesener Bücher verwahren.

Im siebenden Bande

handle ich von der christlichen Moral. Da nun diese eben nicht die Sache der Klerisey ist, weil ächte Christen wenig Ablaß bedürfen, wenig Priesterabsolution, weniger Heiligenvorbitte suchen, weniger Messen für die armen Seelen bezahlen, so ist dieses Buch in allen östreichischen Staaten von den Beichtvätern verschrieen worden, und im Buchladen liegen geblieben.

Ich darf es aber allen ehrlichen Leuten und wahren Religionsverehrern als eines der lehrreichsten empfehlen, welches sicher auf das Herz der Leser wirkt, und bitte die edle Mönchszunft um Verzeihung, wenn ich gar keine Litaneyen, keine Meßgebete, kein Paradiesgärtleins wohlriechender Seufzer, keine Bruderschaftsgesänge, noch armer Seelen Hülfsmittel in dasselbe verwebt habe. Ich bin ja auch kein Prälat, kein Theolog, der von Rom privilegirt ist, das einfältige Volk zu berücken, und mich vom Aberglauben zu mästen. Mästung gehört für den Klosterhirten, ich bin nur ein Schriftsteller für die denkende Welt. Christenpflicht und Tugend, die der Staatskatechismus lehrt, sind meine Gegenstände; da aber diese weder die Macht noch die Habsucht der römischen Hierarchie sättigen, oder befördern, so werden auch wohl unter allen Gattungen von Christen, die Römischen meine Schriften zu lesen am wenigsten gereizt werden. Auch nicht eines meiner Gebete ist mit päbstlichen Ablaßquadragenen begnadigt; und umsonst muß ja der katholische Christ nichts thun. Ein heiliges Bildchen küssen, verdient ja mehr Ablaß, als wenn man Jahre hindurch die reinste Moral studirt, und derselben gemäß gelebt und gehandelt hat. Pater Cochems Schriften, Pater Tschupeks und Parhammers Predigten, Pater Fastens Kirchenlehre, Pater Pavians Lebenswandel,

wandel, sind die besten Vorbilder zur Nachahmung, besonders zum Unterricht für die, welche ewig nichts wissen, nichts denken sollen. Und für die nicht denkende Welt ist nichts geschrieben.

Ueber den achten Band wird laut geschrieen werden. Er handelt in einem Gedichte von dem Schicksale der Frau Justitia an allen Höfen Europens. — Staatsfehler sind in demselben aufgedekt. Kurz gesagt. — Es ist eine boshafte Satyre durch und durch, aber keine Schmähschrift. Ein praktischer Weltkenner schrieb sie nach selbsterlebten und scharfsichtig erforschten Erfahrungen. — Wahrheit ist's. Wenn ich diese einmal wiederrufen werde, dann soll der Frau Justitia auch Gerechtigkeit widerfahren, falls sie ihre Schuldigkeit für mich gleichfalls wird erfüllen dürfen.

Ich habe auch im ersten Bande, in der Erzählung vom alten Weiberconcilio über die Trenckischen Schriften, die Matronen, im unschuldigen Weibchen hingegen das schöne Geschlecht beleidigt.

Diese beissende Stachelschrift war aber, da ich dieses schrieb, nicht auf das Allgemeine, sondern eigentlich auf die Einwohner der Stadt Aachen und ihre Nachbarschaft gemünzt; die andern mögen sich davon zueignen, was sie wollen.

Es hat sich zwar bisher noch keine bey mir gemeldet, die wirklich böse auf mich wäre, weil sie noch wirklich unschuldig ist, denn unsre jungen Weiber sind, (Dank sey es der dienstfertigen Klerisey); alle recht wohl
erfah=

erfahren, und ihre Männer sind ja recht seelengute Männer; sie machen sich eine Ehre daraus, gute Hausfreunde zu finden.

Von der unschuldigen Seite fehlen aber sie gewiß mehr, als ihre Gemahlinnen; deshalb glaub ich diese nicht beleidigt zu haben, und kurzsichtige Leute sind gewöhnlich stolz. Da nun der Aachner Bürgermeister keine Ordensbänder auszugeben hat, so suchen die Ehrenkandidaten mit Eifer in den heiligen und grossen Aktions-Orden zu treten, und wählen den heiligen Aegidius zum unnachahmlichen Schuzpatron.

Ich gratuliere demnach diesen Hochwohl- und Hochedelgebohrnen Herren von Herzen zur zahlreichen Familie, und bin versichert, daß keiner mich zur Verantwortung stellen, oder zu beweisen auffordern wird, wenn ich gleich den Herrn Vogt selbst, nebst allen seinen Unterrichtern, Schaafsköpfe hieß.

Diese Herren sind auch alle insgesammt, wie besonders, eben so fromme katholische Christen, als sie ehrliche Richter für die heilige Justitz sind. Sie halten richtige Abrechnung mit ihrem Schutzengel, gute Werke lassen sie für sich gegen baare Bezahlung, durch arme Leute vollbringen, gewinnen alle mögliche Abläße, und thun alles, was sie wollen und ihren Leidenschaften gelüstet, auf Rechnung; im übrigen kennen sie Ehre und Bürgerpflicht gar nicht; ihre Kinder lernen Kathechismus und Franziskanerlatein, und ihre edelgebohrnen Gemahlinnen, leben so unedel als beliebig, deren Tugend sie allein ihren Schutzengeln überlassen. Falls auch ein ungefährer Zufall sie dahin führet, wo die

Wei-

Weiber gerne ohne Augenzeuge sind: dann ist ihr Glaube so mächtig, daß sie wirklich der Meinung sind, Satan habe sie verblendet, der Asmodeus treibe nun sein Gaukelspiel, und im Ehstande müsse man sogar an dem zweifeln, was man wirklich sieht. Dann beten sie: prestet fides Supplementum sensuum defectui. Sie enthalten sich sogar freywillig von Ehstandspflichten — und wenn sie denn ein Beichtvater oder Kanonikus an ihrer Stelle vollzieht, dann ist es eine Todsünde, übel zu urtheilen: und jeder Eifersucht gebährender Gedanke, wird mit sieben Ave Maria und sieben buß= fertigen Karbatschenstreichen, oder Disziplin auf eige= nen Schultern abgebüßt. Dieses Hausmittel vertreibt alle Skrupel und macht, wie sie sicher glauben, treue Weiber, die ihnen allein unschuldig scheinen.

Auf diese Art trägt die Aacher Obrigkeit ihre Hauskrone wirklich mit Stolz. Denn nach ihren Grundsätzen wird ja von der Ehe niemand satt, oder durch ehrliebende Handlungen wirklich ehrwürdig. Die unschuldigen Weiber hingen schämen sich in der That, wirklich unschuldig zu seyn, thun sie aber wohl Unrecht, wenn ihre Männer es nicht anders haben wollen?

Da die reine Wahrheit demnach diese Herren nicht beleidigt, so habe ich auch nicht Ursache, sie um Ver= zeihung zu bitten, und es thut mir nur leid, daß ich nicht mehr in den Jahren bin, wo man gutherziger Männer= Pflichten gerne erfüllt.

Uebrigens ist das schöne Geschlecht, welches mei= ne Lebensgeschichte gelesen hat, auf mich gewiß nicht böse. Ich war und werde noch bis zum lezten Lebens= hauche

hauche ihr wärmster Verehrer seyn; habe mein Gutes genossen, nie, was mich liebte, betrogen; die edelste Art der Liebe, war allezeit die einzige Ursache, warum ich zu leben wünschte, und alles übrige Ungemach des Schicksals muthig ertragen habe.

Ich habe allezeit die häßlichen Weiber bedauert, die schönen hingegen nie beleidigt; die alten Matronen sogar sind meine Freundinnen und wünschen mir Gutes, wenn sie nur nicht von Gewissensräthen gelenkt werden. In diesem Falle allein grunzen sie gegen meine Schriften, verabscheuen mich als einen Freygeist, und verurtheilen mich zum höllischen Fegfeuer, wohl gar zum verfluchten Luther, und Voltaire zur ewigen Hölle.

Nun habe ich noch eine Hauptsache zu berühren: In allen meinen Schriften herrscht ein sichtbarer entschiedener Haß gegen Betrug, Aberglauben und Mißbräuche, folglich gegen alles was Mönch, römischer Kirchenprälat oder Ablaßnegoziant heißt. Unmöglich kann ein Welt= und Staatenkenner, der zugleich ein ehrlicher Mann ist, den arglistigen Ränken frommer Betrüger mit kaltem Blute gleichgültig zu sehen. Ich lebte verschiedene Jahre in Aachen, und sahe in Lüttich, Cölln und dortiger Gegend einen ungeheuren, ungebändigen Pfaffenschwarm so schwelgerisch, so ruchlos leben, so unumschränkt über einen nur thierisch gebildeten Menschenhaufen herrschen, daß jeder vernünftige edelfühlende Mann billig erschreken, und Geschöpfe Gottes beklagen muß, die so boshaft geleitet, so dumm erhalten, und so gottlos von ihren

Priestern geschunden werden; die durch heilige Gaukeley das Volk blenden, und in ihren zum Müßiggange privilegirten Palästen, das Mark des Landes aussaugen, alle moralische Tugenden zernichten, alle Christen= und Bruderpflicht verscheuchen, und den größten Bösewichtern den Himmel versprechen.

Gott! wie schreckbar ist ein solcher Anblick da, wo man nichts vermitteln kann, und ein sinnloser Aberglauben allen Saamen einer natürlichen Vernunft zu vertilgen, Gewalt und Gelegenheit hat!

Ich sahe dieses alles hilf= und schuzlos in allen Ländern, wo der regierende Fürst zugleich Kardinal, Erzbischof und Bischof ist; ich sahe aber auch eben das in den östreichischen Staaten. Mein Herz blutete. — Ich kannte Rom aus seiner schreckbaren Geschichte. Ich sahe den sogenannten Statthalter nebst seinen bekutteten Legionen selbst in seinem Neste; auch in Wien sogar mit Pracht und Privilegio das bethörte Volk segnen, und seine hierarchische Macht bestättigen.

Ich sahe mit Absicht, ich sahe überzeugend, ich sahe ohne Brille: und all mein Blut empörte sich. Ich schrieb; und unbemerkt, oder vielmehr unvorsichtig oder unbedachtsam, flossen menschenfreundliche Gedanken in die Feder. Ich griff durch aufgedekte Wahrheit das Wespennest an: — Hab = Ehr= und Herrschsucht wurden gereizt, und gleich brach der ganze unabsehbare Schwarm über mich los. — Noch kannte ich den unheilbaren Gift ihrer Vipernzunge nicht. — Ich war allein gegen alles: desto mehr wuchs mein Muth. Ich schrieb noch mehr, ich grif noch weiter.

ter. — Meine donnernde Stimme erregte Aufmerksamkeit: ich ward furchtbar — nun war keine Gnade mehr zu hoffen.

Wo der Kirchenlehrer Widerstand findet, da wo seine aufgedekte Blöße ihn arm und lächerlich machen wurde, ist er hartnäkig, rachgierig, grausam, ja gar auch ewig unversöhnlich, und pflanzt seinen Personalhaß auf Kindeskinder, bei seiner Verbrüderung ohne Ende fort, bis der Name seines Gegners von der Erde vertilgt ist. Dann aber, auch noch jenseits der Gruft, erhalten die Herren Teufel erst den Auftrag, ihn noch in Ewigkeit mit ihren glühenden Krallen zu zerfezen. — das heißt im eigentlichen Verstande Mönchsmuth.

Bey Hofe, in den Gerichtshöfen, besonders in den Beichtstühlen, und bey dem Pöbel, bin ich nun bereits von ihnen als ein Mann ohne Religion, folglich nach ihren Grundregeln ohne Tugend ausgeschrieen; ob gleich herzlich zu wünschen wäre, daß Pabst, Cardinäle und Bettelmönche so orthodox glauben, so rechtschaffen handeln möchten, als der, welchen sie als einen Atheisten und Erzbösewicht verläumden.

Es wäre demnach allen Umständen gemäß zu spät, und gewiß ohne alle Wirkung für mich, wenn ich gegenwärtig solchen aufgebrachten Altarsschändern öffentlich sagen wollte, daß ich meine Irrthümer erkenne, in den Schooß ihrer heiligen Kirche aufgenommen zu werden wünsche, und alles, was ich von ihnen geschrieben habe, mit Reue und Leid wiederrufen wolle.

Jeder Betrüger ist mißtrauisch, und man würde diesen Widerruf als eine heuchlerische Gleißnerey betrachten;

trachten; besser also für mich und für manchen ehrlichen Mann, der meinen innern Werth schätzet, wenn ich das Uibel ärger mache, und troken weg sage: mich reuet nichts, was ich in diesem Fache geschrieben, gethan und zu befördern gewünscht habe.

Mich reuet nur, daß ich zum Besten meiner Mitwelt nicht mehr thun, noch gegen diese Giftmischer im gesunden Staatsgebäude bewirken konnte, und Gott segne, Gott lohne den Fürsten, welcher sich Einsichten erwirbt, um ohne Beichtvater denken und handeln zu lernen, der seine Unterthanen vom schreckbaren Joche der würgenden Theokratie errettet, und die wahren Mittel findet, um reine Aufklärung nicht allein zu verbreiten, sondern auch im Staatskatechismus einleuchtend zu machen, und Priester auf ewig vor seinen Pflanzschulen zu entfernen. Gott segne den, welcher keinen Nuntius bedarf, um sein Volk von Tod und Staatssünden loszusprechen; dessen Kardinäle ehrliche Justizpräsidenten sind, und der alle seine Mönche ohne Ausnahme in ihren Verschanzungen mit Wahrheitskarthaunen zerschmettert, oder sich auf Discretion zu ergeben nothzüchtigt.

Uebrigens beschirme der gütige Gott alle ehrliche Männer in jedem Staate, wo sogar der Monarch die Tugend, die reine Vaterlandsliebe nicht gegen Priesterarglist schützen kann.

Geweihte Feinde sind weit boshafter als die unbarmherzigen Teufel. Ihre Lieblingsleidenschaft muß befriedigt seyn. Uebrigens ist von dieser Gattung teuflisch handelnder Menschen schwerlich zu ver=

vermuthen, daß sie ihre fieberische Träume, die sie mit Unsinn predigen, selbst glauben und für mich wirklich wahr halten. Wenigstens der, welcher die Ruder lenkt, weiß wozu er Wind, Segel und Galeeren-Sklaven brauchen, auch wo er seine Anker werfen oder lichten soll.

Seine Mitarbeiter im sogenannten Weingarten des Herrn, sind mit gewissen Aerzten zu vergleichen, welche die Leute an der Einbildung krank machen, um sich ihre Heilung als ein Verdienst anzurechnen. Auch in dieser Gestalt sogar bleiben sie aber allezeit strafbar und gefährlich: weil sie das Allerheiligste der Religion durch ihre Marktschreyerey mißbrauchen, die Leichtgläubigen zum Aberglauben verleiten, und gesunde Arzney vorießlich mit unheilbarem langsam, aber sicher wirkendem Gift vermischen. Und solche offenbar erkannte, überall sichtbare Verderber der menschlichen Sitten und Tugenden, duldet ein gesittet, aufgeklärt geglaubter Staat in seinen Gränzen? sollte ich wohl so niederträchtig handeln, und dergleichen Zerstörer der irdischen Eintracht um Verzeihung bitten, wenn ich das that, was jeder aufgeklärte Schriftsteller thun sollte, um endlich dem hintergangenen Volke ihre Vernunftsbüttel sichtbar zu schildern? — Nein; ewig nein! ich stehe noch mit allen Waffen bereit, ob ich gleich im voraus sehe, auch durch Erfahrung überzeugt bin, daß ich so wenig als Lehrer bewerkstelligen kann, als der größte Theil meiner Leser für sich anwenden oder empfinden wird. Meine Schriften werden noch dazu ihren Werth, ihre Wirkung verlieren. Unsre Großen im Staate, unsre Justizverwalter werden durch ihre Beichtväter

gereizt,

gereizt, ein Gott gefälliges Opfer zu bringen glauben, wenn sie mich verfolgen, drücken, und als einen unruhigen Kopf bei Hofe zu schildern Gelegenheit finden, der des Allerheiligsten spottet, und sogar das Volk vom wahren Glauben durch höchst gefährliche Schriften abzulenken, vermögen genug ist.

Wäre nur gegen meinen Lebenswandel das mindeste aufzubringen, dann hätt die Verläumdung mich längst auf ewig schweigen gemacht, und meine Federgeburten wären ihnen weniger gefährlich, die jetzt Deutschlands Aufmerksamkeit zu meinem Vortheil rege machten.

Der Pöbel bleibt dennoch im Kappzaume. Er ist durch die Göttersprache seiner vermummten Pagodenschmarotzer bezaubert. Und, obgleich mancher zuweilen erkennet, was der Mönch für ein schädliches Raubthier im Lande ist, so darf, oder will ihn doch niemand beleidigen, weil er in gewissen Ländern für die Absichten des Fürsten das nothwendigste Werkzeug ist: auf seinen Schutz stützt, und seinen Arm zur Rache zu lenken weiß. Wie herzlich wollte ich mitlachen, wenn diese schädliche Gaukler endlich auf der ganzen Weltbühne ausgepfiffen würden.

Wie nützlich, wie heilsam wäre es übrigens für manches Volk, wenn der Monarch dem Beispiele eines gewissen Chans Ogul in Indien folgen wollte.

Ein Xafau und ein Tulpan, zwey Mönche von verschiedenen Orten, geriethen in einen Religionsstreit über mystische Worte, die sie beide nicht verstanden, und nicht verstehen konnten, weil sie von dem indianischen

schen heiligen Geiste so dunkel eingegossen, so unverständlich als unbedeutend geschrieben waren.

Tulpan erregte Aufruhr im Volke, gegen den Ketzer Tafáu, und jeder empfing auf des Chans Befehl 100 Prügel auf die nicht geweihten Fußsohlen. Tulpans Ordensbrüder murreten, sprachen zu dem blöden Pöbel von unseligen Zeiten — und der Chan ließ sie alle vor ihrer Pagode an Bäume aufhenken. Man schrie über Tyranney, erkannte aber bald darauf, daß das Vaterland von dem gefährlichsten Uebel befreyet war, und dankte Gott und dem Fürsten, der das Land glücklich, das Volk aber in Eintracht erhielt. Sicher ist es demnach; daß sobald die Bonzen, Dervische, Talapuinen, Franziskaner, Dominikaner, und Augustiner, Lutheraner, Calviner und Mennonisten, in ihren Schriften nicht mehr zanken und von ihren Kanzeln nicht mehr schimpfen dürfen, oder durch Bosheit und Verrath ihren Gegnern keinen Schaden zufügen können; sie auch alle ohnfehlbar die Leidenschaft zum Grübeln und Streiten verlieren würden, denn so bald der Pfaff gewahr wird, daß er bereits entlarvet ist; daß ihn ein jeder in seinen wahren Absichten kennt: und daß er die Einfalt nicht mehr ungestraft berüken darf, weil gesunde Polizey für die Unschuld wacht, so fängt er endlich beschämt an, die Religion mit dem gesunden Menschenverstande zu verbinden: er wird selbst ein Mensch: und eben hiedurch wird der Lehrbegriff einförmig, hingegen mindern sich die Einkünfte der Pagoden, und die abentheuerliche Glaubensromane werden lächerlich, sobald Tugend und Wissenschaften

sich

sich vereinigen, und Schrift und Menschenpflichten zu gebähren anfangen.

Bey uns ist aber eine so glükliche Veränderung nicht zu erwarten. Unsere Bonzen sind eigensinnig, mächtig, halsstarrig, und nicht gleichgültig wie die gutartigen Indianer. Sie sträuben sich mit voller Wuth gegen allen Nachtheil, den ihnen der mindeste Verlust ihrer verjährten Kirchenrechte verursachen könnte. So bald sie aber überzeugend merken werden, daß der Fürst selbst ihr Joch nicht länger tragen will, selbst aufgeklärt ist, selbst Ceremoniengaukeley nicht mehr mitspielet, und daß die lezte Anstrengung ihrer Ränke, nur den Sieg ihrer Hauptgegnerin, der gesunden Vernunft befördern würde; so werden sie sich auch endlich unter ihr Schiksal schmiegen; und es wenigstens eben so machen, wie ein Kaufmann, welcher zuweilen einen Zweig seiner Handlung mit sicherm Verluste fortsezen muß, um nicht den Handel selbst zu verlieren. Eine günstige Veränderung der Umstände verändert oft die ganze Lage der Sache. Und eine Maitresse, ein Beichtvater, ein bestochener Hofliebling wirft zuweilen hundertjährige Arbeit des Menschenverstandes in einem Augenblike über den Haufen, woraus Sicilianische Vespern, oder National=Blutbäder erfolgen, wenn der Mönch mit Dolch, Fakel und Crucifix in den Mordfäusten, neue Gelegenheit findet, um auf einmal wieder in seinem alten Glanze mit Macht und Herrlichkeit im Namen seines intoleranten Gottes auf dem Blutgerüste des Glaubens aufzu=

aufzutreten, vor welchem Eintracht, Tugend und Wissenschaften verscheucht, sich vor dem eisernen Würgscepter der Priesterrache zitternd verkriechen müssen.

Gott! O gerechter Gott! behüte uns vor dergleichen neuen Auftritten in unserm Welttheile: und jeder ehrliche Mann scheue weder Arbeit noch Gefahr, wo er den verkappten Ungeheuern, den unwürdigsten Dienern eines guten Gottes des Friedens, das Mordmesser aus ihren geweihten Fäusten reissen, und aus Mönchs-Sklaven, Menschenfreunde bilden kann. Ich habe in diesem Fache sogar mit Tollkühnheit mitgearbeitet, und war weder ein moralischer Giftmischer, noch ein gravitätischer Zwitter von Schwärmerey noch Heucheley; welche unter dem Vorwande Menschen zu belehren, vielmehr die Grundsäze ihrer edeln Natur auskrazen, ihre Gestal: verstümmeln, und nur ihren pädagogischen Schriftstellerstolz befriedigen wollen. Mein Vortrag ist eben so troken als beissend, er dringt in das Allerheiligste der theologischen Betrügerei, und würde bereits mehr Wirkung verursacht haben, wenn unsre Erdengötter nicht Ursache fänden, gemeinschaftliche Sache mit ihnen zu machen. Und dann — wehe uns Schriftstellern. Man hatte so gar ausgebreitet, um mich bey dem heiligen Clerus recht verhaßt zu schildern, als wäre von mir ein Projekt geschmiedet worden, laut welchem absolute gar kein Mönch, kein Ordenspriester und Kanonikus in den geistlichen Stand

aufge-

aufgenommen werden sollte, ohne vorher von seiner weltlichen Obrigkeit das Zeugniß vorzulegen:

„daß er sonst zu gar nichts, auch sogar nicht zu „einem Handwerk, noch Akerbau, und Solda= „ten auf Erden tauglich, sondern der Seelen „und dem Leibe nach zu allem Gebrauch in der „menschlichen Gesellschaft unfähig sey."

Dieses wäre das einzige Mittel, den alles verzehrenden Heuschrekenschwarm dieser Saugigel zu mindern, und wodurch alle Bedrängte, im Aberglauben schmachtende Staaten weit mehr gewinnen würden, als wann sie den Juden das Heyrathen, und alle Vermehrung auf hundert Jahre verbieten, und verhindern wollten.

Man hat mich aber mit Unrecht beschuldigt. Solche Entwürfe zu Luftschlössern entstanden nie in meinem Gehirne. Ich habe Welterfahrung, und weiß, daß nach Roms Katechismuslehre jeder Bauer wenigstens alle Sonntage Messe hören, und an allen Kirchenfesten beichten soll. Dieses schlaue Gebot fordert in unsern Staaten die ungeheure Zahl von Pfarrern, Vikarien, und Kirchen. Und für die Rettung der armen Seelen bedarf man noch mehr, um die fromme Meßopfer zu bestreiten und einzukassiren. Da nun ein so richtig gewordener in allen Schulen unter höllischer Strafbedrohung öffentlich gelehrter Grundsatz gar nicht abgeändert, und auf keine mögliche Art eingeschränkt werden kann: so wäre es die größte Thorheit, da Entwürfe zu machen, um ein altes gothisches Gebäude zu fliken, wo alle Materialien,

lien, Künstler und treue Handwerker fehlen, um das alte niederzureissen, und noch weniger zu finden sind, um ein neues ohne Grundsteine zu bauen.

Es wird demnach, allem Anscheine nach, noch sehr lange bey dem Alten bleiben; und die Besitzer dieses gothischen Pallastes befinden sich zu gut bei der alten Mode, um einem Neuerungs = Projektanten Gehör zu gönnen. Die Sperber, Habichte, und Nachteulen, welche in ihren Mauerlöchern nisten, vertilgen auch alle Nachtigallen und Lerchen, die mit ihrem trillenden Gesange Menschenkenner herbeyloken, und ihnen besser gefallen könnten, oder mehr Eindruk auf gefühlvolle Seelen verursachen würden, als das fürchterliche Brüllen aus alles verschlingenden Mönchsrachen, wenn sie im donnernden Choral ihre Litaneyen aus glattgesoffenen Gurgeln hervorröcheln. Unsere Fürsten erknieen noch in Ehrfurcht den Seegen vor diesen nimmersatten Raubvögeln. Sie bedürfen noch die Lossprechung aller Sünden in der Todesstunde. Was Wunder, wenn ich gegründete Ursachen finde, für meine Mitwelt seufzend die Achseln zu zuken, und hiermit heiligst zu versprechen, daß ich in meinen künftigen Schriften diesen Stof unausgearbeitet lassen will. Schweigen, sag ich, will ich ewig und gerne, nachdem ich bereits alles, und weit mehr gesagt habe, als eine vernünftige Eigenliebe mir hätte gestatten sollen. Mit dieser Ehrenerklärung wird man hoffentlich in Rom zufrieden seyn, und mich als einen reuerfüllten Sünder wenigstens nach dem Tode von der Fege=
feuer=

feuerkarbatsche lossprechen, weil ich auf Erden schon genug für meinen unzeitigen Vorwiz vom Priestergrimme empfunden und abgeschüttelt habe. Dixi — Betet Brüder! daß es mir wenigstens noch so gut gehe, so lange ich lebe, und daß meine Finger, womit ich schrieb, nie in Teufelskrallen verwandelt werden. Ich würde ja die Pfaffen ganz grausam zerkrazen, die mir unbekuttet in die Klauen geriethen: und die Lutherischen Teufel sind nicht weniger grausam als die Inquisitionspatres bey einem Kezergerichte. Deßhalb hoffe ich hier als ein ehrlicher Mann ruhig zu sterben, und nach dem Tode als Martyrer des wahren Glaubens selig zu werden.

Nun bleibt mir noch eine Hauptabbitte übrig, und diese betrift meine ersten 2 Bände dieser Lebensgeschichte.

Ich habe in derselben viele Gattungen von bösen Menschen grob beleidigt. Der grosse Friedrich, welcher mich durch Machtspruch unglüklich machte, und der mir alle Ursache gab, die trockene Wahrheit zu schreiben, würde gewiß in seinem jezt aufgeklärten Gesichtskreise die gemäßigte Art meiner Rechtfertigung mit ganz andern Augen betrachten, als wenn er sie noch auf Erden mit Herrscher-Eigensinn, und umwölkten Vorurtheile menschlicher Schwachheit gelesen hätte. Er ist todt, und kann mich nicht mehr lohnen, noch weniger den zum Schweigen zwingen, der seine öffentliche beleidigte Ehre, auch öffentlich zu vertheidigen Gelegenheit hatte, dennoch aber mit Bescheidenheit und Ehrfurcht erzählte. Mehr kann der nicht thun, welcher in meiner

Lage war; und der Vortrag meiner Geschichte entschuldigt den Irrthum eines Monarchen, der als Mensch von Menschen hintergangen wurde, und mir vielleicht aus solchen Ursachen keine Gerechtigkeit wollte widerfahren lassen, die meinen Lesern ein ewiges Räthsel bleiben werden, weil ich keines Freundes Nachruf in mein Schiksal verwickeln will.

Friedrich ruhe demnach im Frieden. In meinem Herzen bleibt gewiß ewig Frieden, welchen kein innerer Vorwurf beunruhigen kann. Die Nachwelt, welche ihm Ehrensäulen aufbauet, sezt gewiß keinen Schandpfahl auf mein Grab, und das ist Ehre genug für den, welchen ein mächtiger König seiner Art verfolgte, und als einen Uebelthäter unversöhnlich mißhandelte. Er ist nicht mehr — seine Gewalt ist vereitelt; ich stehe aber noch auf der Bühne, und hoffe bis zum lezten Auftritte nicht ausgepfiffen zu werden, weil meine ganze Handlung bisher mit Händeklatschen aufgenommen wurde. Beleidigt habe ich diesen Vater der Preussen nie, folglich habe ich auch keine Ursache, etwas zu widerrufen oder abzubitten. Ehre genug, da der gegenwärtige Preußische Landesvater mir wirklich ein Privilegium exclusivum gegeben hat, diese Lebensgeschichte nebst allen meinen Schriften drucken und öffentlich verkaufen zu lassen. Kann die Wahrheit wohl ein kräftigeres, ein rühmlicheres Siegel erhalten? Und wer kann nun mehr an der Glaubwürdigkeit meiner erzählten Begebenheiten zweifeln, da alle Augenzeugen noch wirklich leben?

Ueber das, was mir in Wien geschah, habe ich laut

laut geklagt, kühn geschrieben. Es sind aber Wahrheiten, solche Wahrheiten, die in Akten und Protokollen erwiesen sind; Wahrheiten, welche der großmüthige Monarch gegenwärtig öffentlich mit Censur zu Drucken und zu Verkaufen erlaubte. Ich erzählte ohne Rükhalt, was mir in Wien und Berlin geschah. In beiden Staaten ist mein Buch privilegiert, folglich als reine Wahrheit anerkannt, und eben diese gnädige Erlaubniß akkreditirt meine Feder, und beider Monarchen Ehre.

Daß mir übrigens unter dem Scepter der wahrhäft edeldenkenden Maria Theresia Unrecht geschehen ist, war eigentlich nicht ihre Schuld. Die Jesuiten waren meine Verfolger, sie schüzten meine Güterräuber, und schilderten mich bey Hofe als einen Erzkezer und gefährlichen Mann, der ein Preußisches Herz im Busen trüge, und nur reich zu werden suche, um nebst seinem Vermögen aus Oestreichs Gränze zu ziehen. Die beste Monarchin wurde hintergangen. Ich war zu stolz, zu saumselig, zu trozig auf mein Recht, um Seitenwege zu suchen; meine Feinde und Verläumder wachten: ich schlummerte gleichgültig, und verlohr alles.

Nach dreyßigjährigem Leiden und vergeblichem Sollicitiren, lernte Sie mich näher kennen. Sie stand eben im Begriffe mich zu lohnen, mir und den Meinigen Wohlthaten zu erzeigen; hätte mir auch gewiß wenigstens einen Theil meiner Sklavonischen Güter wiedergegeben — doch ach! der Tod überraschte sie bey dem besten Willen für meine Wohlfahrt! sie starb, und ich erhielt nichts.

Der neue Beherrscher der Oesterreichischen Staaten hatte mir nichts genommen, folglich war er auch nicht verpflichtet, mir etwas wieder zu geben. Ich klopfte an; es hieß: est res judicata. Irrig hieß es aber judicata; denn nie habe ich den Rechtsweg suchen dürfen. Die Güter gingen durch Machtspruch und nicht nach Landesgesezen verloren. — Allerhöchste Hofresolution war mir also allein im Wege; und bisher hat der Gerechtigkeit liebende Kaiser nicht für gut befunden, für mich eine andre gnädigere Hofresolution zu decretiren.

Daß aber Seine Gerichtsstellen mich so grob gemißhandelt haben, war nicht Seine Schuld. Ein Monarch muß seinen Referenten glauben, und diese waren Bösewichte und Betrüger.

Ich klagte über sie, noch ehe sie öffentlich gekannt und gezüchtigt wurden; damals hieß es aber: der Trenk ist nie zufrieden, und ist ein mürrischer, und unruhiger Kopf.

Dieses war die beste Sprache, um mich schweigen zu machen. Sie sind izt im Zuchthause. Was nuzt mich aber ihre Züchtigung, so lange ich keine Entschädigung für alle erlittene Drangsale erhalte? Soll ich die Gerichtsstelle verklagen, weil sie sich von einem falschen Referenten hintergehen ließ? Hiervor behüte mich Gott! Die Präsidenten sind alle rechtschaffene Männer, meine Freunde und Gönner. Aber im Rath sizen noch Mitbrüder der Zetto und Krügel, Leute, die gleiches Schiksal verdienen, falls die Wahrheit vor die Ohren des Fürsten bringt, die aber mehr in Protektions-

bündnissen

bändnissen verwebt, und vielleicht noch boshafter sind, als ihre bereits verurtheilten Collegen; diese finden tausend Wege, den zu unterdrücken oder schweigen zu machen, der ihnen zu hell in die Karte sieht; überdieß sind viele Hofräthe fanatische Christen und Mönchs= freunde, folglich auch meine unversöhnliche Gegner, weil es der Beichtvater so haben will. Mich und mein Recht auf ewig unterdrücken, ist bey ihnen ein gutes Gott gefälliges Werk; und sie glauben den größten Ab= laß im Himmel und in Rom zu verdienen, wenn sie den Trenck schwarz mahlen, und ihn aus Oesterreichs Staa= ten als einen gefährlichen Kezer, und beherzten Wahr= heitsfreund von dem Throne vertreiben könnten.

Ich bitte demnach nicht diese Herren um Verge= bung, wenn ich sie durch meine Lebensgeschichte fürch= ten machte, daß ihr Name öffentlich bekannt würde. Ich bitte aber vielmehr das Publikum um Verzeihung, daß ich sie nicht genennt habe. Es geschah nicht aus Furcht oder Schmeicheley; nein, ich bin der Verfolgung müde, ich suche Ruhe bey grauen Haaren; die Klug= heit heißt mich seufzend schweigen—Ich bitte aber diese liebe Herren hiermit recht inständigst, mich wenigstens in Zukunft ungeschoren zu lassen, und verspreche ihnen vor der Gerichtsstube eben ein so ehrfurchtsvolles Compliment zu machen, als ich sonst nur vor ehrlichen Männern zu machen gewohnt bin. Gott behüte mich aber, noch jemals vor derselben zu erscheinen!

Schlafen sie obiger Bedingung recht ruhig, gebie= tende Obrigkeit! ich werde nichts sagen, nichts schrei= ben, falls sie mir aber künftig noch gebieten wollen,

dann

dann werde ich ihnen gewiß nicht Gehorsam seyn, sondern männlich entschliessen, und ihrer Macht und Herrlichkeit aus der Freystadt der Tugend spotten.

Auch der kaiserliche Reichshofrath ist böse auf mich, weil ich seinen Collegen, den Grafen Gräveniz genennt habe, und will mir kein Privilegium im heiligen römischen Reich für meine Schriften geben. Geduld! Die zwey grösten Monarchen Europens, Joseph und Friedrich Wilhelm, haben mir dieses Privilegium in ihren Staaten gegeben, und mehr Ehre bedürfen meine Schriften nicht. Es sind ihnen zwar 60 Gulden Sportelgelder durch diese abschlägige Antwort entgangen. Dieser Schaden kann aber nachgeholt werden, wenn Graf Gräveniz im römischen Reiche um Privilegia für Schriftsteller bey seinen Herrn Collegen ansucht, die etwa Rezensoren gegen die Trenkischen Schriften cum privilegio Sacro Sancti Imperii Romani wollten drucken lassen. Wer weiß, was Grävenizens Freunde noch mehr thun, um sich an mir zu rächen, weil ich einen Mann genennt habe, der auch Reichshofrath war, und des Kaisers Gerechtigkeit durch ein falsches Referat hintergieng, wozu er bestochen war, und mir über 20000 fl. Verlust auf die schändlichste Art verursachte.

Die gerichtliche Akten sprechen und zeugen, daß man damals, um den saubern Referenten zu schüzen, den ich öffentlich angrif, da er noch wirklicher Reichshofrath war, mein Recht auf die schändlichste Art unterdrukte, um übereilte Sprüche nicht zu widerrufen. Für diese 20000 fl. die meinen Kindern schändlich entrissen wurden, darf ich mir ja wohl nunmehro, nachdem

dem der Herr College wirklich mit Schmach cassirt ist, diese kleine Genugthuung verschaffen; auch den Herrn Collegen, welcher ihn damals, da mir das offenbare Unrecht geschah, so dummdreist vertheidigte, gegenwärtig im öffentlichen Druk an das Compliment erinnere, welches ich ihm als Cavalier bey Hofe machte, und er in die Tasche schob. Pfui der Schande! wenn ein Richter auf der Richterbank Personalhaß wirken läßt, und seine heilige Amtspflicht deßwegen aus den Augen sezt. Unfehlbar wird dieser saubere Collega auch meine Schriften im römischen Reich allein nicht privilegiren wollen. Indessen cirkuliren in demselben dennoch etliche tausend Exemplarien, welche kein Conklusum, kein Rescribatur zernichten und dekretiren wird.

Da vor 6 Wochen Herr von Gräveniz Dienste in Berlin suchte, und ich eben in Königsberg war, hätte ich gewünscht, ihm daselbst das erhaltene Concilium abeundi persönlich zu überreichen. Hätt er wohl in Wien geglaubt, den Trenck jemals in Berlin akkreditirt zu finden (Gott helfe ihm weiter, cum Sociis.)

Ich habe bey dieser Bekanntmachung eines Vorfalls, der mich zwar ärmer, aber desto ehrwürdiger macht, gar keine Ehrenerklärung für den übrig, der ohne Ehre referirt hat, und es kränkt mich, wenn ehrwürdige Männer in eben diesem Collegio sich von einem Gräveniz zu Partheylichkeiten verleiten liessen, und mich zuspät kennen lernten. Der rechtschaffene Mann glaubt sich nicht unfehlbar, widerruft gerne; wo er im Irrthum war, und ist weder ungerecht, noch

zu

zu stolz, wo ein voreiliges Urtheil noch für den Leidenden zu verbessern, oder der Schaden zu ersezen ist.

Meine gerechte Sache selbst verdient diese Aufmerksamkeit. Der Begriff, welchen ich mir von dem edelsten Theile edeldenkender Richter denke, heißt mich aber noch hoffen, daß man mir Ursache geben wird, meinen Zweifel zu widerrufen, und anstatt laut zu klagen, laut zu danken.

Meine gewesene Herren Curatores von Zetto, von Fillenbaum ꝛc., werden mit dem bereits genossenen hoffentlich vorliebnehmen, mir künftig keine Sequestration anzudichten sich bemühen, und mit dem Wenigen zufrieden bleiben, was ich in meiner Lebensgeschichte von ihrem Betragen gegen mich, mit vieler Mäßigung dem Leser zu verstehen gab. Ich wünsche ihnen mehr dergleichen Curatellen und Pupillen meiner Gattung, die ihren verdienten Ruhm auszubreiten wissen.

Ich habe im ersten Bande auch den General Fouquet genannt. Ein Mann der gegenwärtig seine Correspondenz mit dem grossen Friedrich drucken läßt, hat sich aber dem Vernehmen nach darüber aufgehalten, daß ich nicht mit Ehrfurcht von ihm gesprochen habe.

Sollte dieser Mann, bey Bekanntmachung seiner Briefe auch zugleich sein Lobredner seyn wollen, so erbiete ich mich einige Anekdoten bey zu fügen, die seinen Helden in der wahren Gestalt schildern werden.

Ich kenne selbst 9 rechtschaffene Offizier, die er unglücklich machte, und durch tyrannisches Betragen zur Desertion zwang.

Mit

Mir sind Grausamkeiten an Bürgern und Bauern von ihm bekannt, die er henken und zerstümmeln ließ, wovor der Menschenfreund zurükschaudert. Die ganze Grafschaft Glaz ist Zeuge seiner Gefühllosigkeit, und ob ich gleich nicht widerspreche, daß er seinem Könige gut gedienet hat, so wird man mir doch erlauben zu sagen, daß er ein Tyrann war, wo er gebieten konnte, und daß er mich auf die niederträchtigste Art in Glaz behandelt hat.

Ueberdieß wäre die Geschichte seines Betragens in der östreichischen Gefangenschaft, die mir von Augenzeugen erzählt worden, eben seinem Nachrufe nicht vortheilhaft, wenn ich sie bekannt machen wollte. Der wehrlose Todte soll aber von mir nicht mehr genennt werden. Ich verachtete ihn, da er lebte, und Menschen, die unedel handeln, verdienen auch Verachtung im Grabe.

Dieses habe ich nur dem naseweisen Herrn hiemit öffentlich bedeuten wollen, der hinterrüks wie ein Thor von meiner Lebensgeschichte geurtheilt hat. Das Schnarchen eines dummdreisten Tadlers wird die Achtung gewiß nicht mindern, die ich mir bereits bey allen Kennern ächter Verdienste erworben habe. Für das, was ich schreib, ist der beste Beweiß in meinen Händen, und ich werde in keinem Falle die trokene Wahrheit widerrufen, die ich von einem Fouquet schrieb, der mein Unglük arglistig nur zu vergrössern suchte.

Uebrigens ist mir der Tadel eines solchen Mannes eben so gleichgültig als seine Drohungen mir verächtlich scheinen. Zum Federkrieg muß mein Gegner

vor=

vorläufig Wiz, denn aber auch Offenherzigkeit zeigen, wenn ich ihn einer Antwort würdigen soll. Und fordert er mich auf ein paar Carthaunen als Fouquetscher Sachwalter heraus, dann erschein ich auf dem Kampfplaze mit einer Autorpeitsche und einem Dudelsak.

Sapienti sat! Cape tibi hoc Zoile!

Alle übrige, die mein Unglük beförderten, sind bereits im Grabe. Keiner war glüklich unter ihnen. Ich habe sie genannt, weil ihre Namen ohnedieß schon bekannt waren. Der noch Lebenden hab ich großmüthig geschont, und diese werden mir im Herzen danken, wenn ich alle Rache vergesse, die ich vielleicht in Händen hätte.

Meinen Sklavonischen Güterbesizern wünsche ich guten Appetit bei meiner Schüssel. Sie haben das, was sie unrechtmäßig von meinem Eigenthum besizen, nicht gestohlen, sondern von ihren Vätern ererbt, die mich arm machten, um reiche Erben zu hinterlassen. Ein Besizer einer Trenckischen Herrschaft sizt schon lange auf dem Spielberge fest. Die andern sind eben nicht glüklich, und werden dem Staat nie so brauchbar dienen als ich gethan hätte, und noch thun würde, wenn man mir Gerechtigkeit widerfahren ließ.

Vielleicht kommt noch eine Zeit, wo meine Kinder sagen dürfen: Heraus! du hast lange genug in Trenckischen Gütern gewohnt, jezt ist die Reihe an uns. Uebrigens war ich dennoch bishieher weder so arm, noch so niederträchtig, daß ich einen um ein Allmosen von meinem Gute oder um ein Legat in ihrem Testament hätte

hätte bitten müssen, und sehe ihnen allezeit stolz, und mit Verachtung unter die Augen.

Dem Danziger Magistrat, der mich im Jahr 1754, an pflichtvergessene und bestochene Räuber, verkaufte, habe ich noch viel zu wenig gesagt. Die damaligen Herren sind alle todt: die gegenwärtige aber werden vielleicht so edel, so gerecht handeln, und ihr Betragen misbilligen, mir auch wenigstens aus der Stadt-Kasse das baare Geld, und die mir räuberisch abgenommene Pretiosa vergüten, die ich verlohr, da mich ihre Kommissarien plünderten.

Ich war wirklicher kaiserlicher Rittmeister. Sie handelten gegen alle Völkerrechte, und noch hab ich meinen Monarchen nicht ersucht, mir die gebührende Satisfaktion zur Ehre seines Dienstes zu verschaffen. Auch der gegenwärtig edeldenkende Friederich Wilhelm wird mich unterstüzen, wenn ich für meinen erlittenen Schaden in Danzig Vergütung fordre.

Von rechtschaffenen Männern, die gegenwärtig daselbst das Ruder führen, erwarte ich Gerechtigkeit, und mein Betragen soll dem ihrigen angemessen seyn.

Begegnet man mir aber mit Verachtung, so ist gewiß noch nichts vergessen, was ich den Herren Danzigern schuldig bin, und ich finde vielleicht noch Gelegenheit, ihnen zu erweisen, daß ich mir selbst Genugthuung zu verschaffen weiß, und es mir also jezt weder an Gelegenheit, noch an mitwirkenden Freunden fehle.

Der edle Herr von Weingarten, welcher als geheimer Sekretair bei der kaiserlichen Gesandschaft in

Ber=

Berlin so edel diente, daß er für Geld die Staatsgeheimnisse verrieth, dieser Bösewicht, der mich in Magdeburg noch unglüklicher machte, und meiner redlichen Schwester Tod beförderte, liegt bereits im Grabe. Ich bedaure den Scharfrichter, welcher durch seinen voreilig natürlichen Tod, die Sportelgebühr für das Aufknüpfen verlohren hat, zweifle auch zugleich sehr, daß man mir in Wien den Schaden vergüten wird, den ich durch diese schlechte Wahl der Gesandtschaftsmitglieder erlitten habe.

Herr von Abramson, kaiserlicher Resident, der mich in Danzig verkaufte und plünderte, ist in eben dem Falle, wie Weingarten, für mich nicht mehr auf der Welt, und ich kann mich nicht entschliessen, für ihre arme Seelen einen halben Gulden Meßopfer zu bezahlen, weil ich ihnen ein ewiges Fegfeuer aus christlicher Liebe wünsche. Denn wenn solche schlechte Kerl in eben den Himmel kommen könnten, den der ehrliche Mann zu erwarten hat; würde der allwissende Gott, der das Herz sieht, eben so ungerecht handeln, als unsre Monarchen unvorsichtig in ihrer Wahl sind.

Jaschinsky, der mich bey der Garde de Korps unglüklich machte, lebt noch in Königsberg, aber allgemein verachtet. Er hat auch nicht erwartet, daß ich ihn bey meinem Aufenthalte daselbst, gegenwärtig um Verzeihung bitten würde, weil sein Name in meiner Geschichte verewigt ist. Ein 76jähriger Greis seiner Art ist unglüklich genug, wenn er des Alters Schwäche fühlt, und in seinem Herzen keine Beruhigung findet.

bet, daß er in allen Vorfällen als ein ehrlicher Mann gehandelt hat.

Ich habe ihm alles verziehen, und er ist eben nicht böse auf mich, daß ich ihn nicht besuchte, und ihm die Erniedrigung abzwang, schamroth zu werden. Das ist der edelste Lohn des Gerechten, der überall so wie ich, mit erhabener Stirne auftreten kann.

Inzwischen muß ich doch hier auch die sichtbare Straffe schändlicher Handlungen an diesem Manne bekannt machen.

Da ich den 4ten April in Königsberg ankam, verlor er den Verstand, wurde unsinnig, und die ganze Stadt ist Zeuge dieses merkwürdigen Vorfalls. Vielleicht hat ihn der nagende Vorwurf bey der Nachricht von meiner Ankunft so erschüttert, da man ihm zugleich die Stelle, welche ihn betraf, aus meiner Lebensgeschichte zu lesen gab. Ich habe auch nunmehr gründlich entdekt, daß eben der Brief, welcher mich im Jahr 1746 unglüklich machte, von ihm selbst verfertigt und untergeschoben wurde. Gewinnsucht war Schuld daran. Er war mir 300 Dukaten schuldig. Meine kostbare Equipage hat Se. Erzellenz der gegenwärtige Hr. General Baron von Posadowsky von ihm selbst zum Theil gekauft, und noch dazu hat er sich von meinem konfiscirten Vermögen eine Summe bezahlen lassen, die ihm der König bewilligte. Jezt ist er verrükt. kann sich nicht verantworten, und ich zweifle, daß ich von seiner zusammengeraften Verlassenschaft etwas in forma legali zurük erhalten werde.

Ehre genug für mich und meine Geschichte, daß auch
durch

durch diesen Zufall die Wahrheit aufgedekt, und meine Unschuld gerechtfertigt ist. Meinetwegen hätte er nicht so wirksam über meine Gegenwart erschrecken sollen: Ich denke zu edel, um mich an einem ehrlosen Greise zu rächen.

Den seraphischen Vater Franziskus muß ich auch noch, da wo er jezt vielleicht noch in der Ewigkeit nur ein Franziskaner ist, reumüthig um Vergebung bitten, weil ich in meinen Schriften seinen heiligen Orden so verächtlich entlarvt habe. Wer diese auf Erden so garstig stinkende Seraphinen im innern Werth sowohl, als in ihrem körperlichen Leben kennt, zugleich aber auch ihre heimtückischen, boshaften Handlungen durchforschte, und sie bei dem Termintraben, Lukaszettel- und Ablaßnegotio, am Tische, in ihren Klöstern, und am Weinfaße, im Beichtstuhle oder bei Hofe gesehen, und so wie ich geprüft hat: der riecht ihren gifthauchenden Gestank von weitem, und flieht sie mehr als die Herren Teufel, die wirklich weniger pestilenzialischen Geruch hinter sich laßen, als ein fetter Franziskaner Quardian in den Hundstägen bei einem schwelgerischen Gastmal.

Gott behüte alle Lebendige und Todte vor solcher Gesellschaft. Ich wünsche zum besten meiner Mitbürger, daß ihr heiliger Ordensstifter sie so geschwinde als immer möglich ist, aus dieser Welt in seine himmlische Gesellschaft abholen möge, und unsere gesunde Polizey endlich anfange, den Staat von diesem verabscheuungswürdigen Unflat zu fegen, sie alle so rein weg zu fegen, daß man ihren Namen nach 50 Jahren nur mit Lachen und Verachtung lese. Des heiligen Franzisihs Vorsprechen kann ich leicht entbehren. Ich lebe auf der Welt so, daß ich bei dem gerechten Gott keinen Fuchsschwänzer fürchte, keinen Protektor für Schand: thaten bedarf. Und wie eckelhaft muß es unserem Welt= vater nicht bishieher gewesen seyn, wenn Er von so viel hunderttausend dergleichen irrdischen Seraphinen nichts anders als Millionen Ave Maria plappern hörte, und alle diese starke Bengel für die Bestimmung seiner edlen Schöpfung nichts anders thaten, als bei schwel= gendem Müßiggange gar nichts zu Denken, gar nichts zu Handeln, als mit Reliquien, heiligen Gauckeleien, und Betrug der Blödsüchtigen — Wie wurden bisher die himmlischen Protokollschreiber nicht geschoren, wann Satans boshafter Abendraport ganze Ballen von Franziskaner = Todsünden hervor brachte, die ihre sogenannte gute Werke unendlich überwogen. Wie be: schämt standen ihre Schuzengel, und Franziskus selbst nicht da, wenn von den lezten so wenig Ueberschuß für das Magazin des Statt = und Buchhalters Christi in Rom überblieb, um davon einen selbst beliebigen Theil an christliche Bösewichte gegen baare Bezahlung zu verhandeln? — Wie war dann nicht der in seiner Art allezeit bequemlichkeitliebende Ordensstifter geschoren, wenn er beständig Kopfarbeit hatte, um entweder Satan mit den Schuzengeln zu versöhnen, oder die Allwissen= heit und Allmacht des Weltvaters zu hintergehen, um seine Kloster=Seraphinen allezeit in guten Credit zu er= halten.

Mich dünkt aber, daß unser gute Gott endlich mü= de geworden ist, seinem liebsten Freunde und Miterlö= ser

ser des Menschengeschlechts dem heiligen Franziskus so blindlings zu glauben. Er hat aus Vorwiz einmal selbst gesehen, ohne seine Hoflieblinge zu fragen. Er entdekte folglich die Kunstgriffe: empfand Mitleiden für die betrogene Christen, und Patriarch Franz ist auf dreißigtausend Jahre von der himmlischen Residenz verwiesen worden; er schlich beschämt zum heiligen Ignatius. Dominikus und Augustin stehen auch auf dem Sprunge ihnen zu folgen ꝛc. und dann wird sie Xaverius gewiß auslachen, der sie längst an dem Orte erwartete, wo die Ordensstifter zur Strafe ihrer schädlich hinterlassenen Giftmischerey auf Erden, zum ewigen Nichtsdenken verurtheilt sind, folglich wenigstens die Franziskaner dennoch im Himmel das wirklich geniessen können, was sie auf Erden für das höchste Gute hielten, lehrten, auch nach Möglichkeit, Troz allen vermaledeyten Philosophen und Freygeistern zu befördern suchten.

Nun da der Patron nichts mehr vermag, und das Fuchschwanzen im Himmel nicht mehr Zutritt findet, werden die bekuttete Seraphinen auf Erden bald gekannt, folglich schuzlos vertilgt werden. Hierzu gebe Gott seinen Seegen, und verzeihe mir in Gnaden, wenn ich von so böser, der Welt und Tugend so schädlichen Menschengattung noch viel zu wenig geschrieben habe.

Den vor wenig Jahren mit so viel Mühe als Schmach und Ueberzeugung aufgehobenen Jesuiterorden, oder vielmehr die unwürdigsten Gesellschaft Jesu, bitte ich gar nicht um Verzeihung, weil ich in meinen

Schrif-

Schriften die Wahrheit geschrieben habe. Man weiß in allen Welttheilen, daß Unversöhnlichkeit, Blutdurst und Rachbegierde ihre Lieblings = Tugend waren, auch ewig bleiben werden; folglich hätte ich auch bei der bittersten Reue und Leid auf Erden, wie in der Ewigkeit, gar keine Gnade, Nachsicht, noch Barmherzigkeit von ihnen zu hoffen. Besser also, wenn ich sie auch noch heute Betrüger, und gefährliche Feinde heisse, als wenn ich den Orden für mich zu gewinnen suchte, der noch niemals Beleidigungen vergeben hat; und doch keine ernsthafte Reue von mir vermuthen kann.

Freilich sollte ich aus Erfahrung klüger geworden seyn, und wenigstens durch neue Aufrizung alter Wunden das Uebel nicht ärger machen; besonders da jeder Welt = und Staatenkenner leicht vorsehen kann, daß eben dieser nur dem äußeren Scheine nach zernichtete Orden bald wider in hellerem Glanze als jemals mit Macht und Majestät hervorbrechen wird. Aller Stof ist hierzu bereits vorbereitet. Die Fürsten und Grossen sind noch in ihren geheimen Fesseln, und bald wird Pandorens Büchse neuerdings zerplazen, und neue fürchterliche Auftritte in unserm Europa verursachen.

Meine Freunde mißbilligen auch diesen neuen verwegenen Angriff. Sie rathen mir diese Zeilen aus meiner lezten Ehrenerklärung auszustreichen, weil ich meinen Feinden nur neue Waffen in die Hand gebe, und zu wenig gepanzert bin, um gegen vereinigte Riesenmacht zu kämpfen. Freylich wäre dieser treue Rath heilsam für meine Ruhe bei grauen Haaren, aber nicht vortheilhaft für die betrogene nach Licht forschende

Welt: nicht schmeichelnd für meinen Autorstolz, nicht befriedigend für mein Herz. Es erfolge demnach, was mein Schicksal will! Ich habe ohnedem keine Gnade und Barmherzigkeit vom Stuhle Petri und seinen Adjutanten, noch Weltbeherrschern zu hoffen, die mich einmal als einen gefährlichen Erzkezer betrachten; und da das Alter gewöhnlich eigensinnig ist, und die Schreibsucht meine Lieblingsleidenschaft war — so will ich auch hartnäkig bis zum Grabe in meinen Grundsäzen beharren, und lieber für die Tugend leiden, auch mit ihr sterben, als kleinmüthig in grossen Gefahren scheinen, folglich reuet mich nichts, wodurch ich nur immer Schritte gegen den Aberglauben gewinnen, und meine bethörten Mitbürger in ihrem Irrwahne belehren konnte. Um als Märtyrer zu sterben, muß man entweder recht dumm oder recht eigensinnig und stolz seyn: da ich nun dieses nicht bin, so will ich lieber wie ein Kezer verflucht, als wie ein Römischer heilig leben, noch begraben werden.

Wann Tugend und Rechtschaffenheit allein selig machen, dann hab ich den Herren Staab- und Patroullen-Teufeln manchen Abbruch durch meine Schriften verursacht: wer diese mit Empfindung gelesen hat, der wird gewiß gereizt, die Rolle eines ächten Christen und ehrlichen Mannes zugleich zu spielen. Dieses ist eben nicht die Sache des leidigen Teufels, dem die Mönchslehre weit mehr fette Braten in die Hölle liefert. Ich bitte demnach den Herrn Obristen Beelzebub, den grimmigen Herren Satan, auch den Vater Pluto, nebst ihren Legionen, demüthigst

thigst um Vergebung, wenn ich so halsstarrig auf meinen Grundsäzen beharrte, daß mich Gottlob! keiner zu Niederträchtigkeit, Bosheit, Rachsucht, Völlerei, Leichtgläubigkeit noch Verläumdung bewegen konnte: folglich war ich auch kein katholischer Christ nach ihrem Geschmacke. Betrügen könnte ich sie zwar eben so leicht, als ein jeder, welcher auf dem Todtenbette eine Franziskanerkutte anziehen wollte, aber ich traue dem Streiche nicht. Die Herren Lusttrabanten mit Boksfüssen haben mich allezeit als einen gefährlichen Feind weit näher beobachtet, als ein Capuziner=Quardian, der sie von Ferne mit Weihwasser abzuschrecken wußte; sie würden mich folglich auch in der Maskerade sogleich erkennen, und meinen Schuzengel zwingen, mir den heiligen Rok auszuziehen, weil ich niemals an seine Heiligkeit glauben wollte; dann aber würden ihre Krallen mir die die nakte Haut eben so garstig zurichten, als die Herren Patres=Inquisitoren gerne thun möchten, falls sie mich in Rom, Neapel oder Madrit erhaschen könnten.

NB. Meine lieben, ganz entsezlich geplagt gewesenen heiligen Schuzengel bitte ich wohl herzlich um Verzeihung, weil ich ihnen in meinem ganzen Leben so viel zu schaffen machte. Gewiß war es ein schwerer Posten, auf den Trenck zu wachen, damit er seine vermägene Füsse nicht an einen Stein stosse, und den tollkühnen rebellischen Kopf nicht durch den Inquisitions= Scharfrichter verliehre.

Hier hat die liebe, zu meiner Aufwartung verurtheilte

theilte Ordinanz wohl ihre Schuldigkeit vollzogen, und einen ganz neuen Himmel verdient, wo die seligen Geister nicht mehr mit so mühseligen Verrichtungen gequält werden. Hingegen hat er grob gefehlt, daß er dem Teufel zuließ, mir die Finger zu führen, wenn mein böser Wille mich reizte, die Feder in die Faust zu nehmen. Hätte er zuweilen mir zu rechter Zeit das Dintenfaß weggerissen, und so, wie Dokter Luther zu Eisleben, dem lebendig verführerischen Satan an die Bockshörner geworfen, so würde ich gewiß zurükgehalten haben, gegen Priester-Arglist, Fürsten-Eigenmacht, Laster, Spielgeist und Gerechtigkeits-Verträher, so frey zu schreiben, und mir hiedurch soviel Verfolgungen zuzuziehen, daß mein Schuzengel gewiß zuweilen noch Adjutanten gebraucht haben muß, um mich aus verwikelten Schiksals-Labyrinthen herauszureissen. Villeicht gestattete er aber das Uebel aus besonderer Absicht, in etwas Gutes dadurch zu bewirken. Der Teufel, welcher mich zum Schreiben verführte, und noch heute dazu reizet, sollte mich durch Leiden glüklich machen. Ich war von Ewigkeit zum Gefäß des Zorns Gottes auf Erden bestimmt, um erst dann belohnt zu werden, wenn ich nicht mehr bin.

Vortrefliche Bestimmung im Priestergehirne entsponnen! wehe dem, den ein solches Loos trift! ich wenigstens hätte keine Ursache, meinem Vater zu danken, daß er bei einem zufälligen Wollusttriebe, ohne daran zu denken, mich deswegen gepflanzt hat, weil meine Mutter gleichfalls in eben dem Augenblicke mitwirkte. Hätte der Seelenschöpfer nicht in aller Eile eine neue Seele geschaffen, und sie dahin durch Schuzengel bringen lassen, wo eben der Wurm in sein Nest kroch, aus dem zufällig ein Mensch entstand, der, da er hervorbrach, Trenck genannt wurde ... so würde ich, den man niemals um Einwilligung fragte, ob ich auf der Weltbühne in gegenwärtiger Gestalt auftreten wollte, vielleicht Nein gesagt haben. Für diesen Augenblick nun, da sich mein Vater und meine Mutter vergnügten, und eine willkührliche Handlung vollzogen, ohne den Seelenfabrikanten um Rath zu fragen, mußte ich auf Erden zum Leiden geboren, und ein Gefäß des Zornes Gottes werden. Geläutert bin ich zwar wie Gold im Schmelztiegel; ob ich aber für die Ewigkeit auch nur ein unauflöslich lebloser Goldklumpen bleiben werde, wann der jezige von Fleisch und Nerven zusammengesezte Trenck nicht mehr im allgemeinen Kreislaufe der Natur das sein wird, was er jezt ist; ob ich dann mehr empfinden werde als ein Goldklumpen, dieses bleibt meinen durchdachten Begriffen nicht wahrscheinlich. Vielleicht, kommt der Glauben auf fremde Erzählungen später, wann ich weniger denken kann. Vielleicht erhält sodann mein Schuzengel mehr Gewalt, mehr Einfluß in meine Seelenkräfte. Eben dieses ist seine Sache und Amtspflicht. Und nur dann, wann er dieses wird bewerkstelligt haben, verspreche ich ihm hiemit auf das feyerlichste den wärmsten Dank. Dann, wenn meine Zunge fault, und die Fibern der Gurgel sich nicht mehr anspannen können: wenn der Blasebalg

meiner

meiner Lunge keine Töne mehr verursachen, keine Luft erschüttern kann, ewiger Geister Ohr berühren muß, um gehört, auch empfunden zu werden: dann will ich meinem lieben treuen Schutzengel, erst solche Dank- und Loblieder vorsingen, die er als ein reines Opfer zum süssen Geruch dahin befördern kann, wo geprüfte Tugend ewigen Lohn zu geniessen hat.

Meinen Gott bitte ich demüthig um Verzeihung, wenn ich zuweilen in Drangsalen, welche menschliche Kräfte überwiegen, an alle den Schullehren zu zweifeln Ursache fand, die den gütigsten Weltvater als einen rachgierigen, unversöhnlichen, unbarmherzig, ruhmsüchtigen, von Leidenschaften gequälten, und durch Altersschwachen mürrisch gewordenen Greis schildern. Meine Schuld ist es nicht, daß ich Verstand zum tiefsinnigen Nachgrübeln der reinen Wahrheit besaß, und zugleich durch Umgang mit Menschen, durch das Lesen der alten Geschichte, durch die Gelegenheit, Priester aller Gattung und Meinungen zu kennen, auch besonders Ursache fand, an aller Menschen Lehrgebäuden zu zweifeln. Dieser Verstand gebahr eine edle Wißbegierde, und einen Trieb weiter nachzuforschen. Ueberall fand ich Betrug und Menschenschwächen. Was Wunder, wenn ich mich nie entschliessen konnte, das blindlings zu glauben, was mir Menschen in Priesterkleidung nicht nur erzehlten, sondern sogar ohne Nachdenken blind zu glauben aufbringen wollten. In diesem Falle hätte mir der Schöpfer keinen Menschenverstand

verstand geben, keinen Willen einflößen noch gestatten, keine Möglichkeit zum Zweifeln meiner Willkühr überlassen sollen; und unter diesen Bedingungen allein hätte der Zweck eines guten Gottes gelingen können, alle seine Geschöpfe ohne Ausnahme glücklich zu machen. Wer sich andere Absichten von ihm denkt, und das glaubt, was Paulus von der Gnadenwahl fanatisch lehrt, der macht sich unedle Begriffe von dem Vollkommensten. Denn nimmermehr werde ich so rasend seyn zu glauben: daß Gott gewisse Menschen im Zorne zur Verdammniß geschaffen habe, um denen durch Gnadenwahl zum ewigen Glück Bestimmten seine Macht erkennen zu machen. Welche abscheuliche Folgen entstehen aus solchen Vorurtheilen? Könnte man wohl den Teufel selbst stolzer und boshafter schildern? Nein! ewig nein: bei einem vollkommenen Gott vermuthe ich keine menschliche Schwächen noch Leidenschaften. Rächen kann er sich auch nicht am Kindeskind. Denn wenn dieses ein Fürst, ein Mensch thut, und den Sohn straft, weil der Vater ein Bösewicht war, so ist er ein Schurke.

Dieses ist mein Glauben, auf den ich lebe und sterbe: so lebe, daß ich meinen Nebenmenschen, auch der verbrüderten Gesellschaft, in der ich lebe, alles mögliche Gute erzeige: niemanden meinen Glauben aufdringe, noch in seinen Religionsbegriffen irre, oder unruhig zu machen suche, und die Erfüllung meiner Pflichten als die nothwendigste Tugend erkenne: auch meine Einsichten nach Möglichkeit erweitere, um Blödsichtige sinnötige zu belehren, und mich selbst zu beruhigen oder von der Wahrheit gründlich zu überzeugen.

Sollte ich mir aber bey grauen Haaren ein ganz neues System nach fremder Normalvorschrift machen, und um der Bequemlichkeit des Nichtdenkens zu geniessen, das glauben, was ein anderer für mich denkt — dann müßte mein Verstand aufhören, den mir Gott gab; oder der seine Ausbildung aus der Beschaffenheit meines Nervengebäudes erhielt. Vielleicht geschieht dieses, wenn meine Lebenskräfte gegen ihre Zerstöhrung kämpfen; und in diesem Falle allein kann vielleicht ein mechanischer Kapuziner mir noch auf dem Sterbebette seine Kutte anziehen, und ein unbedeutendes Ja von meiner stammelnden Zunge durch mystische Auslegungen allein hören, welches mich in die Zahl der Bekehrten, zum wahren alleinseligmachenden Glauben gelangten armen Sünder versezt, wenn kein Wille zum Wählen mehr übrig bleibt. Dieses war das Schiksal mancher ächten Weltweisen, die der Pöbel Freygeister heißt. Und dann mag mein Schuzengel seine Amtspflicht vollziehen: den höllischen Lustmarodeurs und Partheygängern listig auszuweichen suchen: dem heiligen Petrus den Schlüssel wegkapern, und meine Seele in Abrahams Schooß tragen, wo sie um seinen jüdischen Patriarchenbart in Ewigkeit als eine auf Erden auch im Unglük munter und arbeitsam gewesene Seele, wie der Schmetterling um blühende Rosen herumflattern, und in demselben Nester für ewig herumkriechende himmlische Raupen anfüllen kan, aus welchen sodann vielleicht

junge

junge Franziskanerseelen hervorkriechen, und die Erde, auch die himmlischen Wohnungen mit ganzen Schwarmen nichtsdenkender Seelen anfüllen werden.' Falls dieses aber nicht geschehen sollte, und die Vorsehung mir eine andere Bestimmung beschlossen hätte, dann ist es eben nicht meine Schuld, wenn ich zum ewigen Nichtseyn gebohren wurde. Auf Erden war ich allezeit ein wirkendes Etwas, ein immer beschäftigendes Wesen, für welches ein ewiger Müßiggang die härteste Strafe wäre. Gott behüte mich davor auch nach dem Tode!

Indessen da ich alles, was ich je beleidiget, gerne versöhnen wollte; und eben deswegen meine Reuervolle Abbitte, in diesen Blättern angebracht, auch, wie ich hoffe, mit allgemeiner Befriedigung buchstäblich vollzogen habe, bitte ich noch schließlich meinen lieben Schutzengel herzlich um Verzeihung, falls ich ihm so viel vergebliche Arbeit für meine Seele sollte gemacht haben, da er mich in Lebensgefahren so vielemal vom Ersaufen, Erschiessen, Ersticken, Hals- und Beinbrechen und Verhungern so wunderlich errettet hat. Hätte er diese Mühe für meine Seele angewandt, und dagegen den nichtswürdigen Leib vernachläßigt, dann würde ich weniger auf Erden gelitten, auch weniger Aergerniß verursachende Schriften an das Tageslicht gebracht haben, und würde vielleicht heute in einer Dervis-, Mandarinen-, oder christlichen Mönchskutte herumwandern, und die Heiden in Jutien bekehren.

Nun schreibe wer da will, de ratione sufficienti.
Ich

Ich glaube einmal fest und heilig, daß nichts ohne erhebliche Ursache im Himmel noch auf Erden geschiehet, noch das ist, was es zu seyn scheint, und dann spotte und table jeder Journalist, Rezensent, Theolog, Grammatist, Schulfuchs, und wirklich Gelehrter, meine Schriften, auch dieses mein Glaubensbekenntniß nach Wohlgefallen oder Schulregeln, wie er immer will! Es kaufe, lese und schätze meine Bücher, wer da will! oder verachte und verbrenne sie nach Belieben! — Ruhmsucht war nie meine Sache; ich wurde zufällig ein Originalautor, und gefallen meine Schriften nicht, will mich Niemand kopiren, dann ahme er mir in meinen Handlungen, in Standhaftigkeit, und moralischen Tugenden nach, so ist er unfehlbar ein guter Christ, ein brauchbarer Mann im Staate, und ein redlicher Mensch.

Dieses war der Zweck meines Hierseyns; den hab ich erfüllt, und mehr will ich nicht.

Dixi, nunc pondera prudens.

Antwort
auf die Kritik des Herrn von Archenholz.

Es hat der gelehrte und schätzbare Herr von Archenholz in seinem ersten Bande: Neue Litteratur Nro. VI. mit der achtbarsten Bescheidenheit sich über eine Stelle in meiner Lebensgeschichte aufgehalten, wo ich die brittische Gerechtigkeit table, und meinen eignen Vorfall treu erzählt habe: für die trokne reine Wahrheit derselben verbürge ich öffentlich meine Ehre, da ich selbst

das

das schauervolle Beispiel der Ungerechtigkeit in London gesehen auch empfunden habe. Bei Rezensionen, die mich lügen strafen, kann ich aber nicht gleichgiltig schweigen, besonders wenn eine akkreditirte Feder irrig urtheilt, die ihre eigenen Irrthümer vertheidigen muß.

Mein Schwager, dessen ich in dieser Erzählung erwähne, lebt gegenwärtig als regierender Bürgermeister in der Reichsstadt Aachen. Zweifler können auch ihn befragen. Er wurde von dem Ritter Fielding, welchen man rechtfertigen will, auf eine wirklich schelmische Weise in das Garn gelokt. Er selbst, Fielding, gab ihm die Polizeybediente mit, um meinen Wein gewaltsam zurük zu nehmen, dann aber läugnete er seinen Befehl, und mein rechtschaffener Schwager wurde arretirt, als ob er eine Uebelthat begangen hätte.

Ich mußte 1000 Pfund Kaution für ihn erlegen, und habe nicht nur meinen Wein, sondern auch die 1000 Pfund schändlich verlohren. Daß aber Herr Richter Fielding selbst 200 Bouteillen von meinem geraubten Weine empfangen habe, dieses hat mir eben derselbe Mann eingestanden, welcher sie in der Nacht des Raubes, selbst in sein Haus trug.

Was ich überhaupt von dieser Geschichte erzählt habe, sind wirklich Thatsachen, und wenn Herr von Archenholz, nicht mein Freund und ein Mann wäre, den ich hochschäze, so würde ich ihm hiermit eine Wette von 1000 Dukaten antragen, wer von uns beyden die legalesten Beweise von diesem in Zweifel gezogenen Falle anführen könne. Uebrigens sind mir Handlungen in Kriminal=Justiz Sachen von diesen diesem Herrn Oberfriedensrichter bekannt, die mein Herr Gegner vielleicht nicht so gut als ich zu entdeken Gelegenheit hatte.

Seine Erzählung vom Vorgange mit diesem Handel ist meistens richtig, nur mit dem Unterschiede, daß Herr von Archenholz die Englische Gerechtigkeit nicht so, wie ich, gesehen, noch empfunden hat. Wir sehen beyde aus einem entgegengesezten Gesichtspunkte, da wir von England schrieben. Er wollte die Nation vergöttern; ich hingegen habe ihren Karakter an meiner Hand in vielen Vorfällen geprüft, auch kennen gelernt, und oft Habsucht, Halsstarrigkeit und unbändigen Stolz entdekt. Sicher ist es einmal, daß ich auf die schändlichste Art von ihnen betrogen wurde; sicher ist es auch, daß mir brittische Herren, denen ich in meinem Hause in Aachen tausend Distinktion und Gefälligkeiten erwiesen hatte, in London mit Verachtung begegneten. Eben so sicher ist es auch, daß ich ohne allen Temperamentsfehler mit voller praktischen Ueberzeugung wohlbedächtig geschrieben habe, diese Nation, wann sie uns Deutsche so grob mishandelt, verdiene nur unsere Verachtung.

Daß ich aber so niederträchtig handeln, und in meiner Lebensgeschichte die ehrliebende Welt mit einem Mährchen hintergehen wollte — diesen Argwohn hat vermuthlich des Herrn von Archenholz Auterstolz in Vertheidigung seiner eigenen irrigen Meinung niedergeschrieben. — Sollte sein Eigensinn diese Säze behaupten wollen, so wäre am besten,

wir

wir wetten die 1000 Dukaten, wir depositiren sie an Orte; wenn ich werde erwiesen haben, daß ich reine Wahrheit schrieb, dann wird unser Feder= Krieg am vortheilhaftesten für mich geendigt seyn.

Daß sich aber Herr von Archenholz in seiner Schilderung dieses Volkes geirrt habe, ist eben so wenig ein Verbrechen, als wann ich einen brittischen Betrüger mit Namen nenne, den ich in solcher Gestalt wirklich kenne. Wir sind beide Menschen, und der heilige Geist schreibt nicht mehr so zweydeutig, als mit der Feder der alten Propheten. — Männer, die Völker Geschichte schreiben, können auch bey manchen Fällen, von Vorurtheil eingenommen, kurzsichtig seyn. Wenn ich aber in meiner eigenen Geschichte als ein ehrlicher Mann das erzähle, was mir wirklich geschehen ist, so heißt mich der öffentlich einen Lügner, der mich als einen Märchenschreiber schildern will. Also zur Wette geschritten, Herr Aggressor, oder erkennen Sie, daß wir beide Menschen sind, die vielleicht aus ganz entgegengesezten Ursachen von Engelland geschrieben haben. Ich gieng im gerechten Eifer zu weit, die ganze Nation zu tadeln, und Sie gehen noch weiter, weil Sie wirklich einen Freund beleidigen, um in Ihren Schriften eine Unfehlbarkeit zu behaupten, die ich gar nicht in derselben finden kann, weil ich das Gegentheil aposteriori erweisen will, auch wirklich selbst gesehen habe.

Ferner wird die Geschichte von dem ehrlichen Deutschen bezweifelt, den ich selbst im Kerker sprach, und selbst aufhängen sahe.

Hier irret mein Gegner sehr in der Zeitrechnung.

Ich

Ich habe nicht gesagt, daß dieses im Jahr 1778, da Herr von Archenholz selbst gleichfalls in London gegenwärtig war; es ist in einem andern Jahre geschehen, weil ich nicht ein, sondern sechsmal in verschiedenen Jahren in London war. Eben dieses war dem Gesezgeber aller Schriftsteller unbekannt, der seine Britten unfehlbar schildern will, und auch von mir fordert, daß ich die schändlichsten Folgen Brittischer Ungerechtigkeit vermänteln soll. Ich hätte einen Traktat zu schreiben, wenn ich das erzählen wollte, was ich überzeugend sahe, und von akkreditirten Engelländern selbst hörte, will aber der Kürze halber nur noch diese Frage machen.

Sind die Geseze in einem Lande gut; dient die Nation selbst zum Vorbilde, wo kein Haus vor Einbruch, keine Strassen, die Residenz selbst nicht vor Räubern sicher ist; etliche hundert Menschen jährlich hingerichtet, und Kriminal-Beweise durch die Anzahl der Juramente entschieden werden? Wo weltbekannt ist, daß man ein falsches Jurament in London mit einem Schilling erkaufen kann: und wo doch dergleichen Leute öffentlich geduldet und gebraucht werden?

Herr von Archenholz hat gewiß nie von der Schwendler Manipulation mit dem Justizkollegio in London Nachrichten eingezogen, gegen welche es so schwer fällt, Gerechtigkeit zu finden, und wovon ihm doch jeder Londner Bürger Nachricht geben kann.

Was die so hoch gepriesene Geseze betrift, will ich hier um ihn zu überzeugen, noch eine selbst erlebte Geschichte erzählen.

Ich empfieng in London einen Ungarischen Weintransport,

transport, für den ich gegen 400 Ginne's Zoll bezahlen mußte. Ich erschien selbst bei der Tresorie. Nachdem ich das Geld an Mr. Futt bezahlt hatte, hielt mir der Mann einen Folianten vor die Nasen, und forderte, daß ich ihn küssen sollte.

Dieses war das Evangelium, welches anstatt einen Schwur abzulegen, nur geküßt wird, um Weitläuftigkeiten zu vermeiden.

Ich frug was dieses bedeute? die Antwort war — Sie müssen schwören, daß Sie den Wein allen allein austrinken, und keinen verkaufen wollen.

Da ich nun bei einem so lächerlichen Antrage unentschieden blieb, und nicht küssen wollte, rief Mr. Futt einem Taglöhner herbei, ließ mir ihm einen Schilling geben, und dieser küßte und schwur für mich, folglich falsch.

Ich erkundigte mich nun nach dieser sonderbaren Procedur, und erhielt die Aufklärung: daß vor vielen Jahren in einem Kriege mit Frankreich, eine Bill im Parlamente ausgefertiget worden, welche alle Einfuhr französischer Weine und allen Verkauf verbot.

Wenn nun ein Lord oder Esquire Champagner saufen wollte, so erhielt er einen Paß auf zwölf Dutzend Bouteillen, mußte aber bey dem Empfange ein Jurament ablegen, daß er diesen Wein allein trinken und keinen verkaufen wolle.

Nun war, da ich in London meinen Wein erhielt, diese Bill noch nicht aufgehoben, folglich mußte noch jeder Weinhändler bey Empfang aller seiner Weine, dieß Jurament ablegen. Kann wohl etwas lächerlicheres erdacht werden?

In der katholischen Kirche läßt man andere um baare Bezahlung für sich beten; und im aufgeklärten London läßt man andere für einen elenden Schilling falsch schwören.

Noch hundert dergleichen grobe Mißbräuche in der brittischen Gesetzgebung könnte ich meinem Tadler vorlegen. Es hat auch Herr von Archenholz noch unter keiner Militairdisciplin eines brittischen Befehlshabers im deutschen Kriegsheere gedient, sonst würde er gewiß mit mir über den bösen Nationalcharakter einstimmig denken, und mit mehr Vorsicht ihr Lob auszubreiten sich beeifern.

Ich habe kein Mährchen erzählt. Wahr, ewig wahr ist meine treue Erzählung und Schilderung. Alle hochgerühmte Thaten dieses Volkes sind auf Stolz, Raub= und Herrschsucht gegründet. Auch in England sind große Männer, sicher mehr als in Spanien; aber die Nation im Ganzen ist eigennützig, treulos und zur Mordsucht geneigt.

Ihre Justizadministration ist so, wie ich sie geschildert habe; und wer London kennt, wer die Bestechungen der ersten Parlamentsglieder gesehen hat, wer jemals von ihrem Nationalcharakter abhängig war, wer die Bewegursachen kennt, warum ich schrieb, und warum Herr von Archenholz tadelt, der glaubt mir mehr als dem, welcher seine Einsichten in einem für ihn vielleicht unbeleuchteten Staatsgebäude, unfehlbar glaubt, und vielleicht mehr als ich, von Temperamentswirkungen hingerissen, oder von Wahrscheinlichkeit hintergangen wurde; denn nie werde ich

arg=

argwöhnen, daß Herr von Archenholz aus Eigennutz etwas schrieb, wovon er nicht überzeugt war. Wir bleiben deshalb doch gute Freunde. Aber Mährchen schreibt der Trenck da nicht, wo er dem Publikum seine Ehre für die reine Wahrheit verbürgt.

Auch Herrn Büsching

muß ich ein paar Zeilen auf seine Anmerkung im eilften Stücke seines 15ten Jahrganges antworten.

Es betrift die Erzählung in meiner Lebensgeschichte, wo ich mich in den Datis die Bestuchefsche Avanture betreffend, soll geirrt haben. Dieses ist leicht einem Manne möglich, der keine Journale geführet hat, und in 14 Tagen niederschrieb, was seit 40 Jahren in seinem Gedächtniße bey tausend Zwischenfällen herumschwärmte. Genug, die Hauptsache ist Wahrheit.

Ob aber Herrn Büschings Einwendung mehr fidem publicam verdiene, als mein Vortrag, dieß ist noch nicht entschieden. Ich glaube, daß ich damals mehr wissen konnte, was in Bestuchefs Kabinette vorging, als mein Tadler. Bestuchef dachte damals ganz anders als seine Gemahlin, und beyde zogen Geld von fremden Höfen.

In welchem Jahre er die Knutpeitsche empfunden habe, ist mir auch gleichgültig. Der Fürst Repnin hat mir in Aachen, wohl 20 Jahre nach der Begebenheit erzählt, daß er und Aprarin die Folter gelitten hätten, ob es aber im Jahr 1756 geschehen sey, will ich nicht einmal in meinem Manuscripte nachsuchen.

Mein Buch ist ohnedem voll Drukfehler, die bei der Eile mit der es hier, um einem Nachdrucke vorzukommen, gedrukt werden mußte, unvermeidlich waren.

Dergleichen Kleinigkeiten beunrubigen mich aber nicht, und Gedächtniß- oder Drukfehler mögen immerhin die Beschäftigung der Buchstabenkritiker seyn; genug, die Sache ist wahr, die ich erzähle. Ueberhaupt betrift diese Ausstellung nur Buchstaben und Zahlen, und ich will dem Setzer und Drucker deshalb keinen Prozeß machen.

Ob der Dänische Gesandte Chaisse oder Cheusses geheißen habe, oder wie sein Name eigentlich geschrieben wurde, dieses verdient auch wohl nicht die Beobachtung eines wirklich gelehrten Mannes, sondern gehört unter die Chikane, die ich ihm eben doch nicht zutraue.

Ich danke übrigens für die bescheidene, gütige Art der Erinnerung an meine Buchstaben- oder Gedächtnißfehler. Bey einer neuen Auflage werde ich Gebrauch davon machen. Genug, die Begebenheiten sind wahr, und die Zeit hat Herr Büsching richtiger bestimmt, als ich sie mir selbst erinnerte. Ist aber auch er in datis et notis ganz unfehlbar?

Uebrigens danke ich herzlich, für das Gute, welches in eben dem Blatte für mich gesagt ist. Ich weiß, daß ich nicht ohne Fehler bin. Mein Herz versichert mir aber auch, daß ich in meiner Lebensgeschichte nirgends lügen wollte. Rechtschaffener Männer, ächter Kenner Beyfall beruhigt mich, und in dieser Zahl verehre ich auch meinen sonst gerechten Herrn Recensenten.

Etwas

Etwas muß ja doch gesagt werden. — Federkriege sind aber keine Beschäftigung für den, der ohne Autorstolz schreibt.

Endlich hab ich, nachdem dieses Buch bereits fertig war, auch Ursachen empfunden, nunmehr laut anzukündigen, daß mir im Vaterlande mehr Achtung und Ehre widerfuhr, als irgend jemand glauben kann, der nicht Augenzeuge war. Ich reise beruhigt, zufrieden und glücklich nach Oestreich zurük. Auch der gütige Monarch hat mir Gnade und Gerechtigkeit widerfahren lassen. Ich habe mein confiscirtes Vermögen zurück, und erwarte stündlich die Entschädigung für den seit 40 Jahren entbehrten Genuß desselben.

Mehr hab ich nicht gesucht, und Ehrenstellen kann ich hier nicht annehmen. Niemand soll mir bey grauen Haaren vorwerfen können, daß ich rachgierig zu handeln fähig bin, oder dem Staate, in dem ich 36 Jahre Bürger war, nachtheilig leben wollte, ob er mich gleich auf die schändlichste Art mishandelte, und noch mit Undank lohnt. Ich lasse hier einen gnädigen König zurük, der mich und mein Herz kennt. Ich hinterlasse den beßten Ruf, einer bezweifelten Rechtfertigung, und bin überzeugt, daß mich die Preussen lieb haben, auch meiner Kinder Freunde seyn werden. Mehr habe ich hier nicht gesucht: mein Wunsch, der Zweck meiner Reise ist erfüllt. Ich kann nunmehr des Alters Ruhe mit Ehre geniessen, und werde als ein ehrlicher Mann meinem Grabe entgegen lachen.

Trencks Abschied von Berlin.

Von Ehren satt, so wie Trajan
Nachdem er Roms Triumph genossen:
Von Ehre satt, so wie ein Mann
Der das vergißt, was schon verflossen:
Beruhigt über mein Geschick,
Das mich durch Sturm zum Hafen führte,
Seh ich als Weiser nicht zurück
Auf das, was mir mit Recht gebührte;
Genug ich fand hier in Berlin,
Was mir bisher unmöglich schien

    Wer Friedrichs Grimm, wie ich, empfand,
    Der kann Bedrängte trotzen lehren;
    Und wer, wie ich, am Ruder stand,
    Dem kann kein Wahn die Richtung stöhren.
    Stolz sah ich meine Flagge wehn.
    Nach Tugend war mein Ziel gerichtet.
    Nun ist mir wirklich das geschehn,
    Was Neid und Misgunst nie vernichtet,
    Nun deckt mein Recht Medusenschild,
    Weil Wilhelm Fürstenpflicht erfüllt.

Monarch! Dich grossen Mann verehrt
Ein Mensch, der deine Huld empfindet,
Ein Mensch, der seine Brüder lehrt,
Wie Wohlthat uns zum Dank verbindet.
Du willst ein guter König seyn,
Die Tugend soll dich Vater heissen;
Ja Vater, auch mein Herz ist dein!
Es spricht, es denkt: jauchzt edle Preussen!
Von allen Völkern die ich sah.
Steht ihr im reinsten Glücke da.

    Ergreift die Waffen stolz für Ihn,
    Wo Herrschsucht Seinen Frieden stöhret;
    Bleibt, wo ihr Waffen brauchet, kühn,
    Seyd groß, wo Arglist kriechen lehret,
    Folgt jedem Werk, wo Wilhelm spricht:
    Ich will, mein Volk soll mit mir lachen.

Seyd arbeitsam bey Bürgerpflicht;
Lernt für des Staates Wohlfahrt wachen,
Und da, wo Irrwahn Dank vergißt,
Dankt Gott, daß Wilhelm König ist.

Auch Dir, Monarchin! brennt mein Dank,
Und Ehrfurcht nährt mein wirkend Feuer.
Der Trenck, der bis zur Schmach versank,
Erschien bey Hofe ohne Schleyer.
Hier lachten mich die Fürsten an,
Die Friedrichs grossen Stammbaum zieren;
Sie kannten mich als einen Mann,
Der nichts im Unglück kann verlieren,
Und zeigten was der Edle fühlt,
Wenn er auf den Bedrängten sieht.

Berliner Freunde, lebet wohl!
Mein Herz soll dankbar für euch glimmen;
Was ich für euch empfinden soll;
Wird ewig meinen Zweck bestimmen.
Ich sah, o Wonne! ja ich sah
In Euren Augen Mitleid funkeln,
Und alles, was mir hier geschah,
Wird Mißgunst mir nicht mehr verdunkeln.
Der Beyfall den Berlin mir gab,
Ist mein Triumph und krönt mein Grab.

Ihr Helden für das Vaterland!
Mit denen ich die Waffen führte:
Auch ihr reicht mir die Bruderhand,
Die Friedrichs Thron mit Lorbeern zierte.
Welch Glück! ein Greis umarmet mich,
Der mich als Jüngling Bruder nannte;
Und Greise sagen: Bruder! dich
Verehrt, wer deine Seele kannte.
Bey solchem Auftritt steigt mein Muth
Und stürmt noch im Soldatenblut.

Gelehrte Männer für den Staat,
Wo Herzberg an der Spitze pranget!
Wer euch, wie ich gesehen hatt',
Wer mit der Klugen Beyfall pranget;

Wer in der Wissenschaften Bahn
Mit Euch nach Lorbeerzweigen ringet:
Den sieht die Welt mit Ehrfurcht an,
Wenn ihm sein Zweck bey Euch gelinget.
Ihr schätzt mich eurer Achtung werth,
Weil mich die Wißbegierde nährt.

Euch Bürger dieser grossen Stadt,
Wo Trencks Geschichte Mitleid weckte;
Die meine Qual erschüttert hat,
Noch da euch Friedrichs Zorn erschreckte:
Euch dank ich, wie ein Bruder dankt,
Der Bruderliebe Werth erkennet;
Wer mit euch um den Vorzug zankt,
Wo Patrioteneifer brennet:
Der hat schon so, wie ich, gezeigt,
Warum der Kluge seufzend schweigt.

Ihr Schönen! die mein Buch gerührt!
Die mein Geschick zum Mitleid regte,
Gönnt mir das Recht, das dem gebührt,
Dem Venus hier die Falle legte;
Mein Erstlingsopfer bracht ich hier,
Hier lernt ich schön und edel lieben;
Und diese Fühlart ist auch mir
Im grauen Kopfe treu geblieben.
Streut Blumen auf dieß graue Haar,
Und bildet Schüler, wie ich war!
Vor mir blinkt wenig Hoffnungslicht,
Wo scheele Misgunst auf mich lauert.
Man kennt den Werth des Mannes nicht,
Wo Wissenschaft und Ehre trauert;
Doch reißt mein Schiksal mich dahin
Geduld! mein Rennlauf naht dem Ziele!
Weil ich mit Recht bedauret bin,
So lach' ich bey dem Gaukelspiele.
Der Vorhang fällt: — dann folgt die Ruh,
Wer zusah, klatscht mir Beyfall zu.

Innhalt.

1) Fortsezung und Erläuterung der Lebensgeschichte   ⸺   ⸺   1

2) Lebensgeschichte des Panduren-Anführers Franz Freyherrn von der Trenck, als eine Beilage   ⸺   ⸺   97

3) Lebensgeschichte Alexanders von Schell. Eine moralisch-merkwürdige Erzählung   ⸺   ⸺   ⸺   159

4) Abbitte und Ehrenerklärung an alle diejenigen, die ich etwa durch meine Schriften beleidigt habe; ohne Reue noch Leid da, wo die Wahrheit laut spricht   ⸺   ⸺   181

Abschiedsode von Berlin   ⸺   260

www.ingramcontent.com/pod-product-compliance
Lightning Source LLC
Chambersburg PA
CBHW031945230426
43672CB00010B/2050